면접관이 공개하는

공무원
면접

지방직(교육행정직)

✚ 합격의 공식

SD에듀
(주)시대고시기획

2024 SD에듀 면접관이 공개하는
지방직 공무원(교육행정직) 면접 합격의 공식

Always **with you**

사람의 인연은 길에서 우연하게 만나거나 함께 살아가는 것만을 의미하지는 않습니다.
책을 펴내는 출판사와 그 책을 읽는 독자의 만남도 소중한 인연입니다.
SD에듀는 항상 독자의 마음을 헤아리기 위해 노력하고 있습니다. 늘 독자와 함께하겠습니다.

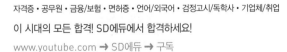

공무원 수험생 여러분, 필기시험 합격을 진심으로 축하드립니다. 지금 이 순간 필기시험 합격의 기쁨과 함께 면접에 대한 불안감을 느끼는 수험생들이 많으리라 생각됩니다. 과거에는 공무원 면접이 특별한 문제가 없는 한 합격 가능한 형식적인 절차였던 때도 있었습니다. 하지만 최근 공무원 면접은 응시자의 공직가치관, 공직적합성, 직무능력을 종합적으로 평가함으로써 직무에 적합한 인재를 선발하기 위한 중요한 평가절차로 여겨지고 있습니다. 이처럼 공무원을 선발하는 데 면접이 차지하는 비중이 높아지면서 필기시험에서 좋은 점수를 받았다고 하더라도 최종 합격을 장담할 수 없게 되었습니다. 실제로 필기 커트라인 점수에서도 면접에서 좋은 평가를 받아 최종 합격하는 사례가 많아지고 있습니다. 따라서 수험생 여러분께서는 공무원 최종 합격을 좌우하는 면접을 필기시험만큼 중요하게 여기고 철저하게 대비해야 합니다.

면접은 블라인드 방식으로 응시자의 신상정보나 성적 등 주요 사항을 비공개로 진행하고 있으며, 면접 시간도 이전에 비하여 길어졌습니다. 과거에는 면접자의 개인 신상이나 공직관에 대한 질문이 대부분이었지만 최근에는 질문 유형도 조직에 적합한 사람인지를 판단하기 위한 개인 신상 관련 질문, 업무와 관련된 개인적인 경험과 노력을 묻는 경험형 질문, 직무 중 직면할 수 있는 문제 상황을 어떻게 해결할 것인지를 물어보고 면접자의 문제해결능력을 평가하는 상황형 질문 등으로 다양하게 변화하고 있습니다.

이와 같이 질문 유형이 다변화되면서 공무원 면접이 어렵고 막막하게 느껴지는 분들의 고민을 덜어드리고자 SD에듀는 출제 경향을 반영한 면접 질문과 공무원 면접 평가요소를 기준으로 한 예시 답안, 지방직 교육행정직 면접에서 활용할 수 있는 주요 시도교육청별 교육정책과 이슈 및 상식으로 구성된 「2024 SD에듀 면접관이 공개하는 지방직 공무원(교육행정직) 면접 합격의 공식」을 출간하였습니다. 본서와 함께 면접을 준비하시는 모든 분들께 좋은 결과가 있길 기원합니다.

SD 적성검사연구소 일동

면접 운영방식 및 합격자 결정방법

❖ 아래 내용은 2023년 지방직 공무원(교육행정직) 면접시험 응시요령을 기준으로 작성되었습니다. 2024년부터 변경되는 세부 사항은 반드시 시행처의 최신 공고를 확인하시기 바랍니다.

블라인드(無자료) 면접

▶ 2005년부터 응시원서에서 학력란 기재항목 삭제
▶ 면접시험 위원에게 응시자의 출신학교, 경력, 시험성적 등을 일체 미제공

면접 운영방식

9급 공채

- 면접방법 : 교육청별로 상이
- 면접시간 : 약 10~15분

※ 교육청별로 면접위원 구성과 면접방법 · 시간은 상이할 수 있음

면접위원 선정 · 운영 및 면접조 편성

▶ 각 지자체 면접위원 풀에 등록된 전 · 현직 공무원, 교수, 채용전문가 중 온 · 오프라인을 통해 전문교육을 이수한 자를 면접위원으로 선정
▶ 공정한 평가를 위해 시험 당일 면접번호를 부여하며, 면접위원에게는 응시자의 면접번호 이외에 성명, 응시번호, 생년월일, 필기시험 성적 등은 제공하지 않음
▶ 면접위원과 관계(친인척, 근무 경험, 사제지간 등)가 있는 경우 기피신청을 하여야 하며, 타 면접시험실로 이동하여 면접시험을 실시
▶ 면접조가 최종 확정된 후, 면접위원과 응시생들에게 각각 제척 · 기피 · 회피 사유 해당 여부를 확인
▶ 면접시험장에서 응시생과 면접위원이 상호 접촉할 수 없도록 철저히 통제

면접시험 평정요소 및 합격자 결정방법

▶ 평정요소

> ❶ 공무원으로서의 정신자세
> ❷ 전문지식과 그 응용능력
> ❸ 의사표현의 정확성과 논리성
> ❹ 예의, 품행 및 성실성
> ❺ 창의력, 의지력 및 발전가능성

▶ 평정방법
- 우수 : 위원의 과반수가 5개 평정요소 모두를 "상"으로 평정한 경우
- 미흡 : 위원의 과반수가 5개 평정요소 중 2개 항목 이상을 "하"로 평정한 경우. 위원의 과반수가 어느 하나의 동일 평정요소에 대하여 "하"로 평정한 경우
- 보통 : "우수"와 "미흡" 외의 경우

▶ 합격자 결정방법
- 우수 : 9급 필기시험 성적순위에 관계없이 '합격'. 다만 우수 등급을 받은 응시자의 수가 선발예정인원을 초과하는 경우에는 추가 면접시험(심층면접) 실시
- 미흡 : 우수 등급을 받은 응시자 수를 포함하여 선발예정인원에 달할 때까지 9급 필기시험 성적이 높은 사람부터 차례대로 합격
- 보통 : 9급 필기시험 성적순위에 관계없이 '불합격'. 다만 미흡 등급을 받은 응시자의 수가 탈락예정 인원을 초과하는 경우에는 추가 면접시험(심층면접) 실시

2024년부터 변경되는 공무원 면접시험 평정요소

▶ 평정요소

> ❶ 소통 · 공감 : 국민 등과 소통하고 공감하는 능력
> ❷ 헌신 · 열정 : 국가에 대한 헌신과 직무에 대한 열정적인 태도
> ❸ 창의 · 혁신 : 창의성과 혁신을 이끄는 능력
> ❹ 윤리 · 책임 : 공무원으로서의 윤리의식과 책임성

> **+** 시험실시기관의 장이 필요하다고 인정하는 평정요소

※ 2024년부터 공무원 면접시험 평정요소가 변경되니 참고바랍니다.

이 책의 구성과 특징

CHAPTER
01 면접이란?

01 면접의 기본

1. 면접

(1) 면접의 의의 및 평정요소

면접이란 필기시험이 끝난 후 최종적으로 응시자의 언품, 언행, 지식 등을 알아보는 구술시험이다. 보통 필기시험 또는 서류전형으로 기초실력은 확인할 수 있으나 그것만으로는 응시자의 됨됨이를 모두 알 수 없기 때문에, 면접을 통해 잠재적인 능력이나 창의력, 업무추진력, 사고력 등을 파악한다. 공무원 면접에서는 서류전형 및 필기시험으로 검증할 수 없는 '공무원으로서의 정신자세', '전문지식과 그 응용능력', '의사표현의 정확성과 논리성', '예의 · 창의력 및 의지력'을 중심으로 평가한다.

(2) 면접의 의도 및 중점사항

면접은 일반적으로 서류심사와 직무적성검사 등을 실시한 후 최종적으로 응시자를 직접 만나 인성과 지식수준, 성장 가능성 등을 평가하여 조직에서 필요로 하는 인재인지를 판단하는 시험이다. 응시자의 태도, 인품, 교양, 인생관 등 인성이나 발전 가능성, 의욕 등을 중점적으로 관찰하고자 하는 데 의미가 있는 것이므로 응시자는 필기시험처럼 정답을 제시하려고 노력하기보다는 면접관에게 진솔함을 전달할 수 있도록 노력하여야 한다.

(3) 면접의 경향

과거의 면접은 필기시험에 의해 채용이 거의 결정되고 최종합격을 위한 정도였으나, 최근에는 응시자의 잠재능력이나 의욕, 됨됨이를 보다 깊접 기준은 점차 강화하는 추세이므로 최종합격을 위해서는 면접시험에 비가 필요하다.

면접 전 꼭 알아야 할 사항

면접이란 무엇인지부터 출제 경향과 면접 합격전략까지, 면접 시험에 대한 가이드라인을 제시하였습니다.

CHAPTER
01 교육행정직 공무원이란?

01 교육행정직 공무원의 개요

1. 교육행정직 공무원의 업무

교육행정직 공무원은 교육 관련 기관에서 각종 행정 업무를 담당하는 공무원을 말한다. 국가직과 지방직으로 나누어지며, 이 중 지방직 교육행정직은 다른 직렬과 달리 지방자치단체 소속이 아닌 시도교육청 소속이다. 시도교육청 9급 교육행정직은 주로 공립 초 · 중 · 고등학교 행정실에서 근무하며, 7급은 주로 시도교육청에서 근무한다. 이 외에도 교육지원청과 공공도서관 및 평생교육원 같은 교육청 산하기관에서도 근무한다.

2. 교육행정직 공무원의 계급 및 직급(「공무원임용령」 별표 1)

직군	직렬	직류	계급 및 직급						
			3급	4급	5급	6급	7급	8급	9급
행정	행정	교육행정	부이사관	서기관	행정사무관	행정주사	행정주사보	행정서기	행정서기보

교육행정직 공무원의
모든 것

교육행정직 공무원의 A to Z에 관해 수록하였습니다. 더불어 공무원으로서 지녀야 할 자세와 직무역량을 제시하였습니다.

CHAPTER 07 경험형·상황형 유형

1. 본인이 담당하고 있는 업무 중 보안상 기밀인 문서가 있습니다. 그런데 상급자가 개인적인 용무로 이 서류를 보여 달라고 합니다. 기밀이기 때문에 보여줄 수 없다고 거절하였는데도 재차 요구한다면 어떻게 대처할 것인지 말해 보세요.

필수적인 질문
지인이 학교 행정 업무에서 보안상 기밀인 내용에 대해서 알려달라고 하면 어떻게 하겠습니까?

면접관의 의도
부적절한 지시를 받은 상황에서 응시자가 어떻게 대처하는지 파악하기 위한 질문이다.

핵심 키워드
업무상 기밀, 내부 규정, 권한

도입
상급자 분께서 보여 달라고 한 문서의 내부 열람 규정을 살펴보고 상급자 분께 적절한 열람권이 있는지를 재차 검토하겠습니다.

직접작성

교육행정직 공무원 면접 필살기

교육행정직 공무원 면접 예상 문제를 풍부하게 수록하였으며, 각 문제에 대한 예시 답변과 면접자의 의도, 핵심 키워드 등을 제시하였습니다. 이를 참고하여 직접 자신만의 답안을 작성하며 연습할 수 있습니다.

CHAPTER 03 시사 상식

01 교육 관련 상식

고교학점제
고교학점제는 학생의 기초 소양과 기본 학력을 바탕으로 진로·적성에 따라 과목을 선택하고, 이수기준에 도달한 과목에 대해 학점을 취득하여 졸업하는 제도다. 고교학점제를 도입하면, 현 교육체제에서 탈피하여 대학생처럼 자신의 흥미와 적성에 따라 스스로 시간표를 만들 수 있다. 고교학점제는 2020년 마이스터고에 우선적으로 도입한 뒤 2022년에는 특성화고·일반고 등에 부분 도입되며, 2025년부터 모든 고등학교에서 전면 시행될 예정이다. 1학년 때는 공통과목(선택과목 수강 전 이수하는 과목)을 중심으로 수강하면서 희망 진로와 연계된 학업 계획을 수립하고, 2학년부터 자신의 흥미와 적성에 맞는 선택과목을 본격적으로 수강하게 된다. 고등학교 수업과 학사운영 기준은 '단위'에서 '학점'으로 바뀌며, 졸업기준은 현행 204단위(3년 기준)에서 192학점으로 바뀐다. 또한, 2025년부터 각 과목 출석률(2/3 이상)과 학업성취율(40% 이상)을 모두 충족해야만 졸업할 수 있다. 만약 최소 학업 성취율(40% 이상)에 도달하지 못한 학생은 성적으로 I(Incomplete; 미이수)를 받게 된다. I를 받은 학생들은 별도 과제를 수행하거나 보충 과정을 따로 이수하는 등 보충이수를 통해 다시 학점을 이수해야 한다.

과밀학급
과밀학급이란 학급당 학생 수가 지나치게 많아 정상적인 수업활동을 전개하기 힘든 학급을 일컫으며, 재정 지원이 부족하거나 대도시 지역에서 학교 부지를 확보하기 어려울 때 나타나는 현상이다. 좁은 교실에 학생들이 모여 빽빽하게 앉아 있는 모습이 콩나물시루를 떠올리게 해 소위 '콩나물교실'이 불리기도 한다. 현 교육계는 이러한 과밀학급 문제를 해소해 학생들이 쾌적하게 교육받을 권리를 보장하고, 교사가 세심한 학생생활지도를 할 수 있

꼭 알아야 할 교육행정직 공무원 이슈와 상식

교육행정직 공무원 면접에 자주 출제되는 이슈와 상식을 엄선하여 수록하였습니다.

도서를 구매하신 분들께 최신 '이슈&상식' 무료 강의를 제공합니다.

차례

면접 전 꼭 알아야 할 사항

면접이란?

01 면접의 기본

1. 면접

(1) 면접의 의의 및 평정요소

면접이란 필기시험이 끝난 후 최종적으로 응시자의 인품, 언행, 지식 등을 알아보는 구술시험이다. 보통 필기시험 또는 서류전형으로 기초실력은 확인할 수 있으나 그것만으로는 응시자의 됨됨이를 모두 알 수 없기 때문에, 면접을 통해 잠재적인 능력이나 창의력, 업무추진력, 사고력 등을 파악한다. 공무원 면접에서는 서류전형 및 필기시험으로 검증할 수 없는 '공무원으로서의 정신자세', '전문지식과 그 응용능력', '의사표현의 정확성과 논리성', '예의 · 창의력 및 의지력'을 중심으로 평가한다.

(2) 면접의 의도 및 중점사항

면접은 일반적으로 서류심사와 직무적성검사 등을 실시한 후 최종적으로 응시자를 직접 만나 인성과 지식수준, 성장 가능성 등을 평가하여 조직에서 필요로 하는 인재인지를 판단하는 시험이다. 응시자의 태도, 인물, 교양, 인생관 등 인성이나 발전 가능성, 의욕 등을 중점적으로 관찰하고자 하는 데 의미가 있는 것이므로 응시자는 필기시험처럼 정답을 제시하려고 노력하기보다는 면접관에게 진솔함을 전달할 수 있도록 노력하여야 한다.

(3) 면접의 경향

과거의 면접은 필기시험에 의해 채용이 거의 결정되고 최종합격을 위한 형식적인 대면 정도였으나, 최근에는 응시자의 잠재능력이나 의욕, 됨됨이를 보다 깊이 연구하고 면접 기준을 점차 강화하는 추세이므로 최종합격을 위해서는 면접시험에 대한 철저한 준비가 필요하다.

2. 면접의 특성

(1) 대면성

면접관과 응시자가 직접 대면하여 대화하고 표정을 보면서 상대의 반응을 즉각적으로 살필 수 있다.

(2) 직접성

다른 사람이 대신 참여할 수 없으며, 응시자가 본인의 역량을 직접 평가받는다.

(3) 종합성

응시자의 내·외적 특성을 종합적으로 평가한다.

02 면접 준비하기

1. 면접 중요사항

(1) 면접에서 면접관이 평가하고자 하는 것은 말하는 내용(알맞은 답변), 첫인상, 목소리, 태도, 자신감, 간절함 등이다.

(2) 다른 조건들이 동일하다면 결국 면접관은 '간절함'이 있는 응시자에게 기회를 주고 싶어 한다.

(3) 간절함은 진정성으로 느껴진다. 모든 것이 완벽해도 진정성(간절함)이 느껴지지 않는 사람은 선택받지 못한다.

2. 발표 기본기

(1) 호흡

① 간절함이 지나친 나머지 호흡이 잘 안 돼서 말이 잘 나오지 않거나 끝까지 표현을 못하는 불상사가 생길 수 있다.
② '복식호흡'은 배를 이용해서 호흡하는 것으로 평소에 복식호흡을 연습하는 것이 좋다.

〈복식호흡 방법〉

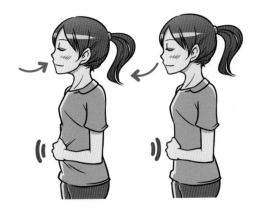

- 배를 충분히 내밀면서 호흡한다.
- 호흡을 내뱉을 때는 일정한 속도로 일정한 양을 내보내야 한다.
- 일반적으로 처음에는 12~13초, 연습을 거듭하면 25~35초까지 늘어난다.
- 누운 상태에서도 무거운 책 등을 배 위에 올려두고 호흡 연습을 할 수 있다.

(2) 발성 – 내 목소리의 키톤 찾기

① 목소리 톤에 따라 자칫 지루하거나 가볍게 들릴 수 있다.
- '도'는 너무 낮아서 전체적으로 발표 내용이 지루해질 수 있다.
- '솔'은 너무 높아서 답변 내용이 자칫 가볍게 들릴 수 있다(단, 서비스직의 경우에는 '솔' 톤이 적당).
- 남녀에 따라 원래 본인의 목소리 톤에서 도와 솔 사이에 있는 톤으로 맞추고 답변하는 연습을 한다.

② 입 모양을 크게 해서(입 모양이 잘 보이도록) 연습하고 들어가자마자 하는 "안녕하세요."를 본인만의 목소리 톤으로 연습한다.

(3) 발음

① 비슷한 단어들이 반복될 시 발음이 뭉개질 수 있으므로 정확한 연음처리를 위해 다음과 같은 문장들로 연습한다.

> **연습**
> - 간장공장 공장장은 강 공장장이고 / 된장공장 공장장은 공 공장장이다.
> - 상표 붙인 큰 깡통은 깐 깡통인가 안 깐 깡통인가?
> - 중앙청 창살은 쌍창살이고 시청의 창살은 외창살이다.
> - 저기 계신 저분이 박 법학박사이시고 / 여기 계신 이분이 백 법학박사이시다.

② 본인이 발음하는 것과 면접관이 듣는 발음 사이에 차이가 있을 수 있으므로 평소에 연습할 때 녹음을 하고 들어보는 것도 정확한 발음을 연습하는 데 도움이 된다.

3. 발표 필살기

(1) 강약으로 강조하기

① 전달하고자 하는 단어나 강력하게 설득해야 하는 부분은 강하게 강조한다.
　예 작은 변화가 일어날 때 진정한 삶을 살게 됩니다.
② 좌절, 실패, 절망 등 부정적 요소는 약하게 강조한다.
　예 희망을 버린다는 것은 인생을 포기하는 것과 같습니다.

(2) 속도와 길이로 강조하기

다음과 같은 사항들을 말할 때는 강하면서도 천천히 말하는 연습을 하는 것이 좋다.
① 중요한 내용, 어렵고 복잡한 내용
② 숫자, 인명, 지명, 연대 등의 정보
③ 형용사나 부사를 표현할 때 모음의 길이에 변화주기 가능

(3) 포즈(Pause)로 강조하기

포즈는 잠시 멈추고 침묵하는 것으로, 포즈 뒤의 내용이 자연스럽게 강조된다.
① 포즈 뒤에 오는 말에 대한 기대감과 긴장감을 조성한다.
② 말을 세련되고 전문적인 느낌으로 만들어 준다.
③ 포즈를 적절히 활용하여 면접관이 들은 내용을 이해하고 정리하는 시간을 준다.

1. 단독 면접

단독 면접은 응시자와 면접관이 일 대 일로 마주하는 면접 방식으로 면접관 한 사람과 응시자 한 사람이 마주 앉아 자유로운 화제를 가지고 질의응답을 한다.

(1) 단독 면접의 장점

필기시험 등으로 판단할 수 없는 성품이나 능력을 알아내는 데 가장 적합하다고 평가받아 온 면접 방식으로 개별 응시자에 대해 다각도로 폭넓게 파악할 수 있다. 응시자의 입장에서는 한 사람의 면접관만을 대하는 것이므로 면접관에게 집중할 수 있으며, 긴장감도 다른 면접 방식에 비해 덜한 편이다.

(2) 단독 면접의 단점

면접관의 주관이 강하게 작용해 객관성을 떨어뜨릴 소지가 있으며, 면접평가표를 활용한다 하더라도 일면적인 평가에 그칠 수 있다.

(3) 면접 준비 포인트

단독 면접에 대비하기 위해서는 평소 일 대 일로 논리정연하게 대화를 나눌 수 있는 능력을 기르는 것이 중요하다. 그리고 면접장에서는 면접관을 선배나 선생님을 대하는 기분으로 부담 없이 면접에 임하는 것이 실력을 발휘할 수 있는 방법이다.

2. 다 대 일 면접

다 대 일 면접은 일반적으로 가장 많이 사용되는 면접 방식으로 보통 2~5명의 면접관이 한 명의 응시자에게 질문하는 형태의 면접 방식이다. 면접관이 여러 명이므로 다각도에서 질문을 하여 응시자에 대한 정보를 많이 알아낼 수 있다는 점 때문에 다수의 면접관들이 선호한다.

(1) 다 대 일 면접의 장점

집중적인 질문과 다양한 관찰을 통해 응시자가 과연 조직에 필요한 인물인지 완벽히 검증할 수 있다.

(2) 다 대 일 면접의 단점

면접관에 따라 질문이 각양각색이고 동료 응시자가 없어 지나친 긴장감을 조성할 수 있다.

(3) 면접 준비 포인트

질문을 들을 때 시선은 면접관을 향하며, 대답할 때에도 고개를 숙이거나 속삭이는 등의 소극적인 태도는 피한다. 면접관과 대등하다는 마음가짐으로 편안한 태도를 유지하면 대답도 자연스러운 상태에서 좀 더 충실히 대답할 수 있어, 면접관에게 좋은 인상을 남길 수 있다.

3. 집단 면접

집단 면접은 다수의 면접관이 여러 명의 응시자를 한꺼번에 평가하는 방식으로 짧은 시간 안에 능률적으로 면접을 진행할 수 있다. 각 응시자에 대한 질문 내용, 질문 횟수, 시간 배분이 똑같지는 않으며 모두에게 같은 질문이 주어지기도, 각각 다른 질문이 주어지기도 한다. 또한 다른 응시자의 대답에 대한 의견을 묻는 등 현장 분위기나 면접관의 성향에 따라 변수가 많다. 집단 면접은 응시자의 입장에서 개별 면접에 비해 긴장감이 다소 덜한 반면 다른 응시자들과의 비교가 확실하게 나타난다. 따라서 응시자는 몸가짐이나 표현력 · 논리성 등이 결여되지 않도록 자신의 생각이나 의견을 솔직하게 발표하여 집단 속에 묻히지 않도록 주의해야 한다.

(1) 집단 면접의 장점

면접관은 응시자에 대한 비교 평가가 가능하기 때문에 결과적으로 평가의 객관성과 신뢰성을 높일 수 있다. 또한 응시자는 다른 응시자와 함께 면접을 받기 때문에 긴장감을 다소 덜 수 있으며, 다른 응시자가 답변하는 것을 들으면서 자신의 답변 방식이나 자세를 조정할 수 있다는 것도 큰 이점이다.

(2) 집단 면접의 단점

응답하는 순서에 따라 응시자마다 유 · 불리한 점이 있고, 면접관의 입장에서는 개별 응시자에 대한 심화 질문이 제약된다는 단점이 있다.

(3) 면접 준비 포인트

집단 면접 시에는 자신이 준비한 내용을 기초로 발표하되, 다른 응시자의 발표 내용에 집중하여 중복 답변을 피하도록 노력해야 한다. 다른 응시자와 차별을 내세우기 위해서는 일반적인 답변보다는 각종 통계, 구체적 사례, 실제 경험 등을 활용하는 것이 좋다. 집단 토의가 이루어질 시에는 토의 중 적절하게 질문을 던져 토의 과정을 주도하는 것도 도움이 된다. 이때 토의는 합의와 공감을 도출하는 과정임을 염두에 두고 자기주장을 과하게 내세우거나 다른 사람의 의견을 강하게 반박하지 않도록 유의해야 한다.

04 면접의 기본자세

1. 면접 옷차림

노출이 심한 의상 또는 앉고 걷는 데 불편한 의상은 피한다. 또한 면접장 안에서 모자, 장갑, 선글라스 등은 착용하지 않도록 한다. 면접 옷차림은 정장이 기본 복장이며 2021년 국가직 면접의 경우 냉방기를 작동하면 코로나 바이러스의 전염성이 높아진다는 연구결과에 따라 면접장에 냉방기를 작동시키지 않았다. 이 때문에 면접시험 공고문에서도 간편복 차림을 추천하였는데, 이처럼 복장이나 면접 준비 등에 특수한 상황이 발생할 수 있으므로 항상 공지사항을 유심히 살펴봐야 한다.

(1) 남성 옷차림

① 헤어스타일: 청결하고 깔끔한 인상을 주는 헤어스타일이 바람직하다. 젤이나 헤어스프레이 등을 이용하여 단정하게 마무리한다.

② 양복: 남색이나 무채색 계열의 깔끔한 한 벌 정장이 바람직하다. 단색의 단조로움을 피하고 싶을 경우에는 가는 줄무늬나 체크무늬도 괜찮다. 기관에 따라 나름대로의 성향이 있으므로 그에 걸맞게 입는 센스가 필요하다.

③ 셔츠: 흰색이 무난하지만 푸른색이나 베이지색 등 산뜻한 느낌을 주는 것도 좋다. 다만, 양복보다 밝은 색상을 선택하도록 한다. 그리고 와이셔츠의 칼라, 양복의 깃, 넥타이가 만나는 부분이 청결하고 단정한 느낌을 주어야 한다.

④ 넥타이: 넥타이는 양복 및 셔츠의 색상과 조화를 이뤄야 하며, 넥타이를 맬 때는 선 자세에서 벨트를 살짝 가리는 정도의 길이가 적당하다.

⑤ 구두와 양말: 어떠한 색의 양복과도 잘 어울리는 검정색 구두를 추천한다. 그러나 양복의 색상이 갈색 계열인 경우에는 갈색 구두가 보다 잘 어울린다. 양말은 양복과 구두의 중간색이 적당하며, 흰색 양말은 피해야 한다.

(2) 여성 옷차림

① 헤어스타일: 커트나 단발 스타일이 활동적인 이미지를 준다. 긴 머리의 경우에는 뒤로 묶는 것이 깔끔한 인상을 준다. 앞머리는 눈을 가리지 않도록 주의하고 짙은 염색이나 강한 웨이브는 삼간다.

② 화장: 자신의 분위기에 맞게 자연스럽고 밝은 이미지를 표현하는 것이 중요하다. 피부톤은 자신의 피부보다는 약간 밝은 톤으로 표현하고 번들거림이 없도록 한다. 눈썹은 자연스러운 곡선미를 살려 부드러운 느낌을 주도록 하고, 립스틱 색상은 너무 진하거나 어두운 색은 피한다. 색조 화장 시 브라운 톤은 이지적인 면을, 핑크 톤은 화사함을 표현하는 데 효과적이지만 진한 톤의 블러셔를 이용한 화장은 피해야 한다.

③ 의상: 단정한 스커트 투피스 정장이 좋으며, 슬랙스 수트 정장도 활동적인 이미지에 어울린다. 색상은 차분한 무채색이 무난하다.

④ 구두와 스타킹: 구두, 스타킹은 통일감 있게 연출하는 것이 좋다. 구두는 심플한 디자인을 선택하며, 굽이 너무 높아 불편한 것은 피한다.

〈면접 옷차림〉

(3) 옷차림 체크리스트

구분	남성	여성	체크
헤어	청결한 인상을 주는가?		
	흐트러진 곳 없이 깔끔하게 손질했는가?	헤어 액세서리가 화려하지 않은가?	
얼굴	• 눈은 충혈되지 않았는가? • 치아는 청결한가?		
	수염은 깔끔하게 깎았는가?	화장은 깔끔하게 마무리되었는가?	
손	손과 손톱의 상태는 청결한가?		
상의	• 셔츠 깃과 소매는 깨끗한가? • 깔끔하게 다림질되어 있는가? • 얼룩, 주름, 먼지는 없는가? • 자신의 체형에 잘 맞는가?		
하의	• 단정하게 다림질되어 있는가? • 길이는 적당한가?		
넥타이/ 스타킹	색상은 적당한가?		
	삐뚤게 매지는 않았는가?	• 올은 나가지 않았는가? • 색상이 너무 튀지는 않는가?	
구두	• 색상과 모양은 조화로운가? • 깨끗하게 닦여 있는가?		

2. 답변 외 신경 써야 할 면접 TIP

(1) 첫인상이 중요하다.

상대방에게 좋은 인상을 주지 않으면 어떤 얘기를 해도 전하고자 하는 바가 충분히 전달되지 않는다. 건강하고 참신한 이미지를 주기 위해서는 청결한 복장, 바른 자세가 우선되어야 한다.

(2) 웃는 표정을 짓는다.

거울 앞에 서서 웃는 연습을 해본다. 웃는 얼굴은 상대방을 편안하게 만들고, 긴장된 분위기를 풀어준다. 하지만 시종일관 웃는 것이 아니라, 답변의 내용을 고려해 표정을 짓는 것이 중요하다. 따라서 분위기와 상황에 맞는 감정을 전달하려는 노력 역시 필요하다.

(3) 동료 응시자들과 서로 협조하라.

집단 면접의 경우 동료 응시자들과 이심전심으로 협력해야만 좋은 분위기를 연출할 수
있다. 경쟁자로만 인식하지 말고 서로 배려해 줄 수 있도록 하자. 특히 입실할 때나 퇴
실할 때 순서를 잘 지키도록 하고, 혼자만 먼저 앉는 등의 행동은 하지 않도록 한다.

(4) 답변하지 않을 때의 자세 또한 중요하다.

대부분의 응시자들은 답변 시 긴장하여 바른 자세를 유지하지만 답변이 끝나고 면접관
의 시선이 다른 응시자에게 향하면 자세가 흐트러지는 경우가 많다. 항상 동료 응시자
의 답변 내용을 경청하면서 바른 자세를 유지하도록 한다.

(5) 개성 표현은 좋지만 튀는 것은 위험하다.

집단 면접에서 평범한 답변으로 좋은 점수를 기대하기는 힘들기 때문에 자신의 구체적
인 경험이나 사실을 바탕으로 내실 있게 표현하며 개성을 드러내는 것이 중요하다. 그
러나 다른 사람과 잘 융화되지 못할 것 같은 튀는 인상을 남겨서는 안 된다.

면접 평가항목 분석

01 **최근 공무원 면접 경향**

1. 공직가치에 관한 질문 강세

2022년 공무원 면접에서는 2021년과 마찬가지로 공직가치를 묻는 질문이 강세를 보였고, 다양한 직렬에서 특정 사례나 제도를 제시하고 이와 관련된 공직가치를 묻는 내용이 출제되었다.

- 한 공무원이 초과 근무 수당을 허위로 작성한 것이 적발되어 조사를 해보니 이 공무원 외에 약 120여 명의 공무원 및 고위 공직자의 출장비 부정 수급 등이 무더기로 적발되었다. 여기서 도출할 수 있는 공직가치와 필요한 공직자의 자세는 무엇인가? 22 국가직
- 최근 공무원이 공금을 횡령해 그 돈으로 코인을 투자하는 등 불법·비리행위가 성행하고 있다. 이와 관련해 공무원의 의무 중 청렴 의무에 대해 자세히 설명하고, 비리행위의 원인과 해결방안에 대해 설명해 보시오. 22 지방직(경북교육청)
- 구인정보공개내용에서 찾을 수 있는 공직가치는 무엇인가? 22 국가직
- 4차 산업혁명으로 변화하는 직업 세계에서 인간이 할 수 있는 노력과 이를 공직관에 연결시켜 설명해 보시오. 22 서울시

2. 경험과 업무를 연결하는 질문 강세

2022년 공무원 면접에서는 응시자의 성격이나 습관, 개인적인 경험에 대해 묻고, 이를 어떻게 공직과 연결할 것인지 질문하여 응시자의 인성과 가치관, 공직자로서의 역량을 평가하는 문제들이 출제되었다.

- 업무에 가장 도움이 될 것이라 생각하는 자신의 능력과 이 능력을 사용한 사례를 말해 보시오.
  22 국가직
- 일을 할 때 주변에 피해를 준 적이 있는가? 이에 대한 주변 반응과 극복 방법은 무엇이었는지 말해 보시오. 22 서울시
- 공무원에게는 전문성과 창의성이 필요한데, 전문성과 창의성에 관련한 세부 내용에 대해 설명하고 전문성 · 창의성을 발휘해 성과를 낸 경험에 대해 설명해 보시오. 22 지방직
- 평소 원칙을 지키는 편인가, 융통성이 있는 편인가? 그렇다면 원칙을 지켜 융통성 있게 일을 처리한 경험이 있는가? 22 지방직
- 자신이 헌신했던 경험에 대해 말하고, 공무원의 성실성을 자신이 합격해야 할 당위성과 연관지어 설명해 보시오. 22 지방직(경북교육청)

3. 상황 제시형 문제 강화

2022년 공무원 면접에서도 2021년과 같이 응시자가 양자택일해야 하는 상황을 제시한 뒤 이를 통해 5가지 평정요소를 종합적으로 심사하는 상황 제시형 문제가 출제되었다. 상황 제시형 문제는 후속 질문을 통해 응시자를 압박하기 때문에 후속 질문까지도 일관성 있게 논리적으로 답변할 수 있어야 한다.

- 당신이 관리하는 공익근무요원이 업무능력과 근무태도에 있어 평가가 좋다. 하지만 최근 불법적인 아르바이트를 하다가 적발되어 처벌받을 예정이다. 해당 공익근무요원은 생계 곤란을 호소하며 계속해서 처벌을 내리지 말아 달라고 요청하고 있어 조사해 보니 생계 곤란까지는 아니었다. 담당자로서 어떤 조치를 해야 한다고 생각하는가? 처벌인가, 아닌가? 22 국가직
- 모 업체에 탈세 혐의가 있어 세무조사를 진행하였는데, 탈세 사실이 확인되어 과세를 진행하려 하였으나 상급자가 반대하고 있고 상급자와는 친분이 있는 관계이다. 어떻게 대처할 것인가?
  22 국가직
- 교무실과 행정실 직원들이 업무 분쟁으로 서로 다투고 있다. 당신은 이 상황을 어떻게 해결할 것인가? 22 지방직(서울교육청)
- 폐기물 처리시설을 설치해야 하는데 지역 주민들이 반대하고 있다. 만약 담당자라면 어떻게 지역 주민들을 설득할 것인가? 22 지방직

4. 공직 전문성 강화

2022년 공무원 면접에서는 2021년과 마찬가지로 공직 전문성 강화를 위해 응시자가 지원한 직렬 관련 전문지식이나 해당 시도교육청의 정책 등에 대한 질문들이 출제되었다. 지엽적인 수준까지 요구하지는 않았지만 기본적인 지식과 주요 교육정책 정도는 미리 준비해 두어야 한다.

- 근로장려금에 대해 개선하고 싶은 점은 무엇인가? 22 국가직
- 폐기물 관련 법 중 아는 것을 설명해 보시오. 22 국가직
- 돌봄 종사자의 현실적인 처우 개선 방안은 무엇인가? 22 서울시
- 측량 기준점에는 어떤 것이 있고, 기준점별로 가진 문제점과 해결방법은 무엇인가? 22 지방직
- 「산업안전보건법」에 규정된 안전수칙에 대해 설명해 보고, 학교에 가게 되었을 때 안전사고를 예방하기 위해 어떻게 할 것인지 말해 보시오. 22 지방직(서울교육청)
- 경기미래교육 2030의 4가지 목표를 설명하고, 그중에서 자신이 가장 기여할 수 있다고 생각하는 것과 그 이유를 설명해 보시오. 22 지방직(경기교육청)
- 행동강령책임관이 어떤 일을 하는 사람이고, 학교의 어디에 위치하는지 아는대로 설명해 보시오. 22 지방직(대구교육청)
- 학교운영위원회가 심의하는 사항에 대해 말해 보시오. 22 지방직(인천교육청)

02 공무원 면접의 평정요소 분석

1. 면접 평가기준

필기시험 합격자를 대상으로 직무수행에 필요한 능력 및 적격성을 검증하며, 다음의 평정요소를 각각 상, 중, 하로 평정한다.

평정요소	
• 공무원으로서의 정신자세	• 전문지식과 그 응용능력
• 의사표현의 정확성과 논리성	• 예의 · 품행 및 성실성
• 창의력 · 의지력 및 발전 가능성	

(1) 최종합격자 결정 기준

면접관의 평가내용을 종합한 면접시험 평정결과(판정등급)와 필기시험 성적에 따라 최종 합격자를 결정한다. 이때 면접관의 과반수가 5대 평정요소 중 5개 항목 모두를 '상'으로 평정한 경우 "우수"가 되며, 면접관의 과반수가 5개 평정요소 중 2개 항목 이상을 '하'로 평정한 경우 또는 위원의 과반수가 어느 하나의 동일 평정요소에 대하여 '하'로 평정한 경우 "미흡"이 된다. 그 외의 경우에는 "보통"이 된다.

> **「공무원임용시험령」 제25조 제5항**
>
> • 우수: 필기시험 성적순위에 관계없이 '합격'
> • 보통: "우수" 등급을 받은 응시자 수를 포함하여 선발예정인원에 달할 때까지 필기시험 성적순으로 '합격'
> • 미흡: 필기시험 성적순위에 관계없이 '불합격'

(2) 추가 면접 실시

「공무원임용시험령」 제25조 제4항에 따라 아래의 요건에 해당하는 경우 추가 면접시험 (심층면접)을 실시한다.

> • "우수" 등급을 받은 응시자의 수가 선발예정인원을 초과하는 경우
> • "미흡" 등급을 받은 응시자의 수가 탈락예정인원을 초과하는 경우

2. 공무원 면접의 평정요소

(1) 공무원으로서의 정신자세

공무원은 국민 전체에 대한 봉사자로서 국민에 대해서 책임을 져야 할 지위에 있다. 따라서 공무원에게는 다른 어떤 직업보다 투철한 직업관, 즉 공직관과 그에 걸맞은 정신자세가 요구된다. 그중 공직관, 국가관, 윤리관, 인생관, 사회관, 직업관 등에 관한 질문이 자주 제시되므로 자신이 공직자가 된다는 데 투철한 사명감을 가지고 있다는 부분이 부각될 수 있도록 답변을 준비해 두는 것이 좋다.

> • 국가관이 건전한가?
> • 공직자로서의 사명감과 책임의식이 강한가?
> • 공무원 지원동기가 분명하고 건전한가?
> • 공과 사를 구분하고 봉사정신이 투철한가?
> • 올바른 가치관을 가지고 있는가?

① 공직관 · 국가관 · 윤리관: 공무원이 되고자 하는 이유와 오늘날 시급히 해결해야 할 사회적 문제, 공무원에게 특히 강조되는 공직 윤리를 자주 묻는다. 이와 함께 생활 신조나 장래 포부와 같은 개인 신상에 관한 질문들이 주어지기도 한다.

② 인생관 · 사회관 · 직업관: 어떠한 인생관 · 사회관 · 직업관을 가지느냐 하는 것은 본 질적으로 개인의 자유이기 때문에 면접관도 이에 대한 일반적인 평가를 내릴 수는 없다. 그러나 실제로 면접에서는 인생관이 무엇인지에 대한 질문을 많이 하는데, 이 는 응시자의 인생관 · 직업관을 통해 성품을 어느 정도 추정할 수 있으며, 생활환경 이나 집단 적응능력 등을 판단하는 데 참고할 수 있기 때문이다.

(2) 전문지식과 그 응용능력

전문지식과 그 응용능력의 평가방식은 단답형 구술평가에 가깝다. 자신이 지원한 직렬 과 관련성이 높은 1~2개의 질문이 주어지면 간략하게 답변하면 되는 것이다. 물론 상 황에 따라서는 전문지식에 대한 개인적 견해를 요구하기도 하는데 이런 경우에도 장황 하게 설명하기보다 간단명료하게 밝히는 것이 좋다.

- 관련 업무에 관한 지식을 갖추고 있는가?
- 전문용어를 바르게 이해하고 있는가?
- 관련 업무에 대한 응용능력이 있는가?
- 최근의 정책 및 시책에 관심이 있는가?
- 국제정세 및 시사성 있는 문제에 관심이 있는가?

① 전문지식: 지망하는 직렬에 대한 지식을 구체적으로 질문하여 학식과 지성을 평가한 다. 면접관이 전문가라면 그 평가기준도 매우 전문적이고 높은 수준인 경우가 많다.

② 일반상식: 면접관은 일반 · 시사상식에 관한 질문을 통해 응시자의 지식의 폭과 깊이 는 물론, 문제 해결 능력과 분석력, 정보 수집 능력 등을 평가한다. 따라서 평소 면접 에 대비해 일간지나 시사 잡지 등을 꾸준히 보는 것이 좋다.

③ 응용능력: 이론에 대한 전문지식뿐만 아니라 그 지식에 대한 응시자의 응용능력을 확인하고자 하는 것이다. 아무리 뛰어난 지식을 가지고 있더라도 실제 응용능력이 떨어진다면 업무처리가 제대로 이루어질 수 없기 때문이다.

(3) 의사표현의 정확성과 논리성

의사표현의 정확성과 논리성은 면접 시 중요한 평가요소 중 하나이다. 공무원 면접은 짧은 시간에 진행되므로, 평소 주어진 시간 내에 자신의 생각을 객관적·논리적으로 정확하게 전달하는 훈련이 필요하다. 평소 화술이나 발표에 자신이 없는 사람은 스터디나 모의 면접에 참여하여 많은 사람들 앞에서 발표를 해보는 연습을 충분히 해야 한다. 또한 즉흥적인 상황에 당황하지 않도록 자신의 주변 상황과 시사문제에 대한 생각을 늘 정리해 두고 침착함과 유연함을 유지하도록 해야 한다.

- 바르게 이해하고 적절한 판단을 내리는가?
- 간결하고 정확하게 말하는가?
- 자기의 의견을 솔직히 표현하는가?
- 사고방식이 합리적인가?
- 음성이 명료하고 적절한 용어를 사용하는가?

① 이해력: 질문 내용을 잘 이해하는 것은 응답의 기본이다. 따라서 질문의 의도를 잘못 이해하거나 속단하여 멋대로 응답해서는 안 되고 질문의 취지를 잘 이해하지 못했을 때는 반드시 다시 물어 확인해야 한다. 이 경우 이해력이 부족하다는 것을 나타내는 것이 될 수도 있으나 엉뚱한 대답을 하는 것보다 되물어 바른 대답을 하는 것이 바람직하다.

② 표현력: 문답을 통해 면접관은 응시자가 답변하는 데 있어서 전개가 질서정연한가, 사족을 달지 않고 요점만 간결하게 말하고 있는가, 답변이 듣는 사람에게 감명을 주는가, 사용하는 용어가 적절한가, 어휘력이 풍부한가 등을 평가하게 된다. 따라서 일관성 없는 대화의 전개나 상대방에게 혐오감을 주는 표현, 어휘력의 부족과 용어의 잘못된 사용은 감점의 대상이 된다.

③ 대화법: 답변의 명료함이나 응답의 태도를 평가한다. 자신감이 없는 작은 목소리로 응답하거나 상대방의 말이 떨어지기가 무섭게 곧바로 대답해서는 안 되며, 은어나 속어 등을 써서도 안 된다. 응답에 너무 오랜 시간을 지체하는 것도 좋지 않으며, 말한 마디 한 마디에 신중함을 담아 경솔한 느낌을 주지 않도록 한다.

(4) 예의 · 품행 및 성실성

용모, 예의, 명랑성, 협조 정도, 패기, 호감도 등 응시자의 외모에서 보여지는 인상으로 추정하는 평가요소를 말한다.

- 복장이 단정한가?
- 자세가 바른가?
- 표정 등 인상이 밝고 자신 있는가?
- 침착하고 안정감이 있는가?
- 태도가 분명하고 진지한가?

① 건강: 아무리 명석한 인재라도 얼굴이 창백하거나 병약해 보이면 곤란하다. 응시자는 의학적으로는 건강하다 하더라도 의욕이 없는 행동이나 피곤한 표정 등 건강하지 않은 인상을 주어서는 안 된다.

② 복장: 복장은 청결하고 단정해야 한다. 단정하지 못하거나 남에게 혐오감을 주는 복장을 해서는 안 된다.

③ 태도: 응시자가 활기차고 명랑한 태도로 면접에 임하면 면접관은 응시자의 자신감과 열정을 느낄 수 있으며 부드럽고 편안한 느낌을 받게 된다. 하지만 과도하게 패기 넘치는 모습은 면접관에게 거부감을 줄 수 있으므로 침착하면서도 적절한 모습을 보여야 한다. 응답할 때에는 시선 · 손놀림 · 자세와 기타 예의범절에 주의해야 한다.

④ 활기: 외향적인 성격이 좋은가, 내향적인 성격이 좋은가는 경우에 따라 일장일단이 있으므로 어느 쪽이 좋다고 단정할 수 없으나 일반적으로 조직을 형성 · 유지해 나가는 데에는 외향적 성격을 선호하는 편이다. 그러므로 어둡고 우울한 성격을 드러내는 것은 좋지 않다.

⑤ 협조성: 어느 집단에서나 구성원의 협조성이 중요하며, 사회에 대한 감정 · 태도가 원만하고, 좋고 싫음의 감정이 극단적이지 않고 중용적인 사람을 선호한다. 따라서 자신감이 과하게 넘치는 모습이나 편집적인 성격, 독단적인 고집 등을 나타내서는 안 된다.

⑥ 호감: 첫인상이 대인관계에 미치는 영향은 무척 크다. 특히 면접에서는 상대방에게 호감을 주어야 하는데, 호감을 얻기 위해 본인 스스로 밝은 생각을 갖도록 노력해야 한다.

⑦ **성실성**: 아무리 뛰어난 재능을 가지고 있다고 해도 무책임하고 성실하지 못한 사람은 남의 협력이나 도움을 받을 수가 없다. 면접관들은 장단점이나 인생관에 관한 질문을 통해 응시자가 얼마나 성실한 사고방식을 소유하고 있는가, 또 얼마만큼 자신에게 충실한가 등을 평가한다.

(5) 창의력 · 의지력 및 발전 가능성

기존지식을 응용하거나 새로운 지식을 만들어내며, 처음 마주하는 상황에 봉착하더라도 책임감 있게 해결할 수 있는지를 평가하는 항목이다.

> • 문제분석 및 해결능력이 있는가?
> • 위기상황에 대처능력이 있는가?
> • 젊은이다운 기백이 있는가?
> • 근면 · 성실하고 발전적인 성격의 소유자인가?

① **판단력**: 면접 질문 내용은 각양각색이므로 순간적으로 판단을 망설이거나 긴장을 하여 면접관이 어떤 대답을 기대하고 질문했는지 판단이 서지 않을 때가 있다. 이때는 신중히 생각하여 경솔한 대답을 하지 않도록 해야 한다.

② **창의력 및 의지력**: 면접관은 의욕적 활동, 왕성한 탐구심, 업무에 대한 창조적 해결방안, 강렬한 패기 및 열정 등을 질의응답 과정에서 평가하게 된다. 따라서 힘든 일은 피하려는 것 같은 태도, 무기력하고 소극적인 태도를 보여서는 안 된다.

③ **계획성**: '앞으로의 목표는 무엇인가?' 같은 질문을 통하여 계획성 있게 일을 하는 성격인가 또는 그러한 노력이 있는가 등을 평가할 수 있다.

④ **안정성**: 정서가 안정되어 있는가를 평가하는 요소이다. 대인관계가 원만하고, 건전한 사고관을 지니고 있음을 강조해야 한다.

⑤ **사회성**: 자신의 생각만을 지나치게 고집하거나 불평불만을 많이 하는 사람은 어느 조직에서든 반기지 않는다. 특히 공무원은 대민업무가 많기 때문에 면접에서는 사회 적응력이 뛰어난 성격을 가진 사람에게 높은 점수를 부여한다.

1. 일반 질문

- 자기소개를 해 보시오.
- 본인의 장단점에 대해 말해 보고, 단점을 극복하기 위한 노력을 말해 보시오.
- 주변에서 본인을 어떻게 생각하는지 말해 보시오.
- 본인이 가장 소중하다고 느끼는 것은 무엇인가?
- 본인의 좌우명을 말해 보시오.
- 최근에 감명 깊게 읽은 책/본 영화에 대해 말해 보시오.
- 어릴 때 나에게 가장 큰 영향을 끼쳤던 사람에 대해 말해 보시오.
- 평소에 체력 관리를 어떻게 하며, 좋아하는 운동이 있는지 말해 보시오.
- 아르바이트를 해보았다면 일하기 힘들었던 사람과 일해 본 경험이 있는가? 이를 어떻게 극복하였는지 말해 보시오.
- 어떠한 프로젝트나 업무를 맡아 성공한 경험이 있는가? 어떻게 성공하였는지 그 과정을 설명해 보시오.
- 지금까지 살아오면서 한계를 극복한 경험이 있는지 말해 보시오.

2. 공직·업무 관련 질문

- 공무원을 물건에 비유한다면 무엇으로 설명할 수 있는지 말해 보시오.
- 중요하게 생각하는 공직관에 대해 말해 보시오.
- 공무원 4대 금지의무에 대해 말해 보시오.
- 청렴이 중요한 이유를 「청탁금지법」에 관련시켜 말해 보시오.
- 「이해충돌방지법」에 대해 설명해 보시오.
- 교육행정직 공무원에 지원한 이유에 대해 말해 보시오.
- 근무하고 싶은 지역은 어디인지 말해 보시오.
- 지원한 업무에 관심을 가지게 된 계기는 무엇인가?
- 개인업무와 협동업무 중 무엇이 더 중요하다고 생각하는가?
- 조직에서 창의성을 발휘한 경험을 말해 보시오.
- 지원부서의 정책 중 개선하고 싶은 업무에 대해 설명해 보시오. 또 만약 이를 상사에게 제안하였을 때 상사가 받아들이지 않는다면 어떻게 하겠는가?
- 공무원의 단점에 대해 말해 보시오.

- 교사와 공무원의 유튜브 활동에 대해서 어떻게 생각하는가?
- 4차 산업혁명에 대처하는 공무원의 자세에 대해 말해 보시오.
- 육아휴직과 육아시간 확대로 인해 업무에 차질이 생기는 현상이 발생하는데, 이러한 현상에 대한 본인의 의견과 그 해결방안에 대해 말해 보시오.
- 본인이 생각하는 적극행정의 의미와 실천방안을 말해 보시오.
- 악성 민원을 받았을 때, 어떻게 처리할 것인지 말해 보시오.
- 공무원 갑질 근절방안에 대해 말해 보시오.
- 공무원 월급이 적은데 그래도 공무원이 되기로 결심한 이유를 말해 보시오.
- 왜 6월이 호국보훈의 달인지 설명하고, 이와 관련하여 공무원이 가져야 할 마음가짐에 대해 말해 보시오.
- 일본의 지속적인 독도 역사왜곡에 대해 어떻게 대응해야 하는지 말해 보시오.
- 남성공무원만의 당직제도에 대해 어떻게 생각하는지 말해 보시오.
- 공무원 정년연장에 대해 어떤 생각을 가지고 있는지 말해 보시오.

3. 교육·사회 관련 질문

- 교육부, 교육청, 학교 등 교육과 관련한 다양한 기관 중 학교를 선택한 이유를 말해 보시오.
- 교육행정에 대해 말해 보시오.
- 교육감이 하는 일에 대해 말해 보시오.
- 교육지원청이나 학교의 경우 외부업체와 협업을 해야 하는 경우가 종종 있는데, 과거에 협업해서 일을 성공적으로 마무리한 경험을 말해 보시오.
- ○○교육청에는 몇 개의 교육지원청이 있는지 말해 보시오.
- 교사와 교육공무직원 사이에서 갈등을 해결할 수 있는 방법에 대해 말해 보시오.
- 지방교육재정교부금에 대해 설명해 보시오.
- ○○교육청에서 시행하고 있는 사업에 대해 말해 보시오.
- 학교업무 처리에서 우선순위를 정한다면 어떻게 매기겠는가?
- 학교 회계에는 어떤 것들이 있는지 말해 보시오.
- 생태환경교육과 탄소제로에 대해 설명해 보시오.
- 시부모님이 예비며느리의 생활기록부를 보고 싶다고 찾아왔을 때, 어떻게 하겠는가?
- ○○교육청의 적극행정 사례에 대해 아는 것이 있다면 말해 보시오.
- 포스트 코로나 시대의 학교행정 업무가 나아가야 할 방향에 대해 말해 보시오.
- 저출산과 고령화로 학교 통·폐합, 교원축소 등의 문제가 발생하는데, 대응방안에 대해 말해 보시오.

- 4차 산업혁명을 활용하여 교육시스템을 발전시킬 수 있는 방법에는 무엇이 있는지 설명해 보시오.
- 다문화가정 학생들을 위한 ○○교육청의 정책에 대해 설명해 보시오.
- 특수학교 설립에 반대하는 주민들을 어떻게 설득할 것인지 말해 보시오.
- 상사가 물품구매 시 자신의 지인 회사를 선택해달라고 할 때, 어떻게 처리할 것인지 말해 보시오.
- 청소년 마약 노출을 막을 수 있는 방안에 대해 말해 보시오.
- 학교폭력 이슈가 날로 심각해지고 있다. 학교폭력 근절을 위한 본인의 생각을 말해 보시오.
- 아동학대의 원인과 대책에 대해 말해 보시오.
- N번방 사건에 대한 본인의 생각을 말해 보시오.
- MZ세대의 시각에서 나이와 꼰대에 관계가 있는지 본인의 생각을 말해 보시오.

CHAPTER 03 면접 합격전략

01 대기실에서의 자세

1. 면접 당일 지각은 절대 있을 수 없다.

지방공무원 교육행정직 면접은 오전·오후조로 진행되는 경우가 많다. 그러나 시행 교육청에 따라 조를 나누지 않고 진행하는 경우도 있으니 반드시 해당 교육청의 공고를 확인해야 한다. 오전·오후조로 나누어 면접시험을 진행하는 경우, 등록시간은 응시자의 응시번호에 따라 오전과 오후로 구분되며, 교육청별로 정해진 등록시간까지 구비서류를 제출해야 하므로 면접장에 늦지 않게 도착하도록 한다.

어떻게 지각을 하나 싶겠지만, 생각보다 늦는 경우가 종종 있다. 시간 내 등록을 완료하지 못하면 면접시험에서 제외되므로 시험 시작 전 여유 있게 면접장에 도착할 수 있도록 하자. 만약 면접장과 거리가 먼 지역에 산다면 면접장 근처 숙소를 예약하여 하루 전 숙박하는 것을 추천한다.

2. 응시자 대기 및 서식 작성

(1) 대기

지방공무원 교육행정직 면접은 국가공무원과는 달리 한 사람에게 주어지는 면접시간이 길지 않기 때문에 주변 응시자들에게 신경 쓸 여유가 없다. 자기 차례를 기다리는 동안 조용한 태도로 예상되는 질문에 대한 대답을 최종적으로 정리하면서 마음을 가다듬고, 차례가 가까워지면 다시 한 번 자기의 복장을 점검해 본다. 대기하는 동안 옆 사람과 잡담을 하거나 큰소리로 말하는 것, 지나친 흡연, 다리를 꼬고 비스듬히 앉는 것, 다리를 흔드는 것 등은 삼가야 한다. 면접 대기 중에 준비해 온 면접자료를 보는 것을 허용하는 지역도 있으므로 대기하는 동안 자료를 훑어보면서 발표할 내용을 점검하는 것도 좋다.

(2) 서식 작성

면접장 입실 전 면접평정표를 작성한다. 면접관 수만큼 평정표를 받고, 평정표를 모두 똑같이 작성한다. 코로나19 종식이 선언되기는 하였으나 위기 단계는 '경계'이고, 확진 시 여전히 5일간의 격리를 권고하는 등의 상황은 지속되고 있으므로 코로나19 관련 문진표를 작성할 수도 있다. 특별히 대구교육청 면접에는 인문학 면접 절차가 있는데, 구상실에서 10분 정도의 시간 동안 구상지에 있는 문제를 보고 머릿속으로 답변을 구상해야 한다. 필기도구는 사용할 수 없지만 면접장에 가면 구상실에서 봤던 문제지를 볼 수 있으므로 머릿속으로 생각했던 답변을 다시 한 번 상기시킬 수 있다. 부산교육청과 경북교육청에서도 2019년 구상형 면접을 실시하였으나 대구교육청처럼 인문학 면접을 실시하지는 않았다.

3. 신분확인 및 입실

(1) 신분확인

시험 감독관이 응시자들의 휴대폰을 수거하면 응시자들은 미리 준비한 응시표와 신분증(시험 공고에서 허용한 신분증만 가능)을 확인한 후 면접 순서를 추첨한다. 구상형 면접이 있는 지역은 구상실로 먼저 이동하며, 대기하고 있다가 입장하라는 신호가 들리면 면접장에 입장한다. 출제된 문제의 유출을 방지하기 위해 오전조 면접이 끝나도 오후조가 모두 등록을 마칠 때까지 귀가는 허용되지 않는다.

(2) 입실

① 면접장에 들어서면 의자 옆에 서서 "안녕하십니까."라고 너무 크지 않은 소리로 말한 후 허리를 30° 정도 굽혀 가볍게 인사한다. 입실 후 10~15초의 시간 안에 면접관에게 각인된 응시자의 이미지는 면접시험이 끝날 때까지 잘 바뀌지 않는다. 따라서 15초라는 짧은 시간 동안 면접관이 볼 수 있는 응시자의 첫인상은 매우 중요하다.

② 면접 평정표를 면접관에게 제출한 후 본인 좌석에 착석한다. 시선은 면접관의 가슴 부분이나 넥타이 매듭 부분에 고정하는 것이 좋으며, 어깨에 잔뜩 힘이 들어가는 등 너무 경직된 자세를 취하거나 등받이에 기대는 등 너무 편안한 자세는 지양하도록 하자. 남성 응시자는 무릎은 어깨 너비로 벌리고 손은 가볍게 주먹 쥐어 무릎 약간 위에 편하게 올려 놓는다. 여성 응시자의 경우는 다리를 가지런히 모으고 손을 포개어 무릎 약간 위에 편하게 올려 놓는다(9쪽 사진 참고).

4. 질의응답

(1) 태도

솔직하고 자신 있는 태도로 대답한다. 대답에 자신이 없더라도 머리를 긁적이거나 혀를 내밀지 않는다. 면접에서 자신감 없는 태도는 응시자의 능력과 열정에 대한 의심을 불러일으킬 수 있으므로 주의해야 한다.

(2) 화법과 음성

대답할 때는 "음…, 저…" 등의 불필요한 말이 나오지 않도록 하며, 구어체인 '–하구요'가 아니라 문어체인 '–하고'로 정확히 말한다. 음성은 면접관이 분명히 들을 수 있도록 크게, 발음은 정확하게 그리고 자신감을 가지고 면접에 임해야 한다.

(3) 대처 방법

만약 모르는 질문일 때는 머뭇거리거나 더듬지 말고, 5~10초 정도 지나 "잘 모르겠습니다."라고 솔직하게 답변하는 것이 좋다.

5. 퇴실

(1) 퇴실 인사

면접관이 "수고하셨습니다."로 면접이 끝났음을 알리면 "감사합니다."라고 정중히 인사한 후, 의자에서 조용히 일어나 면접관을 향해 다시 한 번 인사한다.

(2) 퇴실

면접시험에서 언짢은 내용이 있었더라도 도망치듯 급하게 퇴실하거나 흐트러진 자세를 보이지 않도록 세심한 주의가 필요하다. 면접장에 들어간 순간부터 나오는 순간까지 모든 말과 행동은 평가의 대상이 된다는 사실을 잊지 말고 집중할 수 있도록 한다.

1. 좋은 답변이란?

동일한 질문이 주어졌을 때, 면접관은 '좋은 답변'을 하는 응시자에게 좋은 점수를 주게 된다. 그럼 좋은 답변이란 무엇일까?

좋은 답변은 바로 질문에 대한 알맞은 부연 설명이다. 답을 정했다면 그 답을 정한 이유와 본인의 경험, 면접 준비를 하면서 알게 된 사례 등의 요소들을 적재적소에 넣어 답할 수 있어야 한다. 질문에 100% 정답은 없기에 자신만의 성의 있고 변별력 있는 답변이 바로 좋은 답변이 되는 것이다. 그러나 너무 길고 구구절절한 답변은 면접관을 지루하게 만들 수 있으므로 핵심만 짚어서 설명할 수 있어야 하고, 또 면접관이 한 질문에 부연 설명 없이 너무 간단하게 단답형으로 대답하는 것은 성의 없는 태도로 비춰질 수 있으므로 적절한 분량의 답을 만들 수 있어야 한다.

2. 나를 제대로 알자

좋은 답변을 하기 위해서는 우선 나를 제대로 알아야 한다. 교육행정직 공무원을 준비하기까지의 나를 되돌아보는 것이다. 학창시절, 졸업 후 아르바이트나 직장생활 속에서 나는 어떤 경험과 활동을 했는지 그리고 이때의 활동들이 공무원 공직가치의 어떤 것과 연결되는지를 정리해 보는 것이다. 이것은 간단한 자기소개, 나의 장단점, 교육행정직 지원동기 등의 질문에 적절한 답을 하는 데 유용하게 사용될 것이다.

3. 좋은 단어를 사용하자

면접관은 같은 뜻을 나타내더라도 공격적이거나 부정적인 단어를 사용하는 응시자에게는 좋은 점수를 주지 않는다. 그 단어를 사용하는 응시자는 당연히 그러한 가치관을 갖고 있다고 여기기 때문이다. 즉, 응시자는 공격적·부정적인 단어보다는 최대한 객관적이고 부드러운 단어를 선택하여 사용하도록 한다. 단, 본인의 지식을 뽐낼 필요는 없다. 본인이 사용하는 단어들이 본인의 가치를 나타내는 것임을 알고 신중하게 사용하도록 하자.

면접관의 관점에서 준비하자

1. 면접관의 질문 의도를 파악하자

면접관의 모든 질문에는 숨은 '의도'가 있다. 예를 들어, 학창 시절의 실패 경험을 묻는 질문을 받았다고 가정해 보자. 짧은 시간 동안 응시자가 자신의 실패 경험을 열거하는 것은 면접관이 알고 싶은 내용이 아니다. 실패를 통해 어떤 교훈을 얻었는지, 그 교훈을 통해 어떤 반성을 했는지가 중요하다.

응시자는 질문의 요지를 정확히 파악하여 답변해야 한다. 긴장해서 면접관의 질문 내용을 정확히 이해하지 못했을 때는 주저하지 말고 "지금 하신 질문은 이러한 의미입니까?"라고 물어본 후 의미를 정확히 파악하여 알맞은 대답을 해야 한다.

2. 결론부터 답변하자

길지 않은 답변 시간 동안 면접관이 당신의 답변을 끝까지 모두 들어야 할 의무는 없다. 면접관은 응시자의 입에서 명쾌한 답변이 나오는 순간까지 기다려 주지 않을 수도 있다. 면접관의 질문 의도를 정확히 파악했다면 그 의도에 맞는 답변을 '두괄식'으로 대답하도록 하자. 결론을 먼저 답한 후 그에 따르는 설명과 이유를 뒤에 덧붙이면 논지가 명확해지고 이야기가 깔끔하게 정리된다. 하나의 주제를 설명하는 데는 3분이면 충분하다. 너무 긴 답변은 면접관을 지루하게 할 수 있다.

3. 답변을 차별화하자

면접관은 하루에도 수많은 응시자를 만나게 된다. 이때 응시자들에게서 획일화된 답변만 듣게 된다면 면접관은 면접장을 뛰쳐나가고 싶을지도 모른다. 답변 자체에는 정답이 없지만 면접관의 이목을 집중시킬 수 있는 획기적이고 차별화된 답변을 하는 응시자에게는 분명 플러스 점수가 부여될 것이다. 답변을 차별화할 수 있는 것은 '개인의 경험을 토대'로 하는 것이다. 경험의 스토리가 아니라 바로 그 경험을 통해 응시자가 느낀 점과 상황대처능력이 중요한 것이다.

4. 면접관이 싫어하는 3가지 유형

(1) 수동적 · 추상적 답변

보통 응시자들은 "~라고 생각하기 때문에 ~하게 되었습니다."라는 표현을 많이 사용한다. 이 문장을 보면 어떤 행동의 근거는 그 응시자의 '생각'이 되는 것이다. 그러나 면접관은 보이지 않는 추상적 생각으로 결론에 이르는 답변에 만족할 수 없다. 또한 이러한 답변은 그 생각의 근거를 묻는 등의 꼬리 질문을 유발한다. 이런 경우에는 행동, 결과 등을 통계 자료나 경험에 근거하여 답변하는 것이 좋다. 통계 자료의 데이터나 경험은 구체적 행동의 근거로 최상이다. 특히, "제 경험에 의하여 ~해 본 결과 ~하게 되었습니다."처럼 경험을 바탕으로 답변한다면 면접관이 응시자의 경험에 초점을 맞추어 재질문할 수 있기 때문에, 범위가 자신의 경험으로 한정되어 답변하기 더 쉬울 것이다.

면접시간은 상당히 짧다. 특히 국가공무원과 달리 지방공무원 개별면접은 한 사람당 7~10분 정도의 시간만 주어지기 때문에 추상적이고 애매모호한 답변은 나를 보여줄 시간을 더욱 부족하게 만든다.

보통 답변할 때 많이 나오는 추상어들은 역량, 희망, 가치 등 구체성이 떨어지는 단어들이다. 지원 동기에 "공무원이 되어 저의 역량을 발휘하고 싶습니다."라고 답변한다면 면접관들은 분명 '역량'에 대한 궁금증을 가지게 될 것이고, 역량에 대한 꼬리 질문을 하게 될 것이다. 이렇게 바꿔 답변해 보자. "저는 행정학을 전공하였고, 관련 자격증을 2종 취득하였습니다. 또한 그 전공을 살려 틈틈이 대학교 행정지원실과 교육청 진학진로정보센터에서 아르바이트를 하면서 현장 실무를 경험하였습니다. 이러한 경험을 바탕으로 저는 미래 교육에 공헌하는 교육행정직 공무원이 되고 싶습니다."가 훨씬 더 좋은 답변일 것이다.

(2) 거짓말

사람들은 거짓말을 싫어한다. 면접으로 응시자를 평가하는 면접관들은 더욱 그럴 것이다. 실제로 필기시험에서 높은 점수를 받은 응시자가 면접에서 거짓말로 답변하면서 꼬리에 꼬리를 무는 압박질문을 받아 최종적으로 불합격한 사례가 있었다. 면접에서 좋은 점수를 받고자 하는 욕심에 거짓말로 답변했다는 것을 면접관이 알게 된다면 어떤 결과를 만나게 될지 응시자 스스로가 가장 잘 알 것이다. 거짓 답변은 응시자의 본모습이 아니다. 스스로를 솔직하게 나타낼 수 있는 답변을 하자. 실제로 응시자가 겪은 경험과 성장 환경을 통해 솔직한 본인의 모습을 보인다면, 몇 배로 더 가치 있는 답변이 될 것이다.

(3) 무조건 열심히 하겠다는 답변

공무원을 뽑는 면접은 공무원으로서의 자세와 공직적합성, 수많은 민원 사례에 대한 대처 능력, 여러 정책 등에 관한 전문지식 및 추진 능력 등을 실질적으로 평가하는 자리이다. '무조건', '뽑아만 주신다면', '열심히 하겠습니다.'와 같은 답변은 면접관 입장에서 진부하고 진정성이 느껴지지 않으므로 이러한 표현은 피하도록 한다. 따라서 해당 직렬에 대한 본인의 열정을 좀 더 구체적으로 발언하는 것이 효율적이다. 또한 본인의 경험 사례나 성공을 위한 노력, 의지 등을 덧붙인 대답을 한다면 면접관에게 좀 더 신뢰감을 줄 수 있을 것이다.

04 경험형·상황형 질문 대처법

1. 경험형 질문

일반적으로 경험형 질문은 임용 이후 근무하고 싶은 기관과 담당하고 싶은 직무, 응시 분야 관련 이해도와 교과목 수강, 각종 활동 등 해당 분야의 직무수행능력 및 전문성 함양을 위해 평소 준비한 노력과 경험 등을 평가한다. 따라서 어느 정도 출제 문제가 정해져 있으므로 이에 대한 자신의 노력과 경험 등을 희망 직무에 맞춰 정리해 보는 것이 좋다.

(1) 해당 직렬의 홈페이지, SNS 등을 분석하여 근무 희망 부서의 주요업무, 최신 정책을 자세히 파악하자.

면접관은 왜 그 부서에서 근무하고 싶은지 물어본다. 따라서 응시자가 희망하는 부서에서 어떤 업무를 하는지 정도는 알아야 어떠한 대답이라도 할 수 있다. 또한 그 부서에서 추진하는 정책에 대한 개선점이나 활용 방안 등도 추가로 물어볼 수 있으므로 희망 부서에서 최근 진행하고 있는 정책이나 이슈 등을 잘 찾아 분석하고, 해당 정책에 대한 자신의 개인적인 생각도 잘 정리해 두어야 한다. 이때 응시자의 경험과 학습 분야를 업무와 연결할 수 있는 근무 희망 부서를 2~3개 정도로 정해두는 것이 좋다.

(2) 해당 직무 수행과 관련한 자신의 노력과 경험을 적극 어필하자.

학창 시절 해당 직무와 관련된 과목을 수강한 경험, 관련 단체에서 활동한 경험, 관련 자격증 취득을 위해 했던 노력 등을 적극적으로 어필하는 것이 좋다. 이때 경험과 관련하여 많은 말재료를 모으는 것이 중요하다. 모은 말재료를 활용하여 어떠한 노력을 했는지 구체적이고 자세하게 정리하는 연습을 해 보도록 한다.

(3) 면접관은 실패 경험을 어떻게 극복했는지에 관심이 있다.

면접관은 응시자가 어려운 상황을 극복하는 과정을 통해 배운 점을 실제 업무 현장에서 어떻게 사용하게 될지를 궁금해한다. 따라서 인과관계를 잘 완성시켜 스토리를 만드는 것이 중요하다. 이때 선배들의 면접 후기를 찾아보는 것이 좋다. 면접 후기를 통해 어떻게 자신의 실패 경험과 관심 직무를 연결시켜 답변했는지에 대한 노하우를 통해, 누구나 납득할 수 있는 답변을 만드는 데 매우 큰 도움이 될 것이다.

(4) 어차피 들키는 경험 부풀리기는 절대 하지 말자.

자신이 직접 경험하거나 배운 것은 거짓 없이 말하도록 한다. 최대한 지원 직렬과 관계 있는 것들로 대답하며, 만약 적절한 것이 떠오르지 않더라도 질문의 내용과 완전 무관한 경험을 늘어놓으며 답변 시간을 허비하지 않도록 한다. 오히려 앞으로 이런 공부를 하겠다, 자격증을 준비하겠다, 준비하고 있다 등으로 대답하는 것이 낫다.

2. 상황형 질문

직무 중 조직에서 발생하는 특정 상황을 제시한 후 응시자의 문제해결능력, 의사소통능력, 상황판단능력, 협상 및 협력능력 등을 평가한다.

주제	내용
공직형	• 공무원 행동강령 • 공무원의 의무: 위법사항, 부당지시 등
민원형	고질민원: 사업항의, 협박 등
정책(사업) 갈등형 – 의사결정(양자택일) – 문제해결 · 설득형	• 정책(사업) 의사결정: 업체, 사업 선정 등 • 관관 갈등: 기관끼리의 부작용, 이익 관련 입장 차이 등 • 관민 갈등, 민민 갈등 등
업무 · 조직 갈등형	• 업무수행: 양, 질, 자원부족, 지시충돌 등 • 규정 외 의사결정이 필요한 민원상황 • 조직갈등: 협조, 기피, 무책임 등

일반적으로 새로운 정책 실시와 이해관계자들의 불만 사항을 조정하는 과정을 통해 문제대처능력 및 공직자로서의 자세를 평가하는 문제들이 주로 출제된다. 또한, 면접관들은 응시자가 준비한 답변 외에도 추가 질문을 통해 압박하므로 다양하게 출제될 수 있는 추가 질문까지 고려해야 한다.

(1) '상황 요약 – 대처 방안' 순서로 답안을 정리한다.

면접관에게 경험·상황 면접 질문을 받았을 때, 우선 문제에서 제시한 상황의 핵심 쟁점이나 갈등의 원인이 무엇인지 떠올려 본다. 그리고 제시된 상황을 정리하여 먼저 말하고, 그 다음 이에 대한 합리적인 대처 방안을 답한다. 대처 방안 제시 순서는 '현황 조사 및 의견 수렴 – 대안 및 사후관리 방안' 정도면 무난하다.

(2) 갈등 상황을 다양한 입장에서 분석한다.

양자택일형 의사결정 문제에서 찬성·반대 중 한 가지 입장만을 선택하여 답변한다면, 면접관들은 다른 쪽의 의견으로 압박하며 추가 질문을 쏟아낼 수 있다. 따라서 관련 정책 및 갈등 상황에 대해 담당자의 입장에서만 생각하지 말고 관계된 다양한 이익집단의 입장을 분석해 놓는 것이 좋다.

(3) 명확한 정답은 없다.

정책과 연관된 상황형 질문의 경우 명확한 정답은 없다. 풀어가는 논리가 중요할 뿐이다. 따라서 자신의 의견이 미흡한 것 같더라도 자신감을 가지고 말하는 것이 중요하다. 때로는 면접관이 답변 중간 중간에 고개를 끄덕이거나 피드백을 주면서 응시자가 옳은 방향으로 의견을 정리해 나갈 수 있도록 격려해 주기도 하니, 너무 위축되지 말고 최대한 자신의 의견을 잘 정리해서 답변하도록 한다. 다만, 답변의 모든 기준은 공직가치가 최우선되어야 함을 잊지 말아야 한다. 공직가치에 근거한 본인의 명확한 기준으로 진정성 있는 답변을 해야 면접관으로부터 좋은 점수를 얻을 수 있다.

(4) 면접 준비 시, 예시 답안을 많이 보고 말재료를 모은다.

스터디를 하거나 인터넷 검색 등을 통해 기출문제를 많이 접해보는 것이 좋다. 그리고 이에 대한 다른 사람들의 예시 답안을 살펴보고, 비교해 보는 것이 도움이 된다. 공청회를 연다, 지원을 활성화한다, 지역과 상생하는 길을 도모해야 한다, 우선순위를 둔다 등 의외로 내 머릿속에 없던 다양한 표현과 해결방안에 대한 아이디어를 얻을 수 있다. 다양한 말재료를 수집하고 기억해 두는 연습을 한다면 실제 면접의 중요한 순간에 정리해 둔 것을 써먹을 기회가 반드시 찾아올 것이다.

1. 솔직함과 자연스러움으로 어필하라

(1) 면접관의 관점에서 면접의 목적을 생각한다.

면접은 면접관이 지원 조직을 대신해서 응시자를 평가하는 과정으로, 응시자는 면접관에게 자신의 장점을 근거 있는 주장으로 어필함으로써 설득해야 한다. 면접관은 기본적으로 조직을 위해 일하는 사람이므로 조직의 시각에서 응시자를 평가한다. 따라서 면접관을 대할 때는 '객관화'가 필요하며, 면접관의 질문에 감정을 앞세우지 말고 근거 있는 답변을 하는 것이 중요하다.

(2) 본인만의 매력을 솔직하고 자연스럽게 어필하는 것이 플러스 요인이다.

면접은 응시자와 면접관 간의 질문·답변이라는 언어적 요소는 물론 눈빛, 분위기 등의 비언어적 요소도 포함하는 종합적 의사소통 과정이다. 질문에 대한 답변 내용 전달뿐만 아니라 응시자의 자세, 태도, 기(氣), 카리스마, 분위기 등이 종합적으로 평가된다고 할 수 있다. 따라서 본인이 설정한 이상적인 캐릭터를 연기하려고 하지 말고, 본인만의 매력을 솔직하고 자연스럽게 어필하는 것이 플러스 요인이다.

(3) '솔직함'이란 무엇인가?

솔직함이 단순히 솔직한 성격만을 뜻하는 것일까? 아니다. 여기서 '솔직함'의 전제는 기본적으로 두 가지가 준비된 상태여야 한다. 첫째, 본인이 해당 직무에 적합한 성향을 갖고 있으며, 둘째, 적합한 그 성향을 말과 행동으로 자연스럽게 표현해야 한다는 것이다. 응시자의 직무 적합도가 적절하게 표현되어 면접관에게 잘 전달될 때 비로소 '솔직함'이 필살기가 된다고 할 수 있다.

2. 일관성 있는 답변으로 어필하라

(1) 면접관은 응시자의 답변에서 합격 또는 불합격시킬 근거를 찾는다.

면접 답변의 기본 구조는 '주장 - 근거 - 답변'으로, 면접관은 응시자의 답변으로부터 합격 또는 불합격시킬 근거를 찾게 되는데, 그 과정에서 면접관은 응시자의 여러 답변을 종합적으로 판단하여 결정한다. 하나의 답변으로 당락이 결정되는 것이 아니라 여러 꼬리 질문으로 그 근거에 데이터를 쌓아가는 것이다.

특히, 인·적성검사를 실시하는 시도교육청의 경우 인·적성검사 결과가 면접 결과에 반영되지는 않더라도 면접관에게 참고자료로 제공된다. 인·적성검사와 면접에서 같은 의미의 질문에 대한 답이 다를 경우 면접관은 거짓을 표현했다고 생각할 수 있고, 꼬리 질문을 유발하는 재료가 될 수 있으므로 반드시 일관성을 유지해야 한다.

(2) 자신의 장점과 경험을 직무와 연결하여 일관성 있게 답변한다.

과거의 실패 경험이나 언뜻 직무와 무관해 보이는 경험도 직무와 연결하여 일관성 있는 답변을 준비한다. 원래는 어떤 목적에 의해 관련 없어 보이는 것을 경험하게 되었지만, 결국 그 경험이 지금 지원하는 직무에 도움이 될 것이라고 생각하게 되었다는 식의 긍정적인 답변으로 자신의 경험을 어필하는 것이 좋다.

(3) STAR 기법을 사용하여 실패 경험을 현재 직무에 연관하여 어필한다.

STAR 기법은 Situation, Task, Action, Result로 자신의 과거 경험을 풀어 설명하는 방식이다. 이때 S와 T보다는 A와 R가 중요한데, '나는 이러한 행동을 했습니다.'보다는 '나는 이러한 행동을 통해 무엇을 깨달았습니다.'라고 말하는 것이 핵심이다. 결과적으로 '깨달음'이 지원한 직무와 관련된 역량을 키우는 데 도움이 되었다고 마무리 짓는 것이 중요하다.

구분		내용
S: Situation	상황	자신이 처한 상황에 대한 설명
T: Task	일(목표)	그 상황에서 맡은 일 또는 목표에 대한 설명
A: Action	행동	맡겨진 일, 목표를 위해 취한 노력에 대한 설명
R: Result	결과	결과가 어떠했는지, 나에게 어떠한 영향을 끼쳤는지, 무엇을 배웠는지를 설명

3. 당당함은 내용을 돋보이게 하는 최고의 무기이다

(1) 입장을 바꿔 면접관의 관점에서 생각해 본다.

'내가 면접관이라면 어떤 사람을 뽑을까?'라고 면접관의 입장에서 생각해 보는 것이 필요하다. 즉, 면접관이 요구하는 인재상을 알아야 한다. 면접관에게 신뢰를 주는 당당한 태도와 자신감 있는 말투가 필요하다.

(2) 예상하지 못한 뜻밖의 질문에도 당당하게 답변한다.

상황 면접 또는 압박 면접의 경우 예상치 못한 질문이 주어질 수도 있는데, 이때 당황하지 말고 당당하게 답변하도록 한다. 뜻밖의 질문에도 '나라면 어떻게 행동했을까?'라고 재빠르게 감정 이입하여 답변을 준비하고, 자신 있게 본인의 있는 그대로의 모습을 보여준다는 마음으로 당당한 태도를 보이는 것이 중요하다. 이때 주의할 점은 자신감 있는 태도를 보이기 위해 내가 모르는 것을 마치 아는 것처럼 말하지 않아야 한다. 본인이 아는 범위보다 더 넓혀서 말한다면 면접관의 질문에 당당하게 대답하지 못하여 오히려 난처한 상황이 될 수도 있다.

(3) 평소 자신을 사랑하고 남을 이해하려고 노력한다.

자신을 아끼지 않는 사람은 남도 아낄 수 없다. 나를 알고 남을 이해하려는 노력이 필요하다. 자신을 알아보는 다양한 방법을 시도해 본다. 자신이 잘하는 것 10가지를 적어 보는 것도 좋은 방법이다. 면접관이 좋아하는 자세는 당당하지만 거만하지 않고 활기차게 적극적으로 업무에 임하려는 자세이다.

(4) 자신감 있는 말투는 평소 습관에서 비롯된다.

말투는 습관이므로 반복해서 연습하는 것이 필요하다. 입 모양이 정확해야 발음도 정확해지고 말하고자 하는 바를 효과적으로 전달할 수 있다. 종결어미의 처리 하나로 선명한 인상을 줄 수 있으므로 문장을 읽을 때 마지막까지 힘을 빼지 않고 단어 하나하나를 힘 있게 끝처리하는 습관을 들인다. 자신의 답변을 녹음해서 들어보고 매일 연습하는 것도 좋은 방법이다. 대본을 작성할 때는 중요한 핵심 키워드를 적어 두고 작성한다.

교육행정직 공무원의
모든 것

교육행정직 공무원이란?

01 **교육행정직 공무원의 개요**

1. 교육행정직 공무원의 업무

교육행정직 공무원은 교육 관련 기관에서 각종 행정 업무를 담당하는 공무원을 말한다. 국가직과 지방직으로 나누어지며, 이 중 지방직 교육행정직은 다른 직렬과 달리 지방자치단체 소속이 아닌 시도교육청 소속이다. 시도교육청 9급 교육행정직은 주로 공립 초·중·고등학교 행정실에서 근무하며, 7급은 주로 시도교육청에서 근무한다. 이 외에도 교육지원청과 공공도서관 및 평생교육관 같은 교육청 산하기관에서도 근무한다.

2. 교육행정직 공무원의 계급 및 직급(「공무원임용령」 별표 1)

직군	직렬	직류	계급 및 직급						
			3급	4급	5급	6급	7급	8급	9급
행정	행정	교육행정	부이사관	서기관	행정사무관	행정주사	행정주사보	행정서기	행정서기보

3. 교육행정직 공무원의 특징

민원은 10~20% 정도로 일반행정직에 비해 적은 편이며, 주말 출근 빈도가 낮고 비상근무가 드물다. 또한 공립 학교에서 근무하는 9급 공무원의 경우에는 비교적 빨리 퇴근하기 때문에 워라밸을 중요하게 생각하는 사회 분위기에 따라 다른 직렬에 비해 인기가 높고 여성 공무원이 많은 편이다. 지방직 교육행정직은 5·7급 공채를 시행하지 않기 때문에 타 직렬에 비해 9급 공무원의 승진이 빠른 편이다. 일반행정직에 비해 월급이 적다고 알려져 있는데, 공무원 급여는 법으로 정해져 있어 월급이 다를 수 없다. 다만, 교육행정직은 일반행정직에 비해 초과 근무가 많지 않아 수당이 적어 수령하는 급여의 차이가 생길 뿐이다.

02 교육행정직 공무원의 주요 업무

1. 회계 업무

근무지 내 교직원들의 급여와 여러 종류의 수당, 4대보험 등을 계산하고, 복지수당, 공무원 연금, 원천세 납부 등의 업무를 수행한다. 또, 현장학습체험비, 방과후학교 수강료, 급식비, 교복 관련 업무를 처리하기도 한다. 매년 12월에서 다음 해 2월까지, 즉 겨울방학에서 새 학기 시작 이전까지의 기간이 교육행정직 공무원들에게는 매우 바쁜 시기인데, 그 이유는 교직원들의 연말정산, 학교의 새해 예산과 관련된 업무가 많기 때문이다.

2. 민원 처리

교내 행정업무와 학생들의 졸업증명서 및 생활기록부, 교직원들의 재직증명서 등을 발급하는 업무를 한다.

3. 시설·물품·기록물 관리

노후된 교내 시설을 보수하고 새로운 자재를 구입하는 등의 시설 관리와 관리에 필요한 공문처리 업무를 한다. 학교 물품 구입과 재산을 등록·관리하며, 보안 관련 업무도 맡고 있다. 이 외에도 학교나 교육청에 있는 서고의 문서를 관리하며, 여러 자료의 보관·유지 및 기간 만료 자료를 폐기하는 것 등을 담당한다.

1. 교육감 ※ 출처: 한국민족문화대백과사전(encykorea.aks.ac.kr)

(1) 정의

교육 · 학예에 관한 사무를 통할하는 시도교육청의 공무원으로, 관련 소송이나 재산의 등기에 대하여 해당 시 · 도를 대표하고, 해당 지역의 소속 교육공무원을 지휘 · 감독하며, 법령과 조례 · 교육규칙이 정하는 바에 의하여 그 임용, 교육훈련, 복무, 징계 등에 관한 사항을 처리하는 지방교육행정의 최고 책임자이다. 최종적으로 집행하는 권한을 갖는 독임제 집행기구이다.

(2) 내용

2010년 2월 26일 개정된 「지방교육자치에 관한 법률」에 의하면, 교육감 후보의 자격은 당해 시 · 도지사의 피선거권이 있는 사람으로서 후보자 등록신청 개시일부터 과거 1년 동안 비정치인이어야 하며, 2014년 2월 13일 신설된 「지방교육자치에 관한 법률」 제24조 제2항 교육감 후보의 자격에 따라 교육경력 또는 교육행정경력이 3년 이상 있거나 양 경력을 합한 경력이 3년 이상 있는 사람이어야 한다. 주민의 보통 · 평등 · 직접 · 비밀선거에 따라 선출한다.

(3) 변천 과정

1991년부터 시작된 제1기 교육감의 자격기준은 교육경력 또는 교육전문직원 경력이 20년 이상 있거나 양 경력을 합하여 20년 이상 있는 자였으며, 1995년 제2기 교육감의 자격기준은 교육 또는 교육공무원으로서의 교육행정경력이 15년 이상 있거나 양 경력을 합하여 15년 이상 있는 자였다. 현재는 교육경력 또는 교육행정경력 기준을 5년으로 대폭 축소하여 참신한 인재를 등용하도록 하고 있다.

(4) 의의

교육감은 학식과 덕망은 물론 교육에 대한 신념에 있어서 당해 지역의 상징적 지위에 있어야 할 인물이다. 앞으로 교육부로부터 더 많은 권한이 시도교육청으로 이관되면 교육감의 역할은 더욱 커질 뿐 아니라 그 권한 역시 더욱 강화될 것이다.

2. 대표 부서별 주요 업무 ※ 교육청별로 관·과 명칭이 상이할 수 있습니다.

(1) 감사관

- 감사 · 청렴 · 행정 업무 총괄 및 일상경비 출납
- 일상 · 사이버감사, 「청탁금지법」, 「이해충돌방지법」 관련 업무 총괄
- 적극행정 운영 총괄, 소극행정 예방점검 및 조치
- 교육감 공약사항 이행 여부 평가 및 교육부 권한이양업무 수행
- 반부패 청렴대책 종합계획 수립 및 추진
- 청렴마일리지 계획 및 시행, 교육지원청 부패방지 시책 평가 계획수립
- 클린재정시스템(기관 자체 점검 등) 운영
- 공직자 재산 등록(공직자윤리위원회) 및 병역신고, 부패공직자(비위 면직자) 관리
- 국민권익위원회 청렴도 평가 관련 업무

(2) 정책기획관

- 지표, 정책방향, 중점과제 등 지역별 교육방향 수립
- 국정감사 주요업무보고 및 신년업무보고
- 시도교육청 및 교육지원청 평가 관련 업무
- 교육감 공약 관리, 정책 홍보, 지시사항 처리 및 관리(교육정책)
- 교육행정기관 조직관리 · 진단 및 분석
- 지방공무원 정원조정 · 책정 및 관리
- 교육행정기관의 기구 설립 · 폐지, 통 · 폐합 관련 법령 제 · 개정업무
- 전국 시도교육감협의회 업무
- 중기기본인력운용계획 수립
- 도서관 운영, 범시민 독서생활화 추진사업, 유관기관과의 도서관협력사업 추진 지원
- 평생교육 관련 업무, 공익 · 비영리 법인 및 비영리 민간단체 설립 · 폐지

(3) 예산담당관

- 심의자료 작성, 성인지 예산 관리, 주민참여예산제 운영
- 부서 예 · 결산, 보안 · 물품 및 회계 지출 업무
- 교육비특별회계 세입 · 세출 조정 총괄
- 예산성과계획서 및 예산편성지침 제정
- 행 · 재정시스템(교육비특별예산) 구축 · 운영 지원
- 특별교부금 및 국고보조금 관리

- 학교기본운영비 예산편성 및 배분 계획 수립
- 교육지원청 세입 · 세출 예산 편성, 예비비 사용, 예산배정 관리, 인건비 재배정

(4) 행정관리담당관
- 전문직 정원 · 총액인건비제 · 중기기본인력운용계획
- 지방공무원 정원 관리 및 총액인건비제 운영
- 행정기구 관리 및 조직 재설계
- 자치법규 입법안 심사 및 공포
- 교육규제 심사, 등록 및 공표
- 정보화 연간 시행계획 수립 · 시행 및 최신기술 정보화 전문인력 양성 추진

(5) 안전기획관
- 산업재해 예방계획 수립 및 관리
- 재난 · 안전 관련 업무 총괄 및 재난 대응
- 산업재해 원인조사 및 재발방지대책 수립
- 화학물질 유해 · 위험성 검토 및 물질안전보건자료 관리
- 근로자 건강진단 및 건강증진업무, 특수건강검진 실시, 정기 안전보건교육 지원
- 안전보건 전문인력(임기제공무원) 인사관리
- 관리감독자 정기 안전보건교육 지원

(6) 교육정책과
- 교육과정 정책 추진계획 수립
- 학교통합지원센터 운영 지원 총괄
- 학교업무 경감 및 효율화 기획 · 운영 및 학교자치 업무 기획 · 운영
- 교육결손 해소 추진 계획 수립 및 운영
- 학교자율 사업운영제 기획 · 운영
- 관련 부서 협업, 학교 · 지원청과의 소통, 모니터링
- 차세대 지능형 교육연수 플랫폼 운영
- 교원학습공동체와 학교혁신 일반화를 위한 현장 지원 방안 연구
- 학교자치 및 교원 업무경감 정책의 현장 지원 방안 연구
- 자율형 사립고 지정 · 취소에 관한 사항, 운영 및 관리
- AI · 과학 · 메이커 · 영재 · 정보 · 수학교육 주요업무계획 수립
- 영재교육 중장기 및 세부추진계획 수립, 영재학교 및 영재교육지원센터운영 지도

(7) 유아교육과

- 유아교육과 주요 업무 기획 및 평가
- 공립유치원 원장 · 원감, 교원, 교육전문직 임용 및 평정
- 유아 안전 · 건강교육 지원
- 방과후 과정 기획 및 추진, 방과후전담사 · 시간제근무 기간제 교사 운영 관리
- 사립유치원 원비 안정화 추진 계획 수립 및 사립유치원 원비 전수 조사
- 공 · 사립유치원 유아학비 및 어린이집 누리과정 지원 계획 및 추진
- 유치원 수업지원 사업, 초등학교와의 연계 교육
- 유치원 교육공무원 인사관리원칙 수립, 인사 모니터링 및 관리
- 신규 교사 임용 및 선발 업무

(8) 초등교육과

- 초등 교육과정 편성 · 운영 기획
- 초등교육 관련 교육네트워크 및 교직단체 업무
- 2022 개정 교육과정 정책 수립
- 초등 수석교사 운영
- 학생 참여형 수업 혁신 기획 · 운영
- 초1 · 2 안정과 성장 맞춤 교육과정 운영
- 초등 학생평가 기획 · 운영
- 학교생활기록부(학적 포함) 관리 등 총괄
- 초등 국가수준학업성취도 평가 및 맞춤형 학업성취도 자율평가 지원
- 독서교육 기획 · 운영, 읽기곤란(난독증) 학생 지원 기획
- 초등 인성교육, 교육결손해소 사업 운영
- 방과후학교 정책 기획 · 운영
- 방과후학교 국정과제(늘봄학교) 관련 업무 추진
- 초등 기초학력 보장 시행계획 및 업무 예 · 결산 총괄

(9) 중등교육과

- 중등 교육과정 운영 지원
- 중등 학적 및 학교생활기록부 관리
- 기초 학력 증진 및 학력 신장 지원
- 중 · 고등학교 입학 전형 및 대학수학능력시험 운영
- 교과교실제 및 자유학기제 운영

- 2022 개정 교육과정 및 중등 교육행정정보시스템(NEIS) 교육과정 관련 업무
- 독서 및 인문소양교육 지원
- 교과목 신설 승인 업무 및 교과목 관리
- 고교학점제 운영방안 기획 및 추진
- 교원 역량강화 CDA 직무연수 기획 및 운영
- 전국연합학력평가 운영 지원
- 일반고 전 · 편입학 관리

(10) 평생교육과

- 평생교육 기본계획 수립 및 평생교육기관 운영 평가
- 학교형태 평생교육시설 지원 계획 수립 및 운영 관리
- 방송통신중 · 고등학교 지정 · 운영 및 예산 관리
- 대입전형 등 사이트 관리
- 검정고시 원서접수 등 검정고시 관련 업무
- 학원 · 공익법인 정책업무
- 학원, 교습소, 개인과외 총괄 지도 · 점검, 학원 관련 조례 · 규칙 개정 및 제도 개선 업무
- 어린이 통학버스 등 학원 시설 안전관리
- 비영리(공익)법인 관리 · 운영 기획, 법인 설립허가 · 취소 및 관리 · 감독
- 도서관 · 평생학습관 종합발전계획 수립 · 시행, 도서관 건립 사업 추진, 도서관 자료 구입비 지원
- 독서문화진흥 시행계획 수립 및 추진
- 생애주기별 독서활동, 독서동아리 활성화 지원
- 교육자원봉사지원센터 운영 계획 수립 및 봉사자 구성 · 운영

(11) 특수교육과

- 특수교육 발전방안 수립 및 평가
- 특수교육 교원협의회(교장, 교감, 교사) 운영
- 특수교육 교육과정 정책 및 특수교육 장학지도
- 특수교육지원센터 예산 및 인력 관리
- 특수교육교원 승진, 전보, 휴 · 복직, 파견 · 평정 및 징계 · 소청 · 행정소송 관련 업무
- 특수교육지원센터 소속 교원 및 교육공무직원 연수 운영
- 특수교육지원센터 통계 자료 수합 및 작성

- 특수교육 교육과정 및 개별화교육계획(IEP) 업무 총괄
- 2022 개정 특수교육 교육과정 편성 · 운영 지침 업무
- 특수교육 진로 · 직업교육 주요 업무 계획 수립 및 운영
- 특수학급 운영비, 특수교육대상 · 특수학교 저소득층 현장체험학습비 지원
- 장애인식개선(장애이해교육) 업무

(12) 지원청 ※ 지역에 따라 국별 조직 구성이 상이할 수 있습니다.

① **교육지원국**: 교육활동 · 행정, 생활교육 · 인권 지원, 유아 · 초등 · 중등교육 기획 · 운영, 학교폭력대응, 문화예술교육 기획 · 운영, 교육협력 · 복지

② **행정지원국**: 총무, 감사, 학생배치, 재정관리, 회계관리. 노무관리, 평생교육 · 학원관리, 보건급식, 학교시설기획, 학교시설개발, 학교시설관리

(13) 이 외에도 학교지원과, 학생급식과, 대외협력과 등의 여러 관 및 과들이 있으며, 지역별로 교육연구원, 교육연수원, 문화회관, 도서관 등의 직속기관이 배치되어 있다.

CHAPTER 02 공직가치·조직적합성·직무역량

01 공직가치

공직가치란 공무원의 바람직한 행동에 대한 판단기준이자 공직을 수행하면서 궁극적으로 추구해야 할 목표와 기준을 말한다. 공직자들이 어떤 가치와 윤리를 내면화하고 있는가가 이들의 의사결정을 설명할 수 있게 되는데 이것을 '공직가치'라고 할 수 있다.

1. 공직가치란?

(1) 체계도

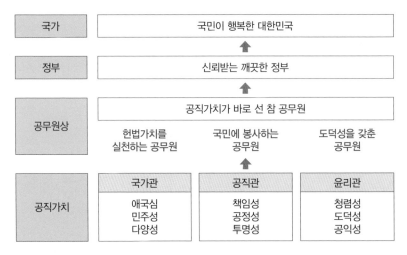

국가	국민이 행복한 대한민국		
정부	신뢰받는 깨끗한 정부		
공무원상	공직가치가 바로 선 참 공무원		
	헌법가치를 실천하는 공무원	국민에 봉사하는 공무원	도덕성을 갖춘 공무원
공직가치	국가관	공직관	윤리관
	애국심 민주성 다양성	책임성 공정성 투명성	청렴성 도덕성 공익성

※ 출처: 국가공무원인재개발원 공직가치 실천사례집

(2) 공직관

① **책임성**: 책임(責任)은 맡아서 해야 할 임무나 의무를 의미한다. 공무원 헌장에 언급된 책임을 다하는 자세는 법률과 규정을 충실히 준수하는 객관적 의미뿐만 아니라 공무원으로서 스스로의 역할을 깨닫고 그 소임을 다하는 것까지 포함된다.

공무원의 업무에 대한 책임감은 국가와 국민에 대한 기본적인 책임이라고 할 수 있다. 그러므로 일선 현장에서 공무원 스스로 책임의 범위를 한정하여 '이것만이 나의 책임'이라는 생각으로 직무를 회피하는 것은 옳지 않다.

② **투명성**: 공무원이 제고해야 할 투명성은 국민의 알 권리를 존중하고, 국민의 관점에서 정부의 정책 결정과 집행 과정을 공개하는 한편, 국민이 제공된 정보를 쉽게 이해하고 예측할 수 있도록 노력하는 것이다.

③ **공정성**: 공정(公正)은 공평하고 올바름을 의미하며, 공무원으로서 공정하게 업무를 처리한다는 것은 균형감각을 가지고 모든 국민을 법과 규정에 따라 동일하게 대하는 것을 의미한다. 또한 공무원은 결과는 물론 그 절차의 공정성을 확보하기 위해서도 노력해야 한다.

(3) 국가관

① **애국심**: 애국심(愛國心)은 나라를 사랑하는 마음 또는 그 정신을 말한다. 국가에 대한 사랑과 자부심 그리고 최상의 국가이익이라고 여겨지는 바를 위해 희생을 감수하는 것이라고 정의할 수 있다. 대한민국의 독립을 위해 목숨을 바친 선조들의 애국정신을 애국심으로 말할 수 있으나, 현대인들에게 요구되는 애국심은 그러한 개념보다는 작게는 자기 집 앞 청소 등 묵묵히 맡은 일에 최선을 다하는 것에서부터 크게는 전쟁터에서 목숨을 내놓고 치열하게 싸우는 군인들의 임무까지 폭넓게 적용된다. 따라서 공직가치에서 요구되는 애국심은 국가의 이익을 위해 행동하려는 국민의 마음이라고 할 수 있다. 바로 공무원 헌장 전문의 내용과 일맥상통한다.

② **민주성**: 민주(民主)는 주권이 국민에게 있고, 국민이 모든 결정의 중심에 있는 것을 의미한다. 즉, 민주란 국가를 이끄는 권력이 국민으로부터 나온다는 사실을 의미한다. 한편, 행정이라는 측면에서 민주주의는 문제해결 방식의 하나로서 국민의 다양한 의견을 종합적으로 수렴하고 이러한 것에 대한 문제해결이 가능하도록 제도적으로 장려하는 것이다.

민주 행정은 정치적 의사결정을 분권화하여 부패 가능성을 낮추고, 대중 참여를 제도화하여 시민 개인의 선호와 선택을 존중하며, 경쟁을 통해 공공서비스를 공급하여 사회 전체의 능률성을 극대화하는 것을 목표로 한다.

③ **다양성**: 다양성(多樣性)은 사전적으로 모양, 빛깔, 형태, 양식 따위가 여러 가지로 많은 특성을 의미한다. 좁게는 다른 사람의 의견을 받아들이는 태도부터, 넓게는 다른 문화를 받아들이는 자세로 이해할 수 있다. 오늘날 우리 사회는 종교, 인종, 지역 등 다양한 배경을 가진 구성원이 함께 살아가고 있으며, 공무원은 이러한 환경에서 발생하는 여러 요구들에 대응해야 한다. 다양성은 정부 운영의 관점에서도 여러 배경을 가진 사람들을 위한 정책을 개발한다는 점에서 반드시 고려해야 할 사회적 가치이다.

(4) 윤리관

① **청렴성**: 청렴(淸廉)은 성품과 행실이 높고 맑으며 탐욕이 없음을 의미한다. 유교 전통의 가치관에서 청렴은 단순히 돈을 받지 않는다는 것에 그치지 않고, 어떠한 흠결도 지니지 않으며 고귀한 가치를 추구하는 강직함이라는 뜻도 동시에 지닌다.

공직사회에서 청렴이라는 개념은 포괄적으로 이해할 필요가 있다. 즉, 청렴은 부패하지 않아야 한다는 소극적 의미도 있지만, 모든 공무원의 행위와 결과가 떳떳하고 완벽을 추구해야 한다는 의미까지 확장된다. 영어권에서 청렴성에 해당되는 단어 'integrity' 역시 정직하고 공정하며 완벽을 추구하는 상태를 의미한다.

② **도덕성**: 규범(規範)은 인간이 사회생활을 하는 데 있어 구성원으로서 지켜야 할 행동 규칙을 의미하며, 그 강제의 정도에 따라 관습, 도덕적 관습, 법의 3가지 단계로 나누어진다. 따라서 규범에 근거한 행동을 한다는 것은 사회적 관습과 규칙에 어긋나지 않아야 한다는 의미이다. 한편, 건전한 상식은 사회적으로 널리 사용되는 개념 정도로 해석될 수 있다. 규범과 건전한 상식은 사회의 대다수 구성원에게 공유된다는 점에서 유사한 성격을 지닌다.

③ **공익성**: 공익(公益)은 사회 전체의 이익을 의미하며, 공무원은 공익을 가장 중요한 가치로 고려해야 하는 점을 공무원 헌장 첫 문장에 명시하고 있다. 공직자로서 갖추어야 할 공익 추구란 특정 개인이나 집단의 이익이 아닌 공공(公共)의 이익을 위한 의사결정과 행위를 의미한다. 우리나라 헌법에서는 공무원으로서 추구해야 할 공익의 방향성을 다음과 같이 제시하고 있다.

> **「헌법」 제7조**
> ① 공무원은 국민 전체에 대한 봉사자이며, 국민에 대하여 책임을 진다.

모든 공무원은 헌법이 부여한 권한과 책임을 통해 국민 전체에 대한 봉사자로서 국민들의 이익 실현을 위해 봉사해야 한다.

2. 공무원 헌장

> 우리는 자랑스러운 대한민국의 공무원이다.
> 우리는 헌법이 지향하는 가치를 실현하며 국가에 헌신하고 국민에게 봉사한다.
> 우리는 국민의 안녕과 행복을 추구하고 조국의 평화 통일과 지속 가능한 발전에 기여한다.
> 이에 굳은 각오와 다짐으로 다음을 실천한다.
> 하나. 공익을 우선시하며 투명하고 공정하게 맡은 바 책임을 다한다.
> 하나. 창의성과 전문성을 바탕으로 업무를 적극적으로 수행한다.
> 하나. 우리 사회의 다양성을 존중하고 국민과 함께하는 민주 행정을 구현한다.
> 하나. 청렴을 생활화하고 규범과 건전한 상식에 따라 행동한다.

3. 공무원 헌장 실천강령

(1) 공익을 우선시하며 투명하고 공정하게 맡은 바 책임을 다한다.

① 부당한 압력을 거부하고 사사로운 이익에 얽매이지 않는다.

② 정보를 개방하고 공유하며 업무를 투명하게 처리한다.

③ 절차를 성실하게 준수하고 공명정대하게 업무에 임한다.

(2) 창의성과 전문성을 바탕으로 업무를 적극적으로 수행한다.

① 창의적 사고와 도전 정신으로 변화와 혁신을 선도한다.

② 주인 의식을 가지고 능동적인 자세로 업무에 전념한다.

③ 끊임없는 자기 계발을 통해 능력과 자질을 높인다.

(3) 우리 사회의 다양성을 존중하고 국민과 함께 하는 민주 행정을 구현한다.

① 서로 다른 입장과 의견이 있음을 인정하고 배려한다.

② 특혜와 차별을 철폐하고 균등한 기회를 보장한다.

③ 자유로운 참여를 통해 국민과 소통하고 협력한다.

(4) 청렴을 생활화하고 규범과 건전한 상식에 따라 행동한다.

① 직무의 내외를 불문하고 금품이나 향응을 받지 않는다.

② 나눔과 봉사를 실천하고 타인의 모범이 되도록 한다.

③ 공무원으로서의 명예와 품위를 소중히 여기고 지킨다.

4. 공무원 행동강령

공무원 행동강령은 「부패방지법」에 근거하여 대통령령으로 제정하여 법적 구속력을 갖춘 공무원 윤리규범이다. 「부패방지법」 제8조에 근거하여 2003년 2월 18일 대통령령 제17906호로 공포되었고, 2003년 5월 19일부터 모든 국가기관에서 본격적으로 시행되었다. 부패방지위원회가 각 기관에 하달한 '공무원 행동강령 운영지침'을 기준으로 중앙행정기관 · 지방자치단체 · 교육자치단체 등 각 기관은 자체 특성을 반영한 '기관별 행동강령'을 제정하였고, 각급 기관 공무원은 소속기관의 행동강령을 준수해야 한다.

(1) 공무원 행동강령 주요 내용

① 공정한 직무수행: 공정한 직무수행을 해치는 지시에 대한 처리, 특혜의 배제, 예산의 목적 외 사용 금지, 정치인 등의 부당한 요구에 대한 처리, 인사 청탁 금지 등

② 부당이득의 수수 금지: 이권 개입 등의 금지, 직위의 사적 이용 금지, 알선 · 청탁 등의 금지, 직무 관련 정보를 이용한 거래 등의 제한, 사적 노무 요구 금지, 직무권한 등을 행사한 부당 행위의 금지, 금품 등의 수수 금지, 감독기관의 부당한 요구 금지 등

③ 건전한 공직풍토의 조성: 외부강의 등의 사례금 수수 제한, 경조사의 통지 제한 등

(2) 이행 관리

기관장이 4급 이상 공무원인 행정기관에서는 행동강령책임관을 지정하여 소속 공무원에 대한 교육과 직무수행에 있어 강령 위반 여부가 불분명한 사항에 대한 상담, 위반 사례의 신고, 접수, 처리 등을 맡게 하고 있다. 행동강령을 위반한 공무원이 소속기관의 장 또는 차관급 이상의 공무원일 때에는 국민권익위원회에 신고할 수 있으며, 국민권익위원회는 사실 확인 후 적극 대처한다.

그 밖의 공무원은 소속기관의 장 또는 행동강령책임관에게 신고하고 소속기관의 장은 사실 확인 후 징계 조치 등을 진행한다. 더불어 수수가 금지된 금품은 즉시 반환을 원칙으로 하고, 금품 등이 멸실 · 부패 · 변질 등의 우려가 있거나 그 제공자를 알 수 없는 경우 또는 제공자에게 반환하기 어려운 경우 소속기관의 장이 정하는 바에 따라 처리할 수 있다.

적극행정

1. 적극행정의 정의

공무원이 창의성과 전문성을 바탕으로 불합리한 규제를 개선하는 등 공공의 이익을 위하여
적극적으로 업무를 처리하는 행위를 말한다.

> **「헌법」 제7조**
> ① 공무원은 국민전체에 대한 봉사자이며, 국민에 대하여 책임을 진다.
>
> **「국가공무원법」 제56조(성실 의무)**
> 모든 공무원은 법령을 준수하며 성실히 직무를 수행하여야 한다.

2. 적극행정 유형

(1) 행태적 측면

① 통상적으로 요구되는 정도의 노력이나 주의의무 이상을 기울여 맡은 바 최선을 다
해 임무를 수행하는 행위

② 업무관행을 반복하지 않고 가능한 최선의 방법을 찾아 업무를 처리하는 행위

③ 새로운 행정수요나 행정환경 변화에 선제적으로 대응하여 새로운 정책을 발굴·추
진하는 행위

④ 이해충돌이 있는 상황에서 적극적인 이해조정 등을 통해 업무를 처리하는 행위

(2) 규정의 해석·적용 측면

① 불합리한 규정과 절차, 관행을 스스로 개선하는 행위

② 신기술 발전 등 환경변화에 맞게 규정을 적극적으로 해석·적용하는 행위

③ 규정과 절차가 마련되어 있지 않지만 가능한 해결방안을 모색하여 업무를 추진하는
행위

3. 적극행정의 판단 기준

(1) 공공의 이익 증진을 위한 행위
① 업무의 목적과 처리 방법이 국민편익 증진, 국민불편 해소, 경제 활성화, 행정효율 향상 등 공공의 이익을 증진하기 위해서 하는 행위를 의미한다.
② 사적인 이해관계가 없어야 한다. '공무원 행동강령' 등에 의해 금지되는 이권개입, 알선·청탁, 금품·향응 수수 등의 행위가 연관된 경우 사적인 이해관계가 있다고 판단한다.

(2) 창의성과 전문성을 바탕으로 한 행위
① 창의성은 어떤 문제에 대해 기존과 다른 시각으로 새로운 아이디어를 생각해 내는 능력을 의미한다.
② 전문성은 자신이 맡은 일을 잘 수행하기 위해 필요한 지식과 경험, 역량을 의미한다.
③ 창의성이 참신한 해결책을 마련하도록 돕는 역할을 한다면, 전문성은 그러한 해결책의 현실적합성을 높이는 역할을 한다.

(3) 적극적인 행위
① 공무원에게 통상적으로 요구되는 정도의 노력이나 주의의무 이상을 기울여 업무를 처리하는 행위를 의미한다.
② 업무에 대한 열의를 바탕으로 주도적으로 문제를 해결하는 자세의 의미도 함께 담고 있다.
③ 행위의 결과가 발생한 시점이 아니라 업무를 추진할 당시를 기준으로 가용할 수 있었던 자원과 정보, 업무량 등 제반 사정을 종합하여 노력이나 주의의무 정도를 판단한다.

(4) 행위의 결과가 아닌 행위 자체가 판단의 기준
① 공공의 이익을 증진하기 위하여 적극적으로 최선의 노력을 다하면 적극행정에 해당한다.
② 적극행정은 행위 자체에 초점을 두며, 업무처리로 인해 긍정적인 효과가 발생해야만 적극행정에 해당되는 것은 아니다.

4. 적극행정의 주요 제도

(1) 의사결정 지원

① **사전 컨설팅**: 인·허가와 같은 규제나 불명확한 법령 등으로 인해 업무를 적극적으로 추진하기 곤란한 경우, 해당 부서가 자체감사기구에 의견의 제시를 요청하고 감사기구가 이에 대해 의견을 제시한다.

② **적극행정위원회 의견 제시**: 인·허가와 같은 규제나 불명확한 법령 등으로 인해 업무를 추진함에 있어 공무원 단독으로 적극적인 의사결정이 어려운 경우, 공무원이 직접 업무의 처리 방향 등에 관해 적극행정위원회에 의견 제시를 요청한다.

(2) 적극행정 공무원 보호

① **감사면책**: 공직자 등이 공공의 이익을 위하여 업무를 적극적으로 처리한 결과에 대해 고의 또는 중과실이 없는 이상 감사 단계에서 징계·문책 요구 등의 책임을 면제 또는 경감한다.

② **징계면제**: 공무원이 공공의 이익을 위하여 성실하고 적극적으로 업무를 처리한 결과에 대하여 고의나 중과실이 없는 이상 징계(징계의결 또는 징계 부가금 부과의결)를 면제한다.

③ **법적 조력 지원**: 적극행정 공무원이 징계절차에서 면제 요건을 충족했는지 소명이 필요한 경우, 민사상 손해배상 청구를 받게 되거나 형사사건에 연루되어 고소·고발되는 경우 법적 조력을 받을 수 있도록 한다.

(3) 적극행정 공무원 보상

적극행정 우수공무원을 선발하여 특별승진, 특별승급, 국외유학 교육훈련 우선 선발, 성과 상여금(연봉) 최고등급 부여, 대우공무원 기간 단축, 포상 휴가 등 인사상 우대조치를 부여한다.

(4) 소극행정 혁파

① 국민신문고 홈페이지에 '소극행정 신고센터'를 신설, 소극행정 사례를 상시 접수하고, 신고사항은 기관별 감사부서에서 즉시 조사·처리한다.

② 담당 공무원이 민원에 대해 충분히 설명할 수 있도록 '표준설명양식'을 마련한다.

③ 소극행정 특별점검반을 운영하여 악성·상습사례 적발 시 엄정 조치한다.

④ 징계사례를 전파하여 공직사회 내 소극행정에 대한 경각심을 고취한다.

5. 적극행정 사례

(1) 서울교육청 유아교육과

서울형 사립유치원 회계지침 최초 제정 공공성 강화기반 마련하다
(「사립유치원회계 2023학년도 예산 및 2022학년도 결산지침」 제정)

■ 추진배경

매년 국가재정지원이 확대되고, K-에듀파인 전면 도입 등 사립유치원 재정·회계운영 업무 환경의 변화에 비해 사립유치원에 적용되는 공통된 회계기준 부재로 회계 운영 지도·감독 실효성 확보에 어려움이 있었다.

■ 적극행정 내용

1. 사립유치원에만 없었던 회계운영 기본원칙 및 준수사항, 예산편성 기준단가를 마련·제시하였다.
2. 순세계잉여금의 감소대책 방안을 마련하였다.
3. 사립유치원의 예·결산서 공개의무 준수 및 공개 홈페이지 메뉴를 개설하였다.

■ 성과

1. 사립유치원의 특성을 반영한 공통된 회계기준이 마련되었다.
2. 순세계잉여금 감소를 위한 사립유치원만의 감액 기준 마련 및 학급운영비 차등 지원으로 예산을 절감하였다.
3. 지원청 홈페이지에 공개 메뉴를 개설하여 사립유치원의 단기간(1개월) 내 예·결산서 공개율이 35%(49.8% → 85%) 증가하였다.

(2) 경기교육청 상현고등학교

> ### 고효율 LED 교체 사업과 연계한 '한전 고효율기기 지원금' 확보로 학교 수입 증대
>
> - **추진배경**
> 1. 학생 학습환경 개선 및 에너지 사용 비용 절감을 위해 형광등을 고효율 기기인 LED로 교체하는 사업 추진
> 2. LED 교체 과정에서 고효율 기기로 교체하면 에너지 절감 전력에 따른 지원금을 한국전력공사로부터 받을 수 있는 공모사업이 있음을 인지하여 학교재정 증대에 기여하고자 공모 신청
>
> - **적극행정 내용**
> 1. 협력대상 선정: 2022년 경기도교육청–기초지자체 학교환경개선 협력사업 [LED 조명 교체] 신청 및 선정(2022년 1월)
>   - 교실 조도 개선으로 학생 학습환경 개선 효과
>   - 고효율 조명기기 설치로 에너지 비용 절감을 통한 학교 건전 재정 운영 확보
> 2. 한전 지원금 신청 준비: 한전 지원금을 받기 위해 공사 착공 전 신청서 제출 선행
>   - 고효율인증 LED로 교체 시 절감전력 합계 1kW 이상 지원 대상 사업장만 대상
>   - 공사 전 신청서 작성 및 제출(2022년 7월 5일)
> 3. 한전 지원금 신청
>   - 지원금은 준공 검사 완료 후(2022년 8월 16일) 2개월 이내 신청 가능
>   - 절감 대상 기가 설치 내역 및 소비전력을 하나하나 확인하는 등 절차와 시간 소요가 많은 과정을 거쳐야 하는 번거로움 발생
>   - 지원금 신청(2022년 9월 4일) 이후에는 한전 담당자 현장 설치 확인 절차 이행(2022년 9월 19일)
> 4. 지원금 지원 대상 확정
>   '고효율향상 LED 설치 지원금' 2,864,400원 지급(2022년 9월 23일)
>
> - **성과**
> 1. 적극행정 실천: 신청 절차의 복잡성과 장기간 관리에 따른 미실천 관행을 깨고 적극행정 실천
> 2. 자체 수입 증대: 절감전력을 위해 공공 기관과의 협업 추구로 전기효율 절감 사업에 동행하고 그에 따라 자체 수입 증대 효과
> 3. 선도적 행정 구현: 한전에서 요구하는 지원금 신청의 복잡하고 낯선 절차를 보편화할 수 있는 계기를 만들어 향후 LED 조명 교체 사업 시 지원금 신청을 할 수 있는 모델이 됨

(3) 인천교육청 서부교육지원청 평생교육건강과

민원업무도 줄이고 탄소배출도 줄이고!
「학원 종사자 의무교육 이수 보고 체계 개선」

■ 추진배경

비효율적인 학원 종사자의 의무교육 이수증 제출 방식이 초래하는 업무 능률 저하, 각종 추가 민원, 자원 낭비 등의 문제를 개선할 필요성을 인지함

■ 적극행정 내용

보고 창구의 공개 및 단일화: 교육 보고서 제출처를 공개하여 제출자와 담당자가 서로 확인할 수 있음과 동시에 즉각적인 피드백을 주고받을 수 있는 장을 마련함

■ 성과

1. 민원 절감과 업무 효율성 증대: 반복된 관련 민원 응대로 인한 피로도와 시간 낭비가 사라져 개인 본연의 업무에 더욱 충실할 수 있는 업무 환경이 조성되었음
2. 탄소중립 실천: 기존 방식에 따라 팩스 접수 문서와 이메일에서 출력하여 쌓아둔 자료들이 게시판에 데이터로 저장되어 불필요한 출력을 줄여 종이 등 자원을 아낄 수 있게 되었음

■ 실무상 어려움

1. 제출 방식 변경에 대한 홍보 부족
2. 디지털 문해력이 떨어지는 민원인 응대 문제

■ 해결을 위한 노력

1. 설문을 통한 보완 대책 마련 강구
2. 매뉴얼 제작 및 안내

1. 조직적합성이란?

(1) 개념

조직적합성이란 조직의 가치와 규범, 성격과 구성원 개인이 일치하는 정도를 말한다. 조직의 규범이나 성격 등은 기업문화의 핵심요소인 공유가치로 여겨질 수 있기 때문에 개인과 조직 간 적합성이 높으면 개인의 가치가 조직의 가치관 및 공유가치와 잘 부합된다는 것으로 볼 수 있다. 인간은 개인과 환경 간의 끊임없는 상호작용을 통해 행동하기 때문에 개인과 조직의 유사한 특성을 서로 가지고 있거나 어느 한 쪽이 다른 쪽에서 필요로 하는 것을 제공해 줄 경우, 개인과 환경적합성 차원에서의 조직 간의 적합성이 일어난다.

조직적합성은 직무 특성에 따른 조직문화를 이해하고, 구성원들과 협력하여 좋은 성과를 낼 수 있는 자질이므로 개인이 조직을 선택할 때 가장 먼저 고려되어야 하며, 그 이후 조직 구성원으로서 담당 업무의 적응 능력, 주변 구성원들과의 관계를 고려하게 된다. 조직의 목표를 이루어가기 위해서는 팀워크 능력, 사교성, 리더십 등이 필요한데, 이것은 근무만족도와 장기근속과도 연결되는 중요한 요소이다.

(2) 교육행정직 공무원과 조직적합성

지방직 교육행정직 공무원은 대부분 학교 행정실이나 교육지원청, 교육청 등에서 근무하게 된다. 교육청이나 교육지원청 등에는 대부분 공무원들만 재직하지만 학교에서 근무하게 되는 공무원들은 교사들과 공존해야 하기 때문에 교사들과의 마찰을 피할 수 없다. 학교에는 교사들이 주를 이루는 데 반해 행정직원은 10명도 안 되는 것이 현실이다 보니 인식의 차이가 존재하기 때문이다. 이럴 때마다 부딪치고 크고 작은 언쟁이 오가게 된다면 보람도 느끼지 못하고 출근하는 것이 곤욕스럽기만 할 것이다.

기업만 조직은 아니다. 공무원 사회도 조직이므로 업무적으로 충돌이 생길 수 있는 현실을 자각하고, 어떻게 하면 학교에서 교사들과 협력하여 좋은 결과를 낼 수 있고 원만한 관계를 유지하며, 자신이 맡은 업무에 자부심을 느낄 수 있을지 고민하여 그러한 어려움을 극복해 내야 한다. 학교 외의 기관에서 근무하게 되면 교사는 없지만 일반행정직 공무원과 비슷한 환경에서 근무하게 되고, 흔히 우리가 알고 있는 공무원 조직의 현실을 바로 느끼게 된다. 면접관들은 이러한 환경에서 응시자들이 조직에 얼마나 녹아들 수 있는지 조직적합성을 평가한다. 조직 속에서 어떻게 협력·희생하고 책임감을 보일 수 있는지를 평가하는 것이다.

2. 직무역량이란?

(1) 개념

직무역량이란 각 직무별로 부여된 산출물을 성공적으로 얻기 위해 조직 구성원들에게 요구되는 지식, 기술, 태도, 경험 등을 말한다.

- 지식
  - 자신의 전공과 직무와의 연관성
  - 관련 전공 내에서의 주요 성과
  - 직무 관련 전문 자격 사항
  - 직무 관련 외부 교육 이수 사항
- 기술: 직무 수행에 필요한 기술능력
- 경험
  - 직무와 관련된 아르바이트 등의 실무 경험
  - 인턴, 프로젝트, 공모전 참여 경험을 비롯한 주요 성과

직무역량은 노력하면 얼마든지 발전할 수 있는 것이므로 자신이 목표하는 직무를 뚜렷하게 정하고, 관련 지식, 기술, 경험 등을 키울 수 있는 계획을 세워 실행한다면 충분히 높일 수 있다. 면접시험에서 주로 평가되는 직무역량은 의사소통능력, 문제해결능력, 전문지식, 협업능력, 적극성·창의성, 적응력 등이다.

(2) 교육행정직 공무원과 직무역량

① 교육행정직 공무원의 업무 특징과 장단점 등에 대한 직무 이해도가 높아야 한다. 근무하는 곳과 구체적인 실무의 종류에 대해 숙지해야 하고, 지원하는 지역의 교육정책을 포함하여 인근 지역의 교육정책에 대해서도 미리 알고 있는 것이 좋다.

② 국가직 교육행정직 공무원과 달리 지방직 교육행정직 공무원은 지역별 교육청에서 추구하는 교육비전이나 교육방향에 영향을 받는다. 따라서 지원하려는 시도교육청의 교육비전과 정책과제, 교육방향 등에 대한 이해가 있어야 한다.

③ 최근 발생하고 있는 사회·교육 이슈에 대한 정보를 빨리 찾아내어 정리해야 한다. 국가적으로 이슈가 되고 있다는 것만으로도 앞으로 교육행정직 공무원이 되었을 때 중요한 과제가 될 가능성이 높기 때문이다.

④ 민원업무에 대한 두려움을 떨쳐야 한다. 학교, 학생, 학부모, 외부 업체 등 주된 민원대상에 대한 정보를 파악해야 하며, 민원인 응대와 관련된 여러 상황을 연습하는 것이 좋다.

주요 교육청 현황 및 교육행정서비스헌장

01 **서울교육청**

1. 교육청 상징

휘장은 세 개의 타원으로 구성된 사람형태로서 도덕적·창의적·자율적인 인간중심 교육을 지향하고, 팔을 벌린 형태는 무한한 가능성과 포용력과 함께 "열린교육의 이미지"를 상징한다. 주색상인 청색은 미래지향의 발전적·희망적 이미지를 상징하고, 보조색인 녹색은 젊음 성장의 의미를 함축한다.

녹색
청색

2. 교육청 현황

(1) 교육감: 조희연(제20~22대)

(2) 2023년 교육비 예산: 3조 9,660억 원

(3) 교육지원청: 서울특별시동부교육지원청, 서울특별시서부교육지원청, 서울특별시남부교육지원청, 서울특별시북부교육지원청, 서울특별시중부교육지원청, 서울특별시강동송파교육지원청, 서울특별시강서양천교육지원청, 서울특별시강남서초교육지원청, 서울특별시동작관악교육지원청, 서울특별시성동광진교육지원청, 서울특별시성북강북교육지원청

(4) 서울교육행정서비스헌장 ※ 경기·부산·인천·대구교육청 행정서비스헌장은 각 교육청 홈페이지에서 확인
   ① 행정서비스헌장의 개념: 행정기관이 제공하는 1) 서비스의 기준과 내용, 2) 제공방법 및 절차, 3) 잘못된 서비스에 대한 시정 및 보상조치 등을 구체적으로 정하여 공표하고 이에 대한 실천을 국민에게 약속하는 제도이다.

② 행정서비스헌장의 도입 배경 및 경과

　　㉠ 행정환경의 변화에 따라 지난 50년간 유지되어 온 행정서비스 전달체계의 구조
　　　와 틀을 일대 쇄신할 필요성 대두

　　　• 서비스 제공방식을 고객중심으로 전환하여 국민이 일방적 수혜자가 아니라 적
　　　　극적 선택권자임을 천명
　　　• 규제 · 절차중심의 행태와 조직문화를 고객과 결과 중심으로 전환
　　　• 고품질의 서비스 제공을 위해 경쟁과 경영의 원리를 도입

　　㉡ 깨끗하고 공정한 정부를 원하는 국민의 기대 충족

　　　• 행정서비스의 투명성을 확보하여 서비스 제공에 따른 부정과 부패 방지
　　　• 모든 국민에게 공정하고 평등한 서비스 제공을 약속하여 특혜나 이권의 여지
　　　　를 근절

　　㉢ 정부개혁 작업의 성공적 추진을 뒷받침하기 위한 전략적 수단 필요

　　　• 정부주도의 개혁만으로는 국민지지 확보에 한계가 있으므로 국민요구에 대한
　　　　대응성과 책임성을 높일 수 있는 제도 필요
　　　• 분야별 목표를 재검토함으로써 개혁의 방향을 고객위주로 설정할 수 있는 기
　　　　회 제공

③ 행정서비스헌장의 추진경과

　　㉠ 행정서비스헌장제는 영국의 시민헌장(1991)을 시초로 1990년대 초부터 선진국
　　　에서 서비스의 질적 향상 및 정부개혁 수단으로 시행하여 정부에 대한 국민의 신
　　　뢰와 만족도가 크게 향상되는 효과를 거둠

　　㉡ 우리나라에서는 국민의 정부 출범 이후 정부개혁의 일환으로 아래와 같이 단계
　　　별로 추진됨

　　　• 1단계(1998년): 우정 · 철도 · 소방 등 10개 현업기관 시범운영
　　　• 2단계: 중앙 및 지자체별로 1개 이상 제정 · 운영 확대(1999년), 모든 행정기
　　　　관 및 서비스분야로 확대(2000년)
　　　• 3단계(2001년~): 헌장 제정에서 실천 중심으로 전환, 실질적 서비스 제공 강화

　　㉢ 서울교육청 추진 결과

　　　• 1999년 10월 행정서비스헌장 추진 자체계획 수립을 시작으로 2000년 3월 「서
　　　　울교육행정서비스헌장」을 심의, 같은 해 5월 「서울교육행정서비스헌장」을 공
　　　　포함
　　　• 2002년 12월 「서울교육행정서비스헌장」 1차 개정을 하여, 2022년 11월까지
　　　　총 13차 개정

④ 서울교육행정서비스헌장

> 우리 서울특별시교육청 공무원은 시민 누구나 양질의 행정서비스를 받을 권리가 있으며,
> 공무원은 시민에게 정성을 다하여 서비스를 제공할 의무가 있음을 인식하여 사랑과 신뢰
> 받는 공직자가 될 수 있도록 다음과 같이 실천하겠습니다.
>
> **우리는** 시민 누구나 질 높은 교육서비스를 받을 수 있도록 다양한 제도와 정책을 구현하
> 겠습니다.
> **우리는** 모든 민원을 시민의 입장에서 생각하고 신속 · 정확 · 공정하게 처리하여 시민에
> 게 만족을 드리겠습니다.
> **우리는** 항상 밝은 미소와 상냥한 말씨, 단정한 용모와 명쾌한 답변으로 시민을 맞이하겠
> 습니다.
> **우리는** 민원처리 과정에서 불편을 초래하였거나 부당하게 처리하였을 경우에 이를 시정
> 함과 아울러 소정의 보상을 하겠습니다.
> **우리는** 우리의 실천 노력에 대하여 시민으로부터 매년 평가를 받고 그 결과를 공개하겠
> 습니다.
>
> 이와 같은 우리의 목표를 달성하기 위하여 구체적인 서비스이행표준을 정하고 이를 성실
> 히 실천할 것을 약속드립니다.
> **서울특별시교육청**

(5) 서울교육행정서비스헌장 서비스이행표준

서비스이행표준이란 고객을 응대할 때에 교육청 직원이 필수적으로 지켜야 할 기본이
며, 고객 편의를 위해 핵심서비스를 법정 처리기간보다 단축하여 신속히 처리하기 위
한 지침이다.

① 시민을 맞이하는 자세

   ㉠ 직접 방문하시는 경우

- 시민이 신속하게 사무실을 찾을 수 있도록 본관 1층 및 3층에 안내 직원을 배
치하여 시민이 찾고자 하는 담당 부서 위치를 정확히 알려 드리겠습니다.
- 시민이 담당자를 쉽게 찾을 수 있도록 모든 직원은 공무원증을 패용하며, 각
사무실 출입구에 직원의 사진과 담당업무가 표시된 좌석 배치도를 게시하고
사무실에는 직원들의 좌석마다 명패를 비치하겠습니다. 다만, 10층 사무실은
복도에 키오스크를 설치하여 담당자를 쉽게 찾을 수 있도록 하겠습니다.

- 담당자가 시민을 맞이할 때는 "어서 오십시오.", "무엇을 도와 드릴까요."라는 말과 함께 먼저 인사하고, 대화 시에는 정중하게 예의를 갖추겠습니다.
- 장애인이나 노약자가 방문할 경우에는 안내 직원이 원하는 부서로 직접 안내해 드리겠으며, 민원실에서 업무를 처리하고자 할 경우 담당 직원을 10분 이내에 호출하여 드리겠습니다.
- 용무를 마치고 돌아가실 때에는 "안녕히 가십시오.", "찾아주셔서 감사합니다."라고 친절하게 배웅 인사를 하겠습니다.

ⓛ 전화를 하시는 경우
- 전화는 벨소리가 3회 이상 울리기 전에 "안녕하십니까? ○○과(담당관) ○○○입니다."라고 먼저 인사하겠습니다.
- 전화를 다른 담당자에게 연결할 경우에는 통화 요지를 담당자에게 전달하여 시민이 같은 말을 되풀이하지 않도록 노력하겠으며, 바로 연결해 드리겠습니다.
- 찾으시는 담당자가 부재중인 경우 전화를 건 시민의 이름, 용건, 회신의 필요성 여부, 전화번호 등을 메모한 뒤 담당자에게 전달하겠으며, 시민이 요구할 경우 2시간 이내에 시민이 원하는 시간과 장소로 전화를 드리도록 하겠습니다.
- 잘못 걸려온 전화를 받았을 때는 "여기는 ○○과(담당관)입니다. △△과(담당관)로 연결해 드리겠습니다. 혹시 연결하는 과정에서 전화가 끊어지면 죄송하지만 000-0000번으로 다시 걸어주시기 바랍니다."라고 안내하겠습니다.
- 통화가 끝났을 때 "감사합니다.", "안녕히 계십시오.", "좋은 하루 되십시오." 등의 끝인사를 하고 시민이 수화기를 내려놓은 뒤 전화를 끊겠습니다.

ⓒ 우편이나 인터넷, FAX 등으로 요청하시는 경우
- 우편이나 인터넷, FAX 등으로 민원을 제출한 경우에는 접수 후 1시간 이내에 담당자에게 전달하겠습니다.
- 제증명 발급 업무는 접수 후 3시간 이내에 처리하여 우편, FAX 등 시민이 원하는 방법으로 교부해 드리겠습니다.
- 처리 기간이 7일 이상 소요되는 민원은 매 7일마다 담당자가 처리 진행 상황을 시민에게 알려 드리겠습니다.
- 민원사무를 처리함에 있어 행정기관 내부에서 확인할 수 있는 자료나 부서 간 협조 등에 따른 절차를 담당 공무원이 직접 처리하도록 하여 시민의 불편을 최소화하겠습니다.

② 신속한 민원행정서비스 제공

민원서류를 신속하게 발급하기 위하여 법정 처리기간보다 20% 이상 단축하여 처리해 드리겠습니다.

민원 업무명	처리기간			구비서류
	법정	현재	이행 목표	
고등학교 전·편입학 배정	3시간	2시간	1시간	• 전·편입학 배정원서 • (학생)주민등록 등·초본 각 1부 (단, 전 가족이 등재되지 않은 경우 추가서류 필요)
검정고시 기재사항 정정	3시간	2시간	1시간	기본증명서 또는 주민등록초본 1부 (단, 변경사실 확인 가능 서류)
검정고시 제증명 학력증명서(병사용)	3시간	2시간	1시간	• 본인확인 신분증 • 대리인인 경우 – 성인: 위임장, 대리인 신분증, 발급대상자 신분증(사본 가능) – 미성년자: 법정대리인 신분증, 가족관계를 입증할 수 있는 서류
직인 등록 증명원	3시간	2시간	1시간	• 본인확인 신분증 • 직인등록증명원, 재직증명서 • 직인날인 투명지
폐쇄학교 증명서	3시간	2시간	1시간	• 본인확인 신분증 • 대리인인 경우: 위임장, 대리인 신분증, 발급대상자 신분증(사본 가능)
경력·재직 증명서	3시간	2시간	1시간	• 본인확인 신분증 • 대리인인 경우: 위임장, 대리인 신분증
교원 경력·재직 증명서	3시간	2시간	1시간	• 본인확인 신분증 • 대리인인 경우: 위임장, 대리인 신분증, 발급대상자 신분증(사본 가능)
퇴직예정 증명원 연수 이수 확인원 수상 확인원	3시간	2시간	1시간	• 본인확인 신분증 • 대리인인 경우: 위임장, 대리인 신분증
교원자격증 재교부	2일	2일	1일	
교원자격증 기재사항 정정	2일	2일	1일	• 교원자격증 1부, 본인확인 신분증 • 주민등록 초본 1통

영문 교원자격 증명서	2일	2일	1일	• 본인확인 신분증 • 영문 교원자격 증명서 교부원 1부

북한이탈주민
학력인정 증명서
재교부
	3시간		2시간	• 본인확인 신분증
				• 대리인인 경우
				  – 성인: 위임장, 위임하는 사람의 신분증,
				    위임받는 사람의 신분증
				  – 미성년자: 법정대리인 신분증, 가족관계
				    를 입증할 수 있는 서류

③ 잘못된 서비스의 시정 및 보상조치

㉠ 전화 예절이 불친절한 경우에는 연락을 주시면 해당 공무원을 재교육하여 불친절한 사례가 없도록 하겠으며 그 결과를 전화 등 시민이 원하시는 방법으로 5일 이내에 알려드리겠습니다.

㉡ 민원이 법정기한 내에 처리되지 못한 경우에는 사실 확인 후 1시간 이내에 처리지연 사유와 처리 예정일을 담당자가 시민에게 알려드리고, 해당 부서 직상급자에게 통보하여 담당자를 교육시킨 후 관련 공무원이 시민에게 사과드리도록 하겠습니다.

㉢ 접수 후 7일 이내에 중간 연락이 없거나, 무성의하게 처리하여 불만을 제기하는 경우에는 사실 여부를 확인하여 그 결과를 1일 이내에 알려 드리겠습니다.

㉣ 민원처리 담당부서에서 제공하는 서비스에 대하여 시민께서 아래와 같은 사유로 불만족을 느끼셨을 때에는 5,000원 상당(문화상품권 등)의 보상을 하겠습니다.

• 담당공무원의 잘못으로 1회 방문으로 처리되어야 할 민원에 대하여 2회 이상 방문하신 경우

• 민원요구서류를 신청 내용과 다르게 발급하여 재발급이 필요한 경우

• 증명서 등 처리민원의 발급을 정당한 이유 없이 법정 처리기간 내에 처리하지 못한 경우

• 담당공무원이 서비스 이행 기준을 고의적으로 지키지 아니한 경우

④ 시민 참여와 의견 제시 방법

저희가 제공한 서비스에 대하여 불친절, 불만족을 느끼셨을 경우 또는 개선해야 할 사항이 있을 경우 문서 · 전화 · 우편 · FAX · 인터넷 등을 통하여 의견을 제시하여 주시면 3일 이내에 검토하여 그 결과를 알려드리겠습니다.

㉠ 누리집(http://www.sen.go.kr) 접수 · 처리 창구

서비스명	담당부서	접속안내
서울교육신문고	총무과	• 초기화면 → 전자민원 → 서울교육신문고 바로가기 • 초기화면 → 서울교육신문고

㉡ 서비스별 접수 · 처리 창구

서비스명	접수 · 처리창구	전화번호	FAX
일반 민원 접수 및 상담	총무과	(국번없이) 1396, 3999-251	3999-737~8
고등학교 전 · 편입학 배정	총무과	(국번없이) 1396, 3999-252	3999-737~8
공익제보센터	감사관	1588-0260	3999-732
공립학교 교원임용시험	중등교육과	3999-498~499	3999-749
학점 은행제	평생교육과	3999-511	3999-753
학교폭력 상담	민주시민생활교육과	3999-526	3999-754
학교 성희롱 · 성폭력 상담	민주시민생활교육과	3999-699, 548	3999-754
북한이탈주민 학력인정서 발급	민주시민생활교육과	3999-366, 469	3999-754
초졸 · 중졸 · 고졸검정고시	평생교육과	3999-504, 507	3999-753
체육특기자 전 · 입학 업무	체육건강문화예술과	3999-572	6973-9941
학교급식 관리	체육건강문화예술과	3999-587	6973-9941
학교 설립	학교지원과	3999-602~607	3999-758
입찰 및 계약	교육재정과	3999-636~638	3999-760

⑤ 시민 만족도 조사와 결과 공표

㉠ 저희가 제공하는 서비스에 대한 시민 만족도 조사를 매년 1회 실시하겠습니다.

㉡ 시민 만족도 조사 결과를 토대로 잘못된 점을 시정하여 보다 나은 서비스를 제공할 수 있도록 최선의 노력을 다하겠으며, 이에 관한 조치계획을 시민 만족도 조사 결과 발표 후 3개월 이내에 우리 교육청 누리집을 통해 공표하겠습니다.

⑥ 시민 여러분께서 협조해 주실 사항

㉠ 시민 여러분께서는 친절하고 공정한 서비스를 받을 권리가 있으므로 때와 장소에 구애됨이 없이 적극적으로 권리를 행사하여 주시기 바랍니다.

    ⓛ 법규와 제도 또는 업무의 특성상 불가피하게 시민의 뜻을 수용하지 못할 경우에
       는 널리 이해해 주시는 아량을 베풀어 주시기 바랍니다.

    ⓒ 고충 민원을 신청하실 때는 신청인의 성명, 주소, 전화번호 및 신청취지 등을 꼭
       기재해 주십시오.

    ⓔ 근거 없는 모함이나 익명의 투서 등은 상대방의 인권을 침해할 우려가 있고 민원
       에 대한 신뢰를 떨어뜨릴 수 있으니 삼가 주시기 바랍니다.

    ⓜ 같은 내용의 민원을 여러 기관에 중복 제출하거나 처리 불가능한 민원을 반복 제
       출하는 것은 행정력 낭비를 가져올 수 있으므로 삼가 주시기 바랍니다.

    ⓗ 시민께서 보시기에 친절하고 모범이 되어 칭찬하고 싶으신 공무원이 있을 경우
       추천해 주시면 다른 공무원의 귀감이 되도록 하겠습니다.

(5) 부서별서비스이행기준은 '서울교육청 누리집(http://www.sen.go.kr) > 교육청안내 >
서울교육행정서비스헌장 > 부서별서비스이행기준'에서 자세하게 확인할 수 있다.

02　경기교육청

1. 교육청 상징

경기교육청의 대표적인 시각상징물로 상단부의 초록색 원은 사람
의 형상 중에서 사고의 중심이 되는 머리를 표현하고, 하단부의
적색과 청색은 경기의 "ㄱ"과 교육의 "ㄱ"을 의미하며, 두 개의
"ㄱ"이 서로 초록색 원을 안정감 있게 떠받치고 있는 형상으로 진
취적인 인간의 모습을 표현한다.

전체적인 형태는 교육의 주체인 인간의 형상으로 무한한 가능성과 끊임없이 창조하고 변화
하며 밝은 미래를 향해 나아가는 진취적이고 창의적인 인간중심의 교육이념을 상징한다.

2. 교육청 현황

(1) 교육감: 임태희(제18대)

(2) 2023년 교육비 예산: 4조 1,890억 원

(3) 교육지원청: 가평교육지원청, 고양교육지원청, 광명교육지원청, 광주하남교육지원청, 구리남양주교육지원청, 군포의왕교육지원청, 김포교육지원청, 동두천양주교육지원청, 부천교육지원청, 성남교육지원청, 수원교육지원청, 시흥교육지원청, 안산교육지원청, 안성교육지원청, 안양과천교육지원청, 양평교육지원청, 여주교육지원청, 연천교육지원청, 용인교육지원청, 의정부교육지원청, 이천교육지원청, 파주교육지원청, 평택교육지원청, 포천교육지원청, 화성오산교육지원청

(4) 경기교육행정서비스헌장

경기도교육청의 모든 직원은 수요자 중심의 교육행정서비스 제공으로 신뢰받는 경기교육을 만들기 위하여 다음과 같이 노력할 것을 다짐합니다.

1. 우리는 고객 누구나 질 높은 교육행정서비스를 받을 수 있도록 고객만족 행정을 실현하겠습니다.
1. 우리는 항상 밝은 미소와 상냥한 말씨로 민원인의 편에서 생각하고 행동하겠으며, 모든 민원을 신속하고 공정하게 처리하겠습니다.
1. 우리는 교육행정서비스를 제공하는 과정에서 고객에게 불만족하거나 불편을 초래한 경우에는 즉시 시정하고 적절한 조치를 취하겠습니다.
1. 우리는 교육행정서비스 실천 노력에 대하여 고객으로부터 평가를 받고, 미흡한 사항은 개선해 나가도록 하겠습니다.
1. 민원처리와 관련하여 금품 · 향응 등을 받지도 요구하지도 않고, 부당한 이권개입과 청탁을 하지 않겠습니다.

이와 같은 우리의 다짐을 실천하기 위하여 구체적인 『교육행정서비스이행기준』을 정하고 성실히 이행할 것을 약속드립니다.

1. 교육청 상징

초록색 부분은 싱싱한 나뭇잎을 상징함과 동시에 하늘을 향해 비상하는 새의 형상을 나타내어 세계를 향해 비상하는 부산의 교육을 나타낸다. 파란색 부분은 부산을 상징하는 넓고 푸른바다를 나타내어 끝없이 펼쳐진 바다를 향해 나아가는 학생들의 기상을 표현한다.

가운데 부분은 바다와 새, 나뭇잎을 타고 높이 비상하는 학생들과 소속원들을 표현하고 있으며 원, 삼각형, 사각형은 창의적이면서도 조화로운 인간상을 상징한다.

2. 교육청 현황

(1) 교육감: 하윤수(제18대)

(2) 2023년 교육비 예산: 9,291억 3,900만 원

(3) 교육지원청: 서부교육지원청, 남부교육지원청, 북부교육지원청, 동래교육지원청, 해운대교육지원청

(4) 부산교육행정서비스헌장

> 부산광역시교육청 전 직원은 보다 높은 수준의 행정서비스를 제공하고 시민으로부터 신뢰받는 교육행정서비스를 구현하기 위하여 다음과 같이 노력할 것을 다짐합니다.
>
> **우리는** 밝은 미소와 상냥한 말씨로 민원인을 정중하게 맞이하겠습니다.
> **우리는** 모든 민원을 민원인의 입장에서 신속·정확하고 공정하게 처리하겠습니다.
> **우리는** 열린 마음으로 민원인의 의견을 수렴하여 교육정책을 추진하겠으며, 최고의 교육행정서비스를 제공하도록 노력하겠습니다.
> **우리는** 민원처리 과정에서 민원인에게 불친절하거나 불편을 끼쳤을 경우에는 즉시 시정하고 적절한 보상을 하겠습니다.
> **우리는** 교육행정서비스 실천 노력에 대하여 민원인으로부터 평가를 받고 그 결과를 공개하여 서비스 개선에 반영하겠습니다.

1. 교육청 상징

전체적으로는 4획의 '仁'자와 상단 원을 제외한 3획의 '川'를 단순화하였 다. 사람이 희망과 환희를 가지고 미래를 향해 뛰어오르는 모습을 역동적 으로 표현함으로써 무한한 가능성으로 미래지향적 교육환경을 이루어 나 가는 진취적 의지와 교육현장과 유기적으로 화합하고 융화하는 올바른 교 육청의 자세를 상징한다.

2. 교육청 현황

(1) 교육감: 도성훈(제20~21대)

(2) 2023년 교육비 예산: 5조 3,541억 원

(3) 교육지원청: 남부교육지원청, 북부교육지원청, 동부교육지원청, 서부교육지원청, 강화 교육지원청

(4) 인천교육행정서비스헌장

> 우리 인천광역시교육청 모든 직원은 고객이 만족하는 최고의 행정서비스를 제공하여 신뢰받 는 공직자가 될 수 있도록 다음과 같이 실천하겠습니다.
>
> **우리는** 항상 밝은 미소와 상냥한 말씨로 고객을 맞이하겠습니다.
> **우리는** 고객의 입장에서 생각하고 모든 민원을 신속 · 공정 · 친절 · 적법하게 처리하겠습니다.
> **우리는** 고객의 다양한 의견을 수렴하고 교육정책에 적극 반영하여 질 높은 교육행정서비스 를 제공하겠습니다.
> **우리는** 잘못된 서비스 제공으로 고객에게 불편을 초래할 경우 정중히 사과하고 즉시 시정 및 개선하도록 노력하겠습니다.
> **우리는** 교육행정서비스 실천 노력에 대하여 고객으로부터 평가를 받고 미흡한 사항은 개선 해 나가겠습니다.
>
> 이와 같은 우리의 목표를 달성하기 위하여 구체적인 서비스이행기준을 정하고 이를 성실히 실천할 것을 약속드립니다.

1. 교육청 상징

대구교육청의 핵심인 인간중심을 상징하는 사람 형상과 대구를 상징하는 이니셜 "大"를 조합하여 교육주체인 학부모, 교사, 학생이 서로 어울려 함께 한다는 의미를 담고 있다. 세계화를 상징하는 지구를 응용하여 세계시민을 표현하였고, 공중에 떠 있는 3차원 입체적 표현은 교육이념에 따른 인간의 유기적 활동을 상징하며 늘 푸르름의 의미, 항상 변화하고 혁신하는 창의적인 인간활동을 내포하고 있다.

2. 교육청 현황

(1) 교육감: 강은희(제11대)

(2) 2023년 교육비 예산: 4조 3,922억 원

(3) 교육지원청: 동부교육지원청, 서부교육지원청, 남부교육지원청, 달성교육지원청

(4) 대구교육행정서비스헌장

> 대구광역시교육청 전 직원은 고객이 감동할 수 있는 고품격 행정서비스를 제공하기 위해 최선을 다하겠습니다.
>
> • 학생들을 사랑으로 지도하여 「인성과 실력을 갖춘 미래 주도 인재」로 육성하겠습니다.
> • 우리는 고객에게 최고의 서비스를 제공하기 위하여 스스로 학습하여 변화하겠습니다.
> • 고객을 내 가족처럼 친절하고 반갑게 맞이하고, 항상 밝은 미소와 상냥한 목소리로 먼저 인사하겠습니다.
> • 모든 민원을 고객의 입장에서 신속 · 정확 · 공정하게 처리하겠습니다.
> • 고객에게 불편을 드렸거나 부당하게 처리하였을 경우, 즉시 시정하고 소정의 보상을 하겠습니다.
> • 우리의 서비스 실천에 대하여 고객으로부터 매년 평가를 받고 그 결과를 공개하겠습니다.
>
> 이와 같은 우리의 다짐을 실천하기 위하여 「행정서비스이행기준」을 설정하고 이를 성실히 이행할 것을 약속드립니다.

PART

03

교육행정직 공무원
면접 필살기

CHAPTER 01 교육행정직 공무원 면접 방식

주요 시도교육청(서울, 경기, 부산, 인천, 대구) 면접 방식은 다음과 같다. 본인이 응시하려는 시도교육청 면접 정보를 모를 경우에는 본문을 참고하여 면접을 준비할 수 있도록 한다. 면접 방식은 매년 그리고 교육청마다 상이하므로 응시하려는 교육청의 면접시험 공고를 반드시 확인하도록 한다.

1. 서울교육청

(1) 면접관 구성: 3명

(2) 면접시간: 약 15분

(3) 면접 방향 및 특이사항

① 응지사는 면접 당일 입실 완료 시간까지 응시 등록을 반드시 하여야 한다.

② 응시자가 책상에 놓인 면접 질문지를 확인한 후 본 면접이 시작된다. 면접 질문지를 검토하는 시간은 면접시간에 포함된다.

③ 4가지 질문이 출제되며 질문당 하위 질문이 있으므로 시간 배분에 유의하여야 한다.

2. 경기교육청

(1) 면접관 구성: 3명

(2) 면접시간: 약 10분

(3) 면접 방향 및 특이사항

① 면접 순서는 응시자가 직접 번호를 뽑아 결정된다.

② 응시자는 책상에 놓인 면접 질문지를 약 30초 정도 검토한다. 검토하는 시간은 면접시간에 포함되지 않는다.

③ 지식형 질문과 상황형 질문이 다수 출제된다.

④ 타이머로 남은 시간 확인이 가능하다.

3. 부산교육청

(1) 면접관 구성: 3명

(2) 면접시간: 약 10분

(4) 면접 방향

① 면접 당일에 지정된 등록시각까지 면접장에서 응시등록을 반드시 하여야 한다.

② 면접 순서는 관리번호 순서대로 진행한다.

③ 개별면접이 즉문즉답형 방식으로 진행되며 5문제 정도 출제된다.

(5) 특이사항: 2022년부터 차별과 불공정 요소를 사전에 배제하고자 면접평정표상 개인정보는 삭제하고 응시자에게 관리번호를 부여한다.

4. 인천교육청

(1) 면접관 구성: 3명

(2) 면접시간: 약 7분

(3) 면접 방향 및 특이사항

① 면접 순서는 응시번호 순서대로 진행한다.

② 응시자는 책상에 놓인 면접 질문지를 먼저 검토한다.

③ 면접 질문지에는 총 3개의 질문이 적혀 있다. 면접관은 각각 면접 질문지에 적힌 질문을 읽어주고, 응시자는 질문에 맞춰 답변한다.

④ 꼬리 질문보다 돌발 질문이 자주 출제된다.

5. 대구교육청

(1) 면접관 구성: 3명

(2) 면접시간: 약 25분

(3) 면접 방향 및 특이사항

① 면접 순서는 조 추첨을 통해 진행된다.

② 인문학 면접

- 면접시험 5개 평정요소 중 3개 요소(공무원으로서의 정신자세, 예의·품행 및 성실성, 창의력·의지력 및 발전 가능성)에 인문학적 지식과 소양을 평가 항목에 포함하여 진행하므로 반드시 면접시험 출제 도서(인문학 관련 도서)의 내용과 공직관을 통합하여 대답하여야 한다.

- 인문학 면접을 위한 면접시험 출제 도서는 당해 필기시험 합격자 및 면접시험 시행계획 공고문에서 확인 가능하다.

- 3권의 면접시험 출제 도서가 지정되며, 각 도서 당 2문제 가량 출제된다.

- 각 문제는 도서 내용과 관련된 4~5줄 정도의 짧은 제시문과 제시문을 토대로 도출한 질문으로 구성된다.

- 구상실에서 주어진 제시문을 보고 약 10분간 답변을 구상한다. 구상시간은 면접시간에 포함된다.

- 구상실에서는 필기구 사용이 불가하다.

- 면접관의 질문 없이 응시자가 구상한 답변을 하는 방식으로 진행된다.

③ 즉문즉답형 질문에서는 전문지식을 묻는 질문이 대부분이다.

④ 타이머 확인이 불가능하다.

공무원으로서의 정신자세

1. 자신이 생각하는 바람직한 공무원상을 말해 보세요.

비슷한 유형의 질문

· 공무원에 적합한 가치관은 무엇입니까?
· 공직자로서 필요한 자세는 무엇입니까?

면접관의 의도

공무원으로서의 정신자세와 마음가짐에 대해 묻는 질문이다.

핵심 키워드

직무 전문성, 소통, 공감, 헌신, 열정, 창의, 혁신, 윤리, 책임, 사명감, 주인의식

도입

저는 학창 시절 과외 아르바이트를 하면서 저를 믿고 따르는 학생들에 대한 책임감과 열정으로 주어진 일에 최선을 다하였습니다. 공무원이 된다면, 이와는 비교할 수 없을 만큼의 강한 책임감과 열정, 헌신이 필요하다고 생각합니다.

직접작성

부연설명

교육 관련 업무라는 특수성에 대한 정확한 이해를 바탕으로 공무원으로서 맡은 일에 대한 긍지와 책임감을 가지고, 구성원 사이에서도 서로에게 발전적인 모습을 보여줄 수 있는 모범이 되어야 합니다.

맺음말

따라서 시민을 위해 봉사한다는 자세로 끊임없는 혁신을 통해 자신의 전문성을 제고하여 업무의 효율성과 질적 향상을 꾀하는 태도가 제가 생각하는 바람직한 공무원상입니다.

➕ 면접 플러스

공무원은 다른 직업에 비해 요구되는 것도 많고 의무도 많다. 국가와 사회가 요구하는 공무원상과 자신의 생각을 적절히 조화시켜 얘기하는 것이 바람직하며, 아울러 자신이 바람직한 공무원이 되겠다는 의지를 표현할 수 있어야 한다. 비교적 자주 제시되는 질문이므로 반드시 답변을 생각해 두도록 한다.

▮ 더 알아보기

공무원 인재상

인사혁신처(이하 인사처)에서 2023년 2월 '탁월한 직무 전문성으로 국민 기대에 부응하는 공무원 인재상'을 발표하였다. 행정환경이 변함에 따라 국민 전체에 대한 봉사자로서 공무원의 인식 · 태도 · 가치를 정립하는 기준의 필요성이 제기되었고 이에 인사처는 탁월한 직무 전문성을 바탕으로 한 '소통 · 공감', '헌신 · 열정', '창의 · 혁신', '윤리 · 책임' 4개의 요소로 구성된 공무원 인재상을 제시하였다.

소통 · 공감	국민 중심, 소통하고 공감하며 배려하는 공무원
헌신 · 열정	적극적이며 국가에 헌신하는 열정적인 공무원
창의 · 혁신	창의적 사고로 변화에 대응하고 혁신을 이끄는 공무원
윤리 · 책임	윤리의식을 갖추고 청렴하며 책임 있게 일하는 공무원

2024년부터 시행되는 공무원 면접시험에서는 새롭게 정립된 공무원 인재상에 맞게 평정요소를 전면 개선하며, 이를 바탕으로 직무수행에 필요한 능력과 적격성을 평가할 예정이다.

2. 교육행정직 공무원을 지원하게 된 동기는 무엇입니까?

교육행정직 공무원으로서의 정신자세와 마음가짐에 대해 묻는 질문이다.

지원 동기, 정신자세, 공직관, 자아실현, 만족감, 성취감

도입

직장 생활이라는 것은 생계를 위한 수단이기도 하지만, 이를 통해 자아를 실현하고 봉사를 통해 보람을 찾을 때 의미가 있다고 생각합니다.

직접작성

부연설명

저는 대학생 때 초등학교 저학년 학생을 위한 방과후학교의 멘토로 참여한 적이 있습니다. 당시 저는 학생들의 숙제를 보조하고 고민 등을 공유하며 소통하는 과정에서 만족감과 성취감을 느꼈고, 꿈과 희망으로 자라나는 학생들에게 실질적으로 도움을 줄 수 있는 직업을 갖는다면, 더욱 보람찬 직장 생활을 할 수 있을 것이라고 생각하였습니다. 그래서 다양한 공무원 직렬 중에서도 교육행정직 공무원에 지원하게 되었습니다.

직접작성

공무원은 이윤 추구를 목적으로 하는 일반 사기업과 달리 시민을 위해 봉사한다는 데 자부심을 기본으로 삼고 있습니다. 특히 교육행정직 공무원은 학교가 학생들에게 온전히 집중하여 수준 높은 교육을 제공할 수 있도록 각종 행정업무와 학교생활 전반에 관한 교원 및 학생들의 다양한 의견과 요구를 수렴하고 이해관계를 조정하는 역할도 담당하고 있습니다. 저는 이러한 공무원의 신념 및 역할과 함께 국민의 공복이라는 자부심과 친절, 성실 그리고 전문성이 바탕이 된 공무원이 되고 싶습니다.

직접작성

⚠ 이런 말은 안 돼요

지나치게 추상적이거나 솔직한 내용은 피하는 편이 좋으며, 판에 박힌 내용이 되지 않도록 주의한다.

➕ 면접 플러스

공무원뿐 아니라 어떤 면접에서도 빠지지 않고 제시되는 것이 지원 동기이지만 특히 공무원 면접에서는 지원 동기가 더욱 중시된다. 이 질문을 통해 응시자의 공직관을 파악할 수 있기 때문이다. 이때 자기 경험이나 사실을 들어 말하는 것이 바람직하다. 또한, 공무원은 다른 직군과 달리 국민의 세금에서 급여를 받고 국민을 위해 일하는 특수성을 가지고 있다는 자신의 견해를 밝히는 것이 좋으며, 공직사회 구성원으로서의 일면을 보여주는 것이 필요하다.

3. 공무원이 지향해야 할 덕목에는 무엇이 있다고 생각합니까?

비슷한 유형의 질문

• 공무원이 지켜야 하는 공직관 중 가장 중요한 공직관 하나만 말해 보세요.

• 응시자가 중요하다고 생각하는 공직관을 말하고, 이를 어떻게 실현할 것인지 말해 보세요.

면접관의 의도

공무원으로서의 정신자세 및 가치관 등을 파악하기 위한 질문이다.

핵심 키워드

공무원, 덕목, 청렴, 부패, 봉사, 성실

도입

공무원은 특정한 이익단체를 대변하는 것이 아니라 국민을 위해 봉사하는 직업이므로 무엇보다도 청렴한 마음가짐이 공무원이 갖춰야 할 가장 중요한 덕목이라고 생각합니다.

직접작성

부연설명

공무원은 국가와 국민으로부터 사회 구성원들에게 득과 실을 가져다 줄 수 있는 크고 작은 권한을 부여받기 때문에 이권 청탁 등 부패의 유혹이 뒤따를 수 있습니다. 따라서 부패로부터 자신을 보호하고 철저히 부패 가능성을 점검하며 단절하는 생활 습관을 가지는 것이 무엇보다 중요합니다. 이를 위해 개인적 양심을 스스로 고취시키는 노력이 필요하며, 부패 관련 규정과 법규들을 철저히 숙지해야 합니다. 또한, 자신이 하고 있는 일을 제3자가 투명하게 들여다볼 수 있도록 일하는 습관을 들이는 것이 필요하며, 자신에게 어떤 재량권이 주어지는지 항상 구체적으로 확인하는 자세도 필요하다고 생각합니다.

직접작성

단순히 부패행위를 저지르지 않는 선에서 끝나는 것이 아닌 저에게 주어진 업무에 대해 책임감을 가지고, 적극적으로 노력해야 비로소 청렴이라는 덕목을 실천하였다고 할 수 있을 것입니다.

직접작성

➕ 면접 플러스

공무원이 지녀야 할 덕목에 대해 추상적으로만 답변하는 것은 응시자가 공무원의 덕목에 대해 깊이 생각해 보지 않았다는 인상을 줄 수 있으므로 자신이 생각한 공직관 및 덕목의 실천 방향을 구체적으로 제시하는 것이 바람직하다.

4. 공직생활과 개인생활 중 어느 것이 더 중요하다고 생각합니까?

비슷한 유형의 질문

• 개인과 단체 중 무엇이 우선된다고 생각합니까?

• 선약이 있는데 급한 업무가 주어진다면 어떻게 하겠습니까?

면접관의 의도

응시자의 공직관, 사고방식, 생활자세 등을 평가하기 위한 질문이다.

핵심 키워드

공직생활, 개인생활, 삶의 가치, 우선순위

도입

어느 한쪽이 더 중요하다고 단정적으로 말씀드리기 어렵습니다. 삶에 있어서 공직생활과 개인생활 모두 소홀히 할 수 없는 문제이기 때문입니다.

직접작성

부연설명

하지만 하나를 선택해야 한다면 공직생활에 우선순위를 두겠습니다. 직장인이라면 누구나 하루의 절반을 일터에서 보내게 되는데, 이때의 절반은 단순한 시간적인 의미라기보다 삶의 가치와 중요성을 의미합니다. 그리고 한 사람의 삶의 사회적 가치는 바로 공직생활을 통해서 이루어진다고 생각합니다.

직접작성

하지만 개인생활이 뒷받침되지 못한다면 성공적인 공직생활도 어렵다고 생각합니다. 정말 중요한 것은 둘 다 가치 있게 여기는 사고방식과 생활자세가 아닐까 싶습니다.

직접작성

❗ 이런 말은 안 돼요

면접관들에게 잘 보이기 위해 타당한 이유 없이 무조건 공직생활이 중요하다고 말하는 것은 좋지 않다.

➕ 면접 플러스

최근 들어 자주 출제되는 질문으로 응시자의 가치관, 직업관 등을 종합적으로 알아보기 위한 질문이다. 어느 한쪽이 더 중요하다고 말하기보다는 공직생활과 개인생활은 상호보완적인 관계라는 점을 전제로 자신의 입장을 밝히는 것이 좋다. 만약 공직생활에 우선순위를 두겠다고 말하고자 한다면 타당성 있는 이유를 제시할 수 있어야 한다. 개인생활을 제대로 영위하지 못하면서 공무에 충실할 수는 없기 때문이다.

5. 민간 기업과 같이 공무원에 대해 구조조정을 실시하는 것을 어떻게 생각합니까?

면접관의 의도

공무원으로서의 기본자세와 공직관을 파악하기 위한 질문이다.

핵심 키워드

구조조정, 고통 분담, 신뢰회복, 인식개선, 사기진작 방안, 공익 우선

도입

민간 기업에서 구조조정을 실시하는 것은 해당 기업이 그만큼 운영에 어려움을 겪고 있음을 의미합니다.

직접작성

부연설명

공무원은 국가에 의해 채용된 사람입니다. 따라서 우리나라의 재도약을 위해서나 고통 분담의 차원에서 볼 때 공무원 역시 구조조정에서 예외일 수 없으며, 오히려 구조조정을 통해 국민으로부터 신뢰받는 공무원으로 거듭날 필요가 있습니다. 그렇지만 일부 공무원들의 잘못으로 인해 공무원 사회 전체가 비리의 온상이라는 지적을 받고 개혁의 대상으로 취급받아 시행하는 구조조정은 결코 온당하지 못하다고 생각합니다.

직접작성

특히 민간 기업보다 적은 급여를 받으면서도 일에 대한 열정과 사명감으로 묵묵히 헌신하고 있는 대다수 공무원들을 감안할 때 공무원에 대한 잘못된 인식개선 방안, 사기진작 방안 등이 함께 마련되어야 한다고 생각합니다.

직접작성

➕ 면접 플러스

구조조정에 대한 찬반에 집착하기보다는 원칙을 위주로 답하는 것이 바람직하다. 답변할 때에는 자신의 소신이나 견해를 자연스럽게 밝히되 가급적 '공익 우선'을 전제로 하고, 말을 시작하는 것이 좋다.

6. 공무원의 음주운전에 대해 어떻게 생각합니까?

(면접관의 의도)

공무원으로서의 정신자세와 마음가짐에 대해 묻는 질문이다.

(핵심 키워드)

도덕성, 준법의식

도입

음주운전은 공무원뿐 아니라 일반 국민 어느 누구도 해서는 안 되는 일입니다.

직접작성

부연설명

더군다나 공무원은 엄격한 준법의식이 요구되므로 공무원의 음주운전 행위는 지탄받아 마땅하다고 생각합니다. 이는 음주운전을 한 공무원 개인의 문제뿐 아니라 전체 공무원이 비난의 대상이 되기도 하기에 더욱 엄중히 처리해야 하는 문제입니다.

직접작성

「헌법」 제7조 제1항에 따르면 공무원은 국민 전체의 봉사자라고 명시되어 있습니다. 이는 국민과 공무원을 같은 눈높이에서 평가할 수 없다는 의미로 해석할 수 있다고 생각합니다. 따라서 공무원에게는 도덕적 기준을 좀 더 엄격히 적용하여 국민에게 모범이 되어야 한다는 것을 명심하여야 합니다.

직접작성

❗ 이런 말은 안 돼요

공무원의 이중처벌(형사 및 행정징계) 및 무관용 원칙에 대해 부당함을 언급하는 것은 되도록 삼간다.

7. 직무상의 적성과 보수의 많음 중 어느 것을 택하겠습니까?

비슷한 유형의 질문

응시자의 직업관은 무엇입니까?

면접관의 의도

공무원으로서의 정신자세와 마음가짐에 대해 묻는 질문이다.

핵심 키워드

적성, 보수, 일의 만족도

도입

월급은 열심히 일한 노력의 대가로서 주어지는 것이므로 중요합니다. 하지만 사회구성원이자 성인으로서 일의 목적이 단순히 높은 보수를 받기 위해서만은 아니라고 생각합니다.

직접작성

부연설명

사회초년생인 제가 먼저 고려해야 할 것은 일의 내용과 만족도라고 생각합니다. 보수보다는 제가 하게 될 일이 얼마나 적성에 맞고 조직에 도움이 되느냐가 중요합니다. 그다음 그에 합당한 대가를 받을 수 있다면 더욱 좋겠습니다.

직접작성

저는 영리 추구를 목적으로 하는 민간 기업과 달리 국가와 국민을 위해 봉사하는 공무원으로서 제 능력을 발휘하고 싶습니다.

직접작성

❗ **이런 말은 안 돼요**

적성과 보수 중 어느 한쪽을 지나치게 강조하거나 혹은 경시한다는 태도는 좋지 않다.

8. 사기업이 아닌 공무원을 선택한 이유에 대해 말해 보세요.

비슷한 유형의 질문

- 다니던 회사를 그만두고 공무원에 지원한 이유에 대해 말해 보세요.
- 공무원과 사기업 직원의 차이점을 말해 보세요.

면접관의 의도

공무원으로서 지녀야 할 자세 및 가치관 등을 파악하기 위한 질문이다.

핵심 키워드

공익 추구, 국가 발전, 국민의 이익, 기업의 이윤 추구, 사익 추구

도입

시민에게 더 가까운 위치에서 도움을 주고 문제 해결에 기여하고자 공무원에 지원하였습니다.

직접작성

부연설명

물론, 사기업도 사회 문제 해결을 위해 다방면으로 힘쓰고 있으며, 사회에 미치는 영향력도 큽니다. 하지만 시민과 직접 상호작용하면서 그들의 문제를 진심으로 고민하고 시민들의 생활과 교육의 질을 높이기 위해 함께 나아가는 것은 공무원만이 가진 특권이라고 생각합니다.

직접작성

공무원에 지원한 저의 마음가짐을 잊지 않고 봉사에 힘쓰며 공익을 우선시하는 공무원이 되겠습니다.

직접작성

❗ 이런 말은 안 돼요

직업을 선택할 때에 다양한 조건을 비교하는 것은 중요하지만 사기업보다 공무원의 장점만을 내세우는 설명은 좋지 않다. 특히 직업의 안정성 때문이라는 답변은 지양해야 한다.

9. 희망하는 부서나 업무에 배치받지 못한다면 어떻게 하겠습니까?

[면접관의 의도]

공무원으로서의 마음가짐을 파악하기 위한 질문이다.

[핵심 키워드]

성실함, 마음가짐, 배움

도입

기대했던 업무가 아니기 때문에 아쉬운 마음이 들 것입니다.

직접작성

부연설명

하지만 모든 업무는 유기적으로 연결되어 있으며 불필요한 경험은 없다고 생각하기 때문에 주어진 업무를 꾸준히 수행하고 다양한 업무 노하우를 배우며 저의 커리어를 쌓아 나아가겠습니다.

직접작성

사회생활을 하다 보면 항상 원하는 것만 할 수는 없다고 생각합니다. 따라서 처한 상황에 불만을 가지기보다는 겸허히 받아들이고 배운다는 마음가짐으로 업무에 임하겠습니다.

직접작성

! **이런 말은 안 돼요**

솔직한 답변은 좋지만 희망하는 부서에 관한 일만 하고 싶다는 답변은 피해야 한다.

10. 자신의 인생관에 대해 말해 보세요.

(면접관의 의도)

공무원으로서의 정신자세 및 가치관 등을 파악하기 위한 질문이다.

(핵심 키워드)

공동체 의식, 도전정신, 희생정신, 책임감, 정직함

도입

저의 인생관은 "도움을 주는 사람이 되자."입니다.

직접작성

부연설명

대학생 시절 저는 소아암 환자들을 위한 헌혈증 기부 캠페인을 개최하였고, 당시 많은 학우들의 도움으로 캠페인을 성공적으로 마무리할 수 있었습니다. 당시의 경험을 통해 저는 인생은 혼자가 아니라 서로 도움을 주고받으며 살아가고, 그 도움이 꼭 거창할 필요가 없다는 것을 알게 되었습니다. 그래서 저는 다양한 봉사활동과 멘토링 등 저의 작은 능력이라도 도움이 될 수 있는 곳이라면 외면하지 않습니다.

직접작성

앞으로도 제 인생관을 통해 주변에 선한 영향력을 넓혀갈 수 있는 삶을 살고 싶습니다.

직접작성

11. 인간관계 시 가장 중요한 것은 무엇이라고 생각합니까?

(면접관의 의도)

다양한 사람들과 교류해야 하는 공무원의 특성상 응시자가 공직 생활에 적합한지 파악하기 위한 질문이다.

(핵심 키워드)

상호 존중, 소통, 경청

도입

인간관계 시 가장 중요한 것은 상호 존중이라고 생각합니다.

직접작성

부연설명

사람은 혼자 살아갈 수 없으며, 알게 모르게 서로가 도움을 주고받으며 살아갑니다. 이러한 관계는 사적인 관계뿐 아니라 협력이 필요한 직장 내에서도 중요하게 적용됩니다.

직접작성

저는 상호 존중과 배려하는 마음가짐으로 직장에서는 믿음직한 동료로, 시민에게는 친절한 공무원으로 성장하겠습니다.

직접작성

➕ 면접 플러스

해당 질문을 통해 동료뿐 아니라 시민들과 마찰을 최소화할 수 있는 사람인지 파악하기 위한 질문이다. 따라서 본인의 소신을 밝히는 것도 좋지만 조직에 융화될 수 있는 사람임을 어필하는 것이 좋다.

전문지식과 그 응용능력

1. 영기준예산제도의 장단점을 설명해 보세요.

면접관의 의도

영기준예산제도에 대한 응시자의 이해도를 확인하는 질문이다.

핵심 키워드

영기준예산제도, 합리적 예산배분, 재정의 경직성, 실효성

도입

영기준예산제도는 전년도 사업을 전혀 고려하지 않고 매년 모든 사업의 타당성을 영기준에서 분석하여 예산을 편성하는 제도입니다.

직접작성

부연설명

매년 모든 사업을 전면적으로 재검토하기 때문에 예산을 합리적으로 배분할 수 있다는 장점이 있습니다. 우선순위가 낮은 사업에서 높은 사업으로 재원을 전환할 수 있어 예산의 낭비를 막을 수 있고 전년도 예산을 답습하지 않아 재정의 경직성을 극복할 수 있습니다. 그러나 모든 사업과 활동을 매년 새롭게 분석해야 하기 때문에 예산을 편성하는 데 많은 시간과 노력이 필요합니다. 또한, 법령이나 규정에 의해 이미 지출이 예정되어 있는 고정 비용이 많은 경우에는 실효성이 떨어진다는 단점이 있습니다.

직접작성

하지만 영기준예산제도가 잘 정착되면 지역의 상황에 맞게 예산을 유연하게 활용할 수 있어 학생들과 시민들에게 지역의 특색에 맞는 교육 환경을 제공할 수 있을 것이라 생각합니다.

직접작성

참조

p.291 '영기준예산제도'

2. 평생학습도시가 무엇인지 설명해 보세요. 그리고 평생학습도시 운영이 지역사회에 미치는 긍정적인 영향에 대해 말해 보세요.

면접관의 의도

사회가 발전하고 평균 수명이 늘어나면서 중요한 교육적 현안으로 떠오르고 있는 평생교육에 대한 응시자의 관심과 이해도를 파악하기 위한 질문이다.

핵심 키워드

평생학습도시, 학습공동체, 평생교육, 발전적 지역사회, 주민공동체

도입

평생학습도시는 개인의 삶의 질 제고와 도시 전체의 경쟁력 향상을 위해 주민 누구나 원하는 학습을 즐길 수 있도록 한 지역 학습공동체입니다. 평생학습도시에서는 지역의 평생학습 공간을 활용한 지역 특성화 프로그램과 여러 지자체가 연계 · 협력하여 광역 차원의 자원을 활용할 수 있도록 한 컨소시엄 형태의 평생교육 프로그램을 운영하고 있습니다.

직접작성

부연설명

이러한 평생학습도시는 단순히 개인적인 지식이나 정보를 얻는 수준을 넘어서 이웃과 지역사회를 이해하고 발전적인 지역사회를 조성하는 계기를 제공합니다. 대표적인 예로 부산 서구에서 운영하는 '평생학습 아지트(아름다운 지식공동체 아파트)' 프로그램이 있습니다. '평생학습 아지트'는 아파트 내의 유휴공간을 학습 공간으로 만들어 주민들이 함께 카네이션 꽃바구니나 천연비누, 어린이 가방 키링, 드라이플라워 액자 등을 제작하고 이를 어린이집이나 경로당에 기부하는 교육 프로그램입니다. 이를 통해 삭막하고 단절된 아파트 문화 대신 소통을 통한 건강하고 활기찬 주민공동체가 이루어질 수 있었습니다.

직접작성

이처럼 평생학습도시는 지역 내의 교육자원을 활용하여 주민들이 원하는 학습을 언제, 어디서나 즐길 수 있도록 다양한 프로그램을 제공함으로써 주민들의 성장과 발전을 돕고 있습니다. 또한, 프로그램을 통해 공동체의 화합을 도모하고 지역사회로의 환원이 활발하게 이루어질 수 있다는 점에서 지역사회에 긍정적인 영향을 미치고 있습니다.

직접작성

➕ 면접 플러스

평생학습도시가 지역사회에 미치는 긍정적 영향과 함께 지원한 지역 내 평생학습도시의 사례를 제시하는 것이 좋다.

참조

p.277 '평생학습도시'

3. 시도교육청의 독서인문교육 활동 한 가지만 말해 보세요. (예 대구교육청)

(면접관의 의도)

응시자가 지원한 교육청의 독서인문교육 활동을 파악하고 있는지 알아보기 위한 질문이다.

(핵심 키워드)

독서교육, 인문학적 소양, 사고력, 문해력, 표현력, 디지털 세대, 창의 · 융합적 사고력

도입

학생들이 빠르게 변화하는 환경 속에서 자신의 삶을 설계하고, 미래사회에 필요한 역량을 갖출 수 있도록 돕기 위해서는 독서교육을 통한 인문학적 소양을 강화하는 것이 중요합니다. 또한 독서에 대한 흥미가 부족하고 사고력이나 문해력, 표현력이 낮은 디지털 세대 학생들의 창의 · 융합적 사고력을 키우는 것이 중요한 교육적 과제가 되었습니다.

직접작성

부연설명

따라서 대구교육청에서는 2023년부터 '수품책'이라는 독서인문교육 활동을 지원하고 있습니다. '수품책'은 '수업 품은 책읽기 활동'을 의미하는 것으로 교과수업과 관련 있는 책을 선정한 다음, 수업 시간에 책을 10분 정도 읽고 주제에 대한 토론과 글쓰기를 하는 활동입니다. 독서와 토론, 글쓰기를 연계함으로써 학생들은 자신이 속해 있는 세상에 대해 관심을 가지고 능동적 주체로서 자신의 경험을 공유하는 창의 · 융합적 사고력을 가진 인재로 성장하게 될 것입니다.

직접작성

단순히 책을 읽는 것에서 벗어나 학생들이 더불어 성장하고 함께 살아가는 시민으로 성장할 수 있도록 하는 독서인문교육이야 말로 현재 학생들에게 가장 필요한 교육일 것입니다.

직접작성

4. 시도교육청의 교육정책에 대해서 설명해 보세요. (예 경기교육청)

비슷한 유형의 질문

• 시도교육청의 교육 방향을 설명하고, 이 중에서 자신이 기여할 수 있는 부분은 무엇인지 말해 보세요.

• 시도교육청의 역점 과제에 대해 설명하고, 가장 중요하다고 생각하는 것은 무엇인지 말해 보세요.

면접관의 의도

응시자가 지원한 교육청의 정책 방향을 파악하고 있는지 알아보기 위한 질문이다.

핵심 키워드

교육공동체, 학생 맞춤형 교육, 학교 운영의 자율성, 다양성, 학교 중심 행정

도입

경기교육청은 교육공동체의 다양성과 창의성을 보장하고 모든 학생이 꿈을 스스로 펼칠 수 있도록 지원하는 것을 목표로 하고 있습니다.

직접작성

부연설명

이를 바탕으로 한 경기교육청의 정책 방향은 다섯 가지가 있습니다. 첫 번째는 '새롭게 열어가는 미래교육'입니다. 에듀테크를 활용하여 학생 맞춤형 교육을 지원하고, 배움의 시·공간을 확장하여 학생 스스로 꿈을 펼쳐나갈 수 있도록 돕습니다. 두 번째는 '역량 중심 학생 맞춤형 교육'입니다. 창의융합교육을 강화하고 학생들의 발달 단계별 진로교육을 다양화함으로써 학생들이 창의력과 잠재력을 발휘할 수 있도록 학생 주도의 맞춤형 교육을 제공합니다. 세 번째는 '자율과 균형으로 함께 성장하는 교육공동체'입니다. 인성교육과 시민교육을 강화하고 학교 운영의 자율성을 강화함으로써 신뢰와 존중을 바탕으로 교육 공간 내에서 다양성이 공존할 수 있도록 합니다. 네 번째는 '모두의 건강과 안전을 살피는 교육'입니다. 방과후학교를 강화하고 교육 사각지대에 놓인 학생들을 지원함으로써 누구도 소외되지 않는 환경에서 행복하게 성장할 수 있도록 노력합니다. 다섯 번째는 '미래교육을 지원하는 교육행정'입니다. 교육행정기관의 역할을 재구조화하고 데이터 기반의 교육정책을 실시함으로써 학교 중심의 행정을 지원합니다.

직접작성

맺음말

저도 이러한 경기교육청의 교육정책에 따라 구성원들이 다양성을 바탕으로 자신의 꿈을 펼칠 수 있도록 지원하는 역할을 하고 싶습니다.

직접작성

➕ **면접 플러스**

지원한 교육청의 정책 방향을 묻는 질문은 자주 출제되니 당황하지 않고 답변하려면 해당 교육청 홈페이지에서 정책 방향이나 주요업무계획을 확인해 놓는 것이 좋다.

▌**참조**

p.226 '주요 교육청별 교육 방향과 교육정책'

5. 「공직자의 이해충돌방지법」(약칭: 이해충돌방지법)에 대해 말해 보세요.

공직자의 부당한 사적 이익추구를 제재하기 위해 제정된 「이해충돌방지법」에 대해 알고 있는지 파악하기 위한 질문이다.

사적 이익추구 금지, 이해충돌방지, 공정한 직무수행, 국민의 신뢰 확보

도입

「이해충돌방지법」은 공직자의 직무수행과 관련한 사적 이익추구를 금지함으로써 공직자의 직무수행 중 발생할 수 있는 이해충돌을 방지하여 공정한 직무수행을 보장하고 공공기관에 대한 국민의 신뢰를 확보하기 위한 법입니다.

직접작성

부연설명

「이해충돌방지법」에 따르면 공직자는 직무관련자와 사적이해관계가 있음을 안 경우에는 신고하거나 회피해야 하며, 직무와 관련된 부동산을 보유하고 있거나 매수하는 경우 반드시 신고해야 합니다. 또한, 직무수행 중 알게 된 비밀과 미공개 정보를 사적으로 이용해서는 안 되며 퇴직공직자를 개인적으로 접촉할 경우 신고해야 합니다.

직접작성

저는 공직자가 된다면 이러한 「이해충돌방지법」을 철저히 준수하고, 국민의 신뢰를 바탕으로 깨끗하고 투명한 공직사회를 만들기 위해 노력할 것입니다.

직접작성

더 알아보기

이해충돌방지 세부 행위기준

신고 및 제출 의무	제한 및 금지 행위
• 사적이해관계자 신고 및 회피 · 기피 신청 • 공공기관 직무 관련 부동산 보유 · 매수 신고 • 직무관련자와의 거래 신고 • 퇴직자 사적 접촉 신고 • 고위공직자 민간부문 업무활동 내역 제출	• 가족 채용 제한 • 수의계약 체결 제한 • 직무 관련 외부활동 제한 • 공공기관 물품 등의 사적 사용 · 수익 금지 • 직무상 비밀 등 이용 금지

참조

p.287 「공직자의 이해충돌방지법」(약칭: 이해충돌방지법)

6. 적극행정이 무엇인지 설명하고 시도교육청에서 적극행정을 실천한 사례를 말해 보세요. (예 서울교육청)

비슷한 유형의 질문

- 시도교육청에서 적극행정을 위해 실천하고 있는 정책을 설명하고, 공무원으로서 적극행정을 실천할 수 있는 방법에 대해 설명해 보세요.
- 적극행정이 무엇인지 설명하고 공무원이 적극행정을 실천하도록 하는 동기부여 방법에는 무엇이 있는지 말해 보세요.

면접관의 의도

적극행정에 대한 이해와 공직자로서의 마음가짐을 알아보기 위한 질문이다.

핵심 키워드

적극행정, 공공의 이익, 창의성, 전문성

도입

적극행정이란 공무원이 불합리한 규제를 개선하는 등 공공의 이익을 위하여 창의성과 전문성을 바탕으로 적극적으로 업무를 처리하는 행위를 의미합니다.

직접작성

부연설명

서울교육청에서 적극행정을 실천한 사례 한 가지를 말씀드리겠습니다. 2022년 서울교육청은 사립유치원에 대한 감사를 실시한 결과 행정업무 대한 전문성이 부족한 교원이 업무를 처리함으로써 법령을 위반한 사례를 다수 적발하였습니다. 이러한 상황을 해결하기 위해 서울교육청에서는 퇴직공무원이 사립유치원의 행정업무를 돕는 컨설팅 사업을 실시하였습니다. 학교와 유치원의 퇴직공무원으로 구성된 컨설팅단이 현장에서 인사, 급여, 예산, 회계 등 각종 행정업무를 지원하였습니다.

직접작성

맺음말

이로 인해 전문성이 요구되는 행정업무까지 처리해야 했던 사립유치원 교원의 부담이 경감되었고, 아이들의 교육에 더 집중할 수 있는 교육환경이 만들어 질 수 있었습니다.

직접작성

참조

p.49 '적극행정', p.288 '적극행정 제도'

7. 학교운영위원회가 무엇인지 설명하고, 학교운영위원회에서 어떤 사항을 심의하는지 말해 보세요.

비슷한 유형의 질문

• 학교운영위원회 개회부터 폐회까지의 절차를 설명해 보세요.

• 학교운영위원회에 참여하는 구성원에 대해 설명하고 어떤 사항을 심의하고 결정하는지 말해 보세요.

면접관의 의도

교육행정직 공무원으로 임용되었을 때 근무하게 될 학교운영위원회에 대한 이해도를 알아보기 위한 질문이다.

핵심 키워드

민주성, 투명성, 창의성, 학교운영, 학교공동체

도입

학교운영위원회는 학교정책결정의 민주성과 투명성을 확보하고, 지역실정과 학교 특성에 맞는 다양한 교육을 창의적으로 실시할 수 있도록 심의 · 자문하는 기구입니다.

직접작성

부연설명

학교운영위원회는 교육과정 운영방법과 교과용 도서의 선정, 방과후 교육활동 등 학생들의 교육과 관련된 사항에서부터 학교의 예산안과 학부모 경비 부담과 관련된 사항, 학교급식, 학교운동부 구성 등 학생들의 생활과 관련된 사항까지 학교 운영 전반에 대해 심의하게 됩니다.

직접작성

학교운영위원회는 교사와 학부모, 지역인사 등이 함께 학교운영의 중요 의사결정에 참여하기 때문에 학교가 투명하게 운영되고, 지역의 특색에 맞는 다양하고 창의적인 교육을 실현할 수 있습니다. 저 또한 교육공동체의 일원으로서 학교운영위원회가 원활하게 운영될 수 있도록 지원하고 싶습니다.

직접작성

더 알아보기

「초 · 중등교육법」 제32조(기능)

① 학교에 두는 학교운영위원회는 다음 각 호의 사항을 심의한다. 다만, 사립학교에 두는 학교운영위원회의 경우 제7호 및 제8호의 사항은 제외하고, 제1호의 사항에 대하여는 자문한다.

1. 학교헌장과 학칙의 제정 또는 개정
2. 학교의 예산안과 결산
3. 학교교육과정의 운영방법
4. 교과용 도서와 교육 자료의 선정
5. 교복 · 체육복 · 졸업앨범 등 학부모 경비 부담 사항
6. 정규학습시간 종료 후 또는 방학기간 중의 교육활동 및 수련활동
7. 「교육공무원법」 제29조의3 제8항에 따른 공모 교장의 공모 방법, 임용, 평가 등
8. 「교육공무원법」 제31조 제2항에 따른 초빙교사의 추천
9. 학교운영지원비의 조성 · 운용 및 사용
10. 학교급식
11. 대학입학 특별전형 중 학교장 추천
12. 학교운동부의 구성 · 운영
13. 학교운영에 대한 제안 및 건의 사항
14. 그 밖에 대통령령이나 시 · 도의 조례로 정하는 사항

③ 학교운영위원회는 제33조에 따른 학교발전기금의 조성 · 운용 및 사용에 관한 사항을 심의 · 의결한다.

참조

p.277 '학교운영위원회'

8. 주민참여예산제도에 대해 말해 보세요.

면접관의 의도

주민참여예산제도에 대한 응시자의 이해도를 확인하는 질문이다.

핵심 키워드

주민 참여, 예산의 투명성, 공정성

도입

주민참여예산제도는 지자체의 모든 예산 과정에 주민이 참여할 수 있도록 한 제도입니다. 주민들이 예산 편성에서부터 결산까지 전 과정에 참여해 자신들에게 필요한 사업을 직접 정하기도 하고 예산 집행 과정을 들여다볼 수 있어 예산의 투명성과 공정성을 높이는 데 효과적입니다.

직접작성

부연설명

대표적 사례 중 하나로는 부산교육청의 '채소가 좋아' 프로그램이 있습니다. 올바른 식습관 형성으로 학생들의 건강을 증진하기 위한 프로그램을 운영하자는 주민들의 제안을 받아들여 교육청은 학생들이 채소와 친숙해 질 수 있는 채소 · 과일의 날을 운영하고 채소 포스터 그리기 대회를 개최하기도 하였습니다.

직접작성

주민참여예산제도는 주민들이 지역 예산을 활용하여 학생들이나 주민들을 위한 서비스를 제안할 수 있으며, 지역에 대해 누구보다 잘 알고 있는 주민들의 도움으로 지역 공무원들의 손길이 닿지 못했던 사각지대에 있는 사람들에게도 지자체의 지원이 이루어질 수 있도록 한다는 점에서 의미가 있습니다.

직접작성

참조

p.292 '주민참여예산제도'

9. 다문화학생 지원을 위해 시도교육청에서 실시하고 있는 정책은 무엇입니까? (예 대구교육청)

(면접관의 의도)

다문화학생 지원 정책에 대한 응시자의 관심과 이해도를 확인하기 위한 질문이다.

(핵심 키워드)

적응, 성장, 교육환경 조성, 교육격차 해소, 교육정보 제공, 언어장벽, 기회 보장

도입

다문화가정이 증가하면서 다문화학생들이 학교에 잘 적응하고 성장할 수 있도록 교육환경을 조성하는 것이 중요한 과제 중 하나로 떠오르고 있습니다.

직접작성

부연설명

이에 대구교육청에서는 다문화가정 학생의 교육격차를 해소하고 의사소통에 어려움이 많은 다문화가정 학부모에게 충분하고 촘촘한 교육정보를 제공하기 위해 '다잇다' 서비스를 제공하고 있습니다. '다잇다' 서비스는 다문화가정의 학부모가 학교와 교육청, 지역사회의 다양한 교육정보를 언어 장벽 없이 접하고 활용할 수 있도록 돕는 모든 사업을 의미합니다. 대표적으로 'Call-back' 서비스가 있습니다. 언어장벽으로 쉽게 상담을 신청하지 못하는 다문화가정 학부모들이 모국어로 상담을 할 수 있도록 한 서비스입니다. 14개 국어를 지원하며, 모국어를 선택한 후 전화번호를 남기면 2일 이내에 궁금한 점에 대한 답변을 받을 수 있습니다.

직접작성

이와 같은 다문화가정을 위한 교육서비스는 다문화학생들이 교육에서 소외되거나 방치되지 않고, 다른 학생들과 동등한 출발선에서 교육을 받을 수 있는 기회가 보장된다는 점에서 매우 의미가 있습니다.

직접작성

10. 디지털 리터러시가 무엇인지 설명하고 디지털 리터러시 교육이 중요한 이유에 대해 말해 보세요.

면접관의 의도

최근 화두로 떠오르고 있는 디지털 리터러시에 대한 응시자의 관심과 이해도를 확인하기 위한 질문이다.

핵심 키워드

디지털 환경, 정보 진위 분별, 합리적 의사소통, 윤리적 사용, 책임감

도입

디지털 리터러시는 디지털 환경에서 자신에게 필요한 정보를 찾고, 평가하며, 이를 적절하게 활용하는 능력입니다. 즉, 인터넷과 같은 디지털 매체를 활용하여 정보를 수집하고, 이를 분석하여 문제를 해결하며, 의사소통할 수 있는 능력을 의미합니다.

직접작성

부연설명

디지털 리터러시 교육이 중요한 이유는 인터넷을 비롯한 디지털 매체가 발전하면서 수많은 정보 중 거짓 정보를 식별해 내고, 원하는 정보를 찾아 이를 활용하는 능력이 필요하기 때문입니다. 또한 디지털 리터러시 교육을 통해 타인의 저작물을 윤리적으로 사용하고 자료를 게시하거나 활용하는 데 책임감이 따른다는 것을 가르침으로써 디지털 시대에 걸맞은 성숙한 시민으로 성장시킬 수 있습니다.

직접작성

과거에는 정보를 아는 것이 힘이었던 시절이 있었습니다. 그러나 지금은 인터넷을 통해 누구나 쉽게 정보를 접할 수 있는 시대가 되었고 정보를 아는 것보다 비판적으로 수용하는 능력이 더 중요해지고 있습니다. 따라서 학생들이 디지털 정보를 윤리적으로 사용하고 사이버 위험으로부터 안전을 확보하기 위한 디지털 리터러시 교육이 매우 중요한 시점입니다.

직접작성

참조

p.278 '디지털 리터러시(Digital Literacy)'

11. 사이버 언어폭력의 원인과 해결책에 대해 말해 보세요.

(면접관의 의도)

최근 사회문제로 대두된 사이버 언어폭력의 원인과 해결책을 묻는 질문이다.

(핵심 키워드)

비대면성, 익명성, 사이버 예절교육, 사이버 명예훼손, 사이버 언어폭력, 사이버 영상 유포, 사이버 따돌림, 사이버 스토킹, 사이버 갈취

도입

사이버 폭력은 정보통신망을 이용한 폭력, 음란 정보 등에 의하여 신체적, 정신적, 재산상의 피해를 수반하는 행위를 말합니다. 사이버 폭력에는 사이버 명예훼손, 사이버 언어폭력, 사이버 영상 유포, 사이버 따돌림, 사이버 스토킹, 사이버 갈취 등 다양한 유형들이 있습니다.

직접작성

부연설명

우리나라는 사이버 언어폭력의 정도가 외국에 비해 더 심한 편인데, 그 원인은 의식과 제도의 측면에서 살펴보아야 합니다. 의식적인 측면에서 볼 때, 비대면성과 익명성을 특징으로 하는 사이버 공간에서 사람들은 평소에 하지 못하는 말을 마음대로 하는 경향이 있습니다. 사이버 공간에서 지켜야 할 예절을 배운 적이 없어서 사이버 언어폭력이 타인의 인권을 침해하는 심각한 행위임을 인식하지 못하고 있습니다. 제도적인 측면에서 우리나라는 사이버 언어폭력에 대처하는 제도와 법률이 미흡하며 사이버 인권 침해에 대한 당국과 통신업체들의 단속도 아직 초보적인 수준입니다. 감시 인원이 매우 적어서 제대로 감시할 수 없고, 명백한 명예훼손이 아닌 경우에는 처벌도 어렵습니다.

직접작성

맺음말

사이버 언어폭력은 상대방의 인격을 모독하고 인권을 침해하는 행위이므로 학교에서 체계적인 사이버 예절교육을 실시해야 합니다. 사이버 폭력 피해자에 대한 구체적인 행동 지침과 대처법을 알리고, 사이버 폭력에 대한 처벌을 강화해야 할 것입니다.

직접작성

❗ 이런 말은 안 돼요

사이버 언어폭력 피해자의 성격에 문제가 있다거나, 당할 만하니까 당했다는 식의 답변을 해서는 안 된다. 누구나 사이버 폭력의 대상이 될 수 있다는 것을 잊지 말고, 사이버 공간의 보이지 않는 대상에 대한 존중과 배려의 태도를 갖는 것이 중요하다.

📕 참조

p.280 '사이버 불링(Cyber Bullying)'

12. 「공공재정 부정청구 금지 및 부정이익 환수 등에 관한 법률」(약칭: 공공재정환수법)에 대해 아는 대로 말해 보세요.

면접관의 의도
부정청구된 공공재정지급금 환수와 관련된 「공공재정환수법」을 알고 있는지 파악하기 위한 질문이다.

핵심 키워드
공공재정지급금, 부정청구, 환수, 제재부가금, 명단 공표, 허위청구, 과다청구, 목적 외 사용, 오지급, 철저한 관리, 투명성

도입

「공공재정환수법」은 공공재정지급금을 부정청구하는 경우, 부정 이익을 환수하고 최대 5배까지 제재부가금을 부과하며, 고액부정청구 행위자의 명단을 공표하는 법입니다.

직접작성

부연설명

공공재정지급금 부정청구에 해당하는 유형에는 4가지가 있습니다. 첫 번째는 허위청구입니다. 공공재정지급금을 청구할 자격이 없는 데도 부정한 방법으로 공공재정지급금을 청구하는 행위입니다. 두 번째는 과다청구입니다. 받아야 하는 공공재정지급금보다 과도하게 많은 금액을 부정한 방법으로 청구하는 행위입니다. 세 번째는 목적 외 사용입니다. 법령에서 정한 절차에 따르지 않고 정해진 목적이나 용도와 다르게 공공재정지급금을 사용하는 행위입니다. 이 세 가지는 제재부가금을 부과하고 명단을 공표하는 대상이 됩니다. 마지막으로 오지급이 있는데. 공공재정지급금이 잘못 지급된 경우로 제재부가금 부과와 명단 공표 대상에서 제외됩니다.

직접작성

맺음말

공공재정지급금은 국민들의 세금으로 만들어지는 만큼 철저한 관리체계를 통해 공공재정지급금의 투명성과 정당성을 유지하고, 국민의 권익을 위한 목적으로 사용되어야 할 것입니다.

직접작성

참조

p.288 「공공재정 부정청구 금지 및 부정이익 환수 등에 관한 법률」(약칭: 공공재정환수법)

13. 공무원의 개인정보보호 법규 위반 시 징계 처리 지침에 대해 말해 보세요.

비슷한 유형의 질문

• 개인정보보호 법규를 위반한 공무원에 대한 처벌 방안을 말해 보세요.

• 원스트라이크 아웃 제도에 대해 아는 대로 말해 보세요.

면접관의 의도

개인정보보호에 대한 응시자의 관심과 이해도를 파악하기 위한 질문이다.

핵심 키워드

무단 열람, 개인정보 유출, 범죄 악용, 징계, 퇴출, 파면, 해임, 무관용, 원스트라이크 아웃, 개인정보보호 교육, 상시 모니터링, 책임감

도입

N번방, 신당역 살인 사건 등 최근 행정기관의 개인정보처리 시스템에서 무단으로 열람 혹은 유출된 개인정보가 범죄에 악용되는 사고가 많아지면서 공직사회의 경각심을 제고하고 이를 위반한 공직자에 대한 엄정한 징계를 할 수 있도록 공무원 비위 징계 처리 지침이 올해부터 시행되고 있습니다.

직접작성

부연설명

개인정보를 취급하는 사람은 업무와 관련하여 개인정보보호 위반 행위를 발견하면 개인정보보호 책임자에게 이를 보고해야 하며 기관의 장은 신속하게 징계의결을 해야 합니다. 그리고 개인정보를 고의로 유출하거나 부정 이용하는 경우, 혹은 정보 주체에 대한 심각한 2차 피해나 정보 주체의 인격권에 중대한 침해가 발생하는 경우에 바로 공직에서 퇴출하는 사유가 됩니다. 비위 정도가 심각한 경우에는 1회 위반에도 무관용 원칙에 따라 파면 · 해임하는 원스트라이크 아웃 제도를 적용합니다.

맺음말

공직자의 업무 특성상 시민들의 개인정보를 열람할 수 있는 권한이 부여되기도 하기에 업무 목적을 벗어난 개인정보처리가 발생하지 않도록 공직자의 개인정보보호 위반 사항에 대해서는 지금과 같이 엄중하게 처벌해야 합니다. 그리고 공직자를 대상으로 개인정보보호 교육을 꾸준히 진행하고 상시 모니터링을 시행하여 시민들의 개인정보를 안전하게 보호하고 개인정보처리에 대한 책임감을 높이는 것이 중요하다고 생각합니다.

참조

p.286 '원스트라이크 아웃 제도'

14. 시도교육청에서 실시했던 혹은 실시 중인 포스트코로나 정책에 대해 한 가지만 말해 보세요. (예 서울교육청)

면접관의 의도

지원한 교육청의 포스트코로나 정책에 대한 응시자의 관심과 이해를 묻는 질문이다.

핵심 키워드

교육격차, 사회 · 정서적 공백, 회복탄력성, 상호작용, 긍정적 의사소통, 스포츠 활동

도입

팬데믹 시기 학생들의 등교일수가 줄고 원격수업이 많아졌습니다. 이에 가정환경에 따른 교육격차와 사회 · 정서적 공백이 심화되었습니다. 따라서 학생들의 교육격차를 해소하기 위해 서울교육청에서는 기초학력 지원 정책과 사회 · 정서적 공백, 신체활동을 높이기 위한 지원 정책을 적극적으로 시행하고 있습니다.

직접작성

부연설명

대표적 정책으로는 '디딤돌 학기'가 있습니다. 2023년 1학기를 학생들의 지적, 사회 · 정서적, 신체적 문제 해결에 집중하고 어려운 상황에서 회복하는 능력, 즉 회복탄력성을 함양하는 학기로 지정하였습니다. 비대면 수업으로 인한 또래와의 상호작용이 부족했던 학생들의 사회성 회복을 돕기 위해 관계 가꿈 전문가를 초빙하여 갈등을 해결하는 방법과 치유와 화해를 통한 긍정적인 의사소통 방법에 대해 교육하고 모든 학생들이 스포츠 활동을 할 수 있도록 지원하는 프로그램을 실시하였습니다.

직접작성

코로나 시대는 학생들에게 신체적·정신적으로 많은 영향을 끼쳤습니다. 이 시기를 학생들이 슬기롭게 극복하고 건강한 사회의 일원으로 자라날 수 있도록 돕는 것이 교육행정직 공무원의 의무라고 생각합니다.

직접작성

15. 아동학대의 징후에 대해 말해 보세요.

비슷한 유형의 질문

• 학대 징후를 보이는 아동을 발견했을 때 어떻게 대처해야 하는지 말해 보세요.
• 아동학대의 유형에 대해 설명하고, 시도교육청의 학대 아동에 대한 지원 정책에 대해 말해 보세요.

면접관의 의도

아동학대에 대한 응시자의 관심과 이해도를 파악하기 위한 질문이다.

핵심 키워드

아동학대, 신체적 · 정신적 · 성적 폭력, 가혹행위, 유기, 방임, 폭력적 행동, 자해, 학업 수행 능력, 행동장애, 감정 조절, 개인위생, 사회성, 의사소통, 면담, 교육적 지원

도입

아동학대란 보호자를 포함한 성인이 아동의 건강 또는 복지를 해치거나 정상적 발달을 저해할 수 있는 신체적 · 정신적 · 성적 폭력이나 가혹행위를 하는 것을 말하며, 보호자가 아동을 유기하거나 방임하는 것도 포함됩니다. 아동학대는 아동에게 수면장애나 발달지연뿐만 아니라 회복하기 어려운 신체적 · 정신적 장애를 유발한다는 점에서 이를 조기에 발견하고 대응하는 것은 매우 중요합니다.

직접작성

그러기 위해서는 아동학대의 징후를 빠르게 파악할 수 있어야 합니다. 먼저 신체적 학대가 일어난 경우, 어른과의 접촉을 회피하거나 놀라는 행동을 보이기도 하고 공격적·적대적·폭력적인 행동을 보입니다. 또한 자기 비하 발언, 자해 등의 행동을 하거나 결석이 잦고 학업 수행 능력이 또래에 비해 떨어집니다. 정서적 학대가 일어난 경우, 실수에 대해 과도하게 걱정하며 또래와 어울리지 못하고 자주 다투기도 합니다. 그리고 지나치게 관심을 받으려는 행동이나 파괴적 행동장애가 나타납니다. 성적 학대가 일어난 경우, 소변 또는 대변의 볼 때 통증을 호소하거나 지나치게 자주 오랫동안 씻는 행동을 보입니다. 그리고 자존감이 낮거나 자신감이 부족한 것처럼 보이며 감정 조절을 잘 하지 못합니다. 마지막으로 방임이나 유기를 하는 경우, 끊임없이 배고파하거나 개인위생이 불량한 상태가 지속됩니다. 또한 나이에 비해 몸무게가 지나치게 적거나 사회성과 의사소통 능력이 부족합니다.

직접작성

아동에게서 이러한 징후들이 나타나는지 세심하게 관찰하고 빠르게 조치하는 것이 학교와 교육청의 역할이라고 생각합니다. 아동의 신체 또는 정서적 이상 징후를 꼼꼼하게 기록하고 면담을 통해 위험한 상황으로부터 아이들을 안전하게 보호해야 합니다. 그리고 필요하다면 비밀전학이나 등교학습지원 등 피해아동에 대한 교육적 지원도 함께 이루어져야 할 것입니다.

직접작성

참조

p.264 '학교폭력·아동학대 관련 이슈

의사표현의 정확성과 논리성

1. RISE(지역혁신중심 대학지원체계)에 대해 설명하고, RISE 도입에 대한 자신의 견해를 말해 보세요.

면접관의 의도

교육 현안 중 하나인 RISE에 대한 관심과 의견의 논리성을 평가하기 위한 질문이다.

핵심 키워드

RISE, 권한 이양, 지역발전, 지역의 청년 유출, 지역 불균형, 소통, 시범운영

도입

RISE는 대학지원의 행정·재정 권한을 지자체에 이양하고 지역발전과 연계한 전략적 지원을 통해 지역과 대학의 동반 성장을 추진하는 체계입니다.

직접작성

- 지자체가 지역 특성에 맞는 교육을 제공하고, 지역의 산업과 연계하여 청년들의 취업이나 창업을 지원하며, 이를 통해 청년들이 해당 지역에 정착하여 살아가는 선순환의 생태계를 마련한다는 측면에서 RISE의 도입은 긍정적이라고 생각합니다. 지방의 사정을 잘 알고 있는 지자체에 권한과 재원을 일부 이양함으로써 지역의 청년 유출 현상, 지역 불균형 현상 등의 문제를 해소할 수 있는 단초를 마련할 수 있을 것입니다.
- RISE 사업 대상으로 선정되는 대학은 국내 대학 334개 중 30개뿐이고 이에 선정되지 못한 중소도시의 대학교들은 경쟁에서 소외될 우려가 있습니다. 지역거점에 있는 국립대, RISE 사업 대상 학교로 선정된 대학을 제외하고는 존립의 위기에 몰릴 수도 있습니다.

직접작성

- 그러나 RISE에 선정되지 못한 대학교가 경쟁에서 소외될 수 있다는 비판이 있는 만큼 미선정 대학에 대한 지원 정책도 함께 마련하는 것이 중요하다고 생각합니다.
- 그럼에도 불구하고 RISE는 경제 · 교육 등의 분야에서 점점 심해지는 지역 불균형을 해소하기 위한 초석이 될 수 있는 제도라고 생각합니다. 따라서 RISE 사업을 지원할 수 있는 충분한 인력을 확보하고, 학생과 교수, 정부, 지자체 간에 긴밀하게 소통하는 것이 중요합니다. 또한, 시범운영을 통해 RISE 사업의 문제점을 철저하게 분석하여 전문대나 중소도시의 대학들이 경쟁에서 도태되지 않도록 보완하여야 할 것입니다.

직접작성

p.275 '라이즈(지역혁신중심 대학지원체계, RISE; Regional Innovation System & Education)'

2. 고교학점제란 무엇이며, 어떤 점에서 논란이 되고 있습니까? 고교학점제에 대한 자신의 견해도 말해 보세요.

(면접관의 의도)

교육 현안 중 하나인 고교학점제에 대한 관심과 의견의 논리성을 평가하기 위한 질문이다.

(핵심 키워드)

진로, 적성, 학점 이수, 성취 수준 도달, 학습동기, 흥미, 양극화, 교육격차, 교원 역량과 학교 인프라 확보

도입

고교학점제는 학생들이 진로와 적성에 따라 과목을 선택하고, 기준 학점을 이수하면 졸업하는 제도입니다. 원하는 과목을 학생들이 자율적으로 골라 들을 수 있고 목표한 성취 수준에 도달했을 때 과목 이수를 인정해 줌으로써 학생들의 학습동기와 흥미를 불러일으킬 수 있다는 장점이 있습니다.

직접작성

부연설명

그러나 한편으로는 지역별, 학교별 양극화가 심화될 가능성이 있다는 점에서 고교학점제 시행에 대한 논란이 있습니다. 어떤 과목이 개설되느냐는 도시와 지방, 사립과 공립 등에 따라 차이가 생길 수밖에 없습니다. 교사가 부족하거나 학교 인프라가 제대로 갖춰지지 않은 경우 학생들이 다양한 선택과목에서 소외될 수밖에 없고 이는 교육격차를 심화시키는 결과를 초래하게 될 것입니다. 따라서 고교학점제를 학교에 정착시키기 위해서는 교육 인프라나 교원들의 역량을 확보하기 위한 정부와 지자체의 적극적인 투자가 선행되어야 합니다.

직접작성

철저한 준비를 바탕으로 시행된다면, 고교학점제는 학생들이 경쟁의 스트레스에서 벗어나 학습의 주체로서 스스로 필요한 배움을 찾아나가고 창의성과 다양성을 발휘해 나갈 수 있는 제도라고 생각합니다. 그리고 대학입시에만 치중되어 있던 기존의 교육에서 벗어나 자신의 적성과 진로를 찾아 실질적으로 학생의 삶에 도움이 되는 교육이 이루어질 수 있는 제도라는 점에서 긍정적이라고 생각합니다.

직접작성

참조

p.273 '고교학점제'

3. 학생부에 학교폭력 기록 보존 기간을 연장하고, 이를 대입 전형에도 반영하는 정책에 대해 어떻게 생각합니까?

비슷한 유형의 질문

• 학교폭력 가해 학생에 대한 처벌과 교육을 위한 교육행정의 역할은 무엇이라고 생각합니까?
• 학교폭력 대응에 있어 가장 중요한 요소는 무엇이라고 생각합니까?

면접관의 의도

교육 현안 중 하나인 학교폭력 문제에 대한 관심과 의견의 논리성을 평가하기 위한 질문이다.

핵심 키워드

학교폭력, 학교폭력 처분 기록 보존 기간 연장, 대입 전형 반영, 근절, 책임, 예방, 반성, 회복

도입

최근 국가수사본부장에 낙마한 최종 후보자 아들의 학교폭력 논란과 고등학교 시절 학교폭력을 당한 주인공이 가해자들에게 복수하는 이야기를 다룬 넷플릭스 드라마 '더 글로리'가 인기를 얻으면서 학교폭력 문제가 사회적 이슈로 다시 떠오르고 있습니다. 이에 교육부는 학교폭력 처분 기록 보존 기간을 연장하고 대학 입시에도 이를 반영하는 정책을 발표하였습니다.

직접작성

부연설명

• 학교폭력은 피해 학생들에게 평생 지우지 못할 상처와 고통을 주므로 가해 학생이 자신의 잘 못을 반성하고 뉘우칠 수 있도록 그에 상응한 처벌을 받게 하는 것이 필요합니다. 학교폭력을 관대하게 처리하게 되면 피해 학생의 회복도, 가해 학생에 대한 교육도, 학교폭력에 대한 예방도 이루어질 수 없습니다. 그렇기 때문에 학교폭력의 경중에 따라 기록 보존 기간을 연장하고 이를 대입 전형에 반영하는 것은 학교폭력에 대한 '처벌'뿐만 아니라 '예방'의 측면에도 도움이 될 것이라 생각합니다.
• 학생부에 학교폭력 기록 보존 기간을 연장하고 이를 대입 전형에 반영하는 것은 자신의 잘못된 행동에 대한 책임을 일깨우고 학교폭력을 예방하는 하나의 대안이 될 수 있다고 생각합니다. 그러나 학교폭력 사안을 학생기록부에 4년 동안 기록하고 이를 대입 입시에 반영하겠다는 '처벌' 중심의 시각에서 학교폭력 문제 해결에 접근하는 것은 조금 조심스럽습니다.

직접작성

- 그러나 이 정책이 가해 학생을 선도하는 것이 아니라 엄벌주의에만 초점이 맞춰져 있는 것이 아니냐는 비판이 있는 만큼 가해 학생들이 자신의 행동에 상응하는 처벌을 받게 하되, 학생 간 화해와 관계회복에 도움을 주는 지원체계를 구축하는 것이 중요하다고 생각합니다.
- 이러한 대책이 실효성을 갖기 위해서는 처벌하는 것만큼이나 가해 학생이 자신의 행동을 반성하고 뉘우치며 사회로 돌아갈 기회를 주는 것이 중요합니다. 따라서 학교폭력을 예방하기 위한 다양한 교육 프로그램을 도입해야 하고 무엇보다도 피해 학생들의 회복에 초점을 맞추는 지원 프로그램을 더욱 확대해야 합니다.

직접작성

+ 면접 플러스

학교폭력 사안은 무관용 엄벌주의로 가야 한다는 입장보다는 가해 학생이 자신의 행동에 대한 책임을 지도록 하되, 피해자의 회복과 학생 간 화해의 관점에서 접근하는 것이 좋다.

참조

p.264 '학교폭력 · 아동학대 관련 이슈'

4. 기존 초등학교 돌봄교실의 문제점과 늘봄학교의 필요성에 대해 말해 보세요.

[면접관의 의도]

초등학교 방과후 교육 확대에 대한 응시자의 관심과 이해도, 의견의 논리성을 파악하기 위한 질문이다.

[핵심 키워드]

늘봄학교, 맞춤형 교육, 돌봄서비스, 돌봄교실, 돌봄의 공백, 교육격차 해소, 양육 부담 경감, 사교육비 감소

도입

늘봄학교는 학교 안팎의 다양한 교육자원을 활용하여 희망하는 초등학생에게 정규수업 전후로 제공하는 맞춤형 교육 · 돌봄 통합 서비스입니다.

직접작성

부연설명

초등학교 학생들을 대상으로 운영하던 기존의 돌봄교실은 정원이 부족해 실질적으로 돌봄이 필요한 학생들이 혜택을 받지 못하는 경우가 많았습니다. 인기 강좌의 경우 조기 마감되어 학생들이 원하는 프로그램을 수강하지 못하고 강좌를 신청했다 하더라도 매주 1~2회 정도 운영되어 프로그램이 없는 요일이나 방과후 프로그램 사이에 돌봄의 공백이 발생하였습니다. 또한 학교마다 제공하는 서비스의 질적 차이가 심하고 교육적 프로그램보다는 주로 놀이 위주의 서비스를 제공한다는 문제가 있었습니다.

직접작성

그러나 늘봄학교가 도입되면 돌봄서비스를 희망하는 모든 학생들에게 맞춤형 교육을 제공할 수 있고, 교육청과 지자체가 협력하여 지역별·학교별 교육격차를 해소해 학생들에게 양질의 교육 기회를 보장할 수 있을 것이라 생각합니다. 또 맞벌이, 한부모 가정의 아이들이 안전한 환경에서 돌봄을 받을 수 있어 학부모의 양육 부담을 경감해 주고 장기적으로는 사교육비가 감소하는 결과를 얻을 수 있다고 생각합니다.

직접작성

참조

p.275 '늘봄학교'

5. 촉법소년의 연령을 만 14세에서 만 13세로 하향하는 「소년법」 개정안에 대해 어떻게 생각합니까?

도입

만 14세 미만의 소년은 범법행위를 저질러도 형사처벌을 하지 않는다는 규정을 악용한 중범죄가 늘어나면서 촉법소년의 연령을 하향해야 한다는 여론이 형성되었고, 정부는 지난해 촉법소년의 연령 상한을 만 13세로 하향하는 「소년법」 개정안을 국회에 제출하였습니다.

직접작성

부연설명

- 전과 18범임에도 촉법소년이라는 이유로 처벌을 받지 않던 소년이 파출소를 찾아가 막대를 휘두르며 난동을 피운 사건과 편의점 점주를 때려 중상을 가하고 재차 편의점을 찾아가 CCTV 삭제를 요구하며 점원을 폭행한 사건 등 촉법소년의 범죄 양상이 날로 다양해지고 있습니다. 따라서 촉법소년 연령을 하향하여 국민을 보호해야 할 필요가 있다고 생각합니다. 다만, 13세의 소년은 처벌보다는 교육의 대상이므로 형사처벌 여부는 매우 예외적인 경우에 한하여 신중하게 결정되어야 할 것입니다.
- 촉법소년의 범죄가 증가하고, 점차 심각해지고 있지만 13세 소년이 범법행위를 저지르고 반사회적 행동을 하는 근본적 원인은 부모의 학대나 무관심, 경제적 빈곤 등 외부적 환경에 의한 경우가 많습니다. 따라서 이에 대한 사회의 적극적 지원이나 개선 노력 없이 촉법소년 연령을 낮추는 것은 근본적 해결책이 될 수 없습니다. 또한, 13세 소년은 정신적·신체적으로 성장하고 있는 과정에 있기 때문에 제대로 된 교육과 치료만 지원된다면 교화될 가능성이 높습니다.

직접작성

- 뿐만 아니라 13세의 소년을 '처벌'하는 것보다 중요한 것은 부모 교육이나 경제적·교육적 지원을 통해 아이들이 사회의 건강한 구성원으로 자라날 수 있도록 정부 차원에서 노력하는 것입니다.
- 그렇기 때문에 저는 13세의 소년은 처벌의 대상이라기보다 교육의 대상이며, 교육과 치료를 통해 개선될 여지가 충분하다고 생각합니다. 촉법소년 연령을 하향하는 것보다 선행되어야 할 것은 아이들의 환경을 꼼꼼히 살피고 지원해 주는 사회의 관심일 것입니다.

직접작성

⚠ 이런 말은 안 돼요

촉법소년 연령을 하향하는 「소년법」 개정안에 찬성한다고 하더라도 13세 소년이 자신의 범법행위에 대해 책임지고 반드시 성인과 동일한 처벌을 받게 해야 한다는 식의 답변은 지양하여야 한다. 촉법소년의 중범죄가 늘어나고는 있지만, 이런 반사회적 행동은 대부분 외부적 환경 요인에 의한 경우가 많으므로 우선적으로 '교육'을 통한 교화가 필요하다고 보는 것이 교육행정직 공무원이 갖추어야 할 태도이다.

▌참조

p.291 「소년법」

6. 가짜뉴스 규제에 대해 어떻게 생각합니까?

면접관의 의도

민주시민으로서 건강한 가치관을 지니고 있는지, 민주사회 발전을 도모할 역량이 있는지를 파악하고 의견을
논리적으로 피력할 수 있는지를 통합적으로 알아보기 위한 질문이다.

핵심 키워드

조작, 거짓, 사회 혼란, 불안감, 표현의 자유, 언론 통제, 팩트 체크, 미디어 리터러시

도입

- 가짜뉴스는 사회의 혼란과 불안을 야기하므로 법적으로 규제하여 가짜뉴스 양산을 막아야 합니다.
- 가짜뉴스 규제는 표현의 자유를 침해할 수 있으므로 규제가 아닌 방법으로 가짜뉴스를 걸러야 합니다.

직접작성

부연설명

- SNS가 발달하고 1인 미디어가 늘면서 가짜뉴스의 유통량도 많아지고 그에 따라 사회 혼란과 개인의 피해도 늘고 있습니다.
- 어떤 소식이 '허위'인지 '진실'인지는 바로 판단하기 어려운 문제이고 가짜뉴스를 규제한다는 명목으로 언론 통제가 이루어질 수도 있습니다.

직접작성

- 가짜뉴스가 공공에 미치는 부정적 영향이 큰 만큼 강력하게 단속하고 처벌하여 더 큰 피해를 막아야 합니다.
- 가짜뉴스 피해를 막으려면 언론사의 팩트 체크를 강화하고, 뉴스의 내용을 비판적으로 수용하는 능력을 기르는 미디어 리터러시 교육을 확대해야 합니다.

직접작성

❗ 이런 말은 안 돼요

가짜뉴스를 옹호하는 답변, 즉 가짜뉴스는 자본주의 사회의 자연스러운 현상이므로 규제해서는 안 된다는 식의 답변은 피해야 한다.

7. 최근 증가하고 있는 청소년 마약 범죄에 대한 자신의 견해를 말해 보세요.

비슷한 유형의 질문

• 청소년 마약 범죄가 증가하는 원인은 무엇이라고 생각합니까?

• 청소년 마약 범죄를 예방하기 위해서 어떤 교육이 필요한지 말해 보세요.

면접관의 의도

최근 사회적으로 문제가 되고 있는 청소년 마약 범죄에 대한 응시자의 관심과 의견의 논리성을 파악하기 위한 질문이다.

핵심 키워드

마약 범죄, 중독, 인격적 · 사회적 문제, 정신질환 문제, 예방책, 약물중독 치료

도입

최근 청소년들 사이에서 마약 전파가 가속화되면서 청소년 마약 사범 증가가 사회적으로 문제가 되고 있습니다.

직접작성

부연설명

뇌 발달이 완성되지 않은 청소년 시기에 마약을 복용하게 되면 약물중독이 쉽게 유발되고 이로 인한 인격적 · 사회적 문제, 정신질환 문제 등을 일으켜 정상적인 학교생활, 가정생활을 하기 어렵게 만듭니다. 하지만 학교나 교육청에는 여전히 청소년들에 대한 마약 범죄 예방책이나 약물중독 치료 체계가 제대로 마련되어 있지 않습니다.

직접작성

청소년 마약 범죄를 예방하고 약물중독에서 벗어나도록 돕기 위해서는 교육청과 개별 학교의 역할이 매우 중요합니다. 메타버스를 활용한 체험형 프로그램을 만들어 학생들의 관심을 높이고 예방 교육 담당 교원의 전문성을 강화하는 등 교육의 질을 개선하여 학생들에게 마약의 위험성을 적극적으로 알리고, 교육청이나 학교 내에서 약물중독 상담 서비스와 치료 프로그램을 상시 운영하여 청소년들이 쉽게 이용할 수 있도록 접근성을 높여야 합니다.

직접작성

참조

p.267 '마약 관련 이슈'

8. 아동학대의 원인은 무엇이며, 그 해결방안에는 무엇이 있는지 말해 보세요.

면접관의 의도

사회적 현안에 대한 응시자의 관심과 의사 표현의 논리성을 알아보는 질문이다.

핵심 키워드

그릇된 자녀관, 부부 갈등, 경제적 어려움, 대응 전문성 강화, 인력 확충, 근무여건 개선, 처벌 강화, 인식 개선

도입

아동학대는 아동을 신체적, 성적, 심리적으로 학대하거나 제대로 돌보지 않고 방치하는 것을 의미합니다.

직접작성

부연설명

아동학대의 원인으로는 가족 공동체 약화, 이전보다 줄어든 가족에 대한 의무감, 자녀를 소유물로 생각하는 부모의 그릇된 자녀관, 경제적 어려움으로 인한 정서적 여유 부족 등이 있습니다. 아동학대는 피해 아동에게 우울 장애, 불안 장애, 정신적 외상을 불러오고, 피해 아동이 신체적 부상을 당하거나 심할 경우 사망에 이르는 중대범죄입니다. 아동학대를 막기 위해서는 전담공무원, 아동보호 전문기관 등 현장 대응인력을 늘리고, 직무 교육 등으로 전문성을 강화하고, 처벌을 강화하는 정책이 필요합니다.

직접작성

무엇보다도 아동학대는 한 가족 내의 문제가 아니라 사회 전체의 문제임을 인식하는 것이 중요합니다. 고통받는 아동이 없는 사회를 만들기 위하여 정부, 관련 기관, 일반 국민 모두의 관심이 필요합니다.

직접작성

❗ 이런 말은 안 돼요

아동학대를 한 가정 내의 문제로 축소하여서는 안 된다. 제도와 정책 차원에서 문제의식을 갖고 접근해야 하며, 현실적인 대응책을 마련해 답변을 준비해야 한다.

▌더 알아보기

아동학대 예방 정책

- 긴급전화 설치: 아동학대를 예방하고 수시로 신고받을 수 있도록 '아동학대 전담공무원'이 근무하는 기관에 전용회선으로 긴급전화(112)를 설치하여 매일 24시간 운영
- 아동학대 예방의 날 지정: 아동의 건강한 성장을 도모하고, 범국민적으로 아동학대의 예방과 방지에 관심을 높이기 위하여 매년 11월 19일을 '아동학대 예방의 날'로 지정하여 행사와 홍보 실시
- 아동학대 신고의무자에 대한 교육: 관계 중앙행정기관의 장은 아동 학대 신고의무자의 자격 취득 과정이나 보수교육 과정에 아동 학대 예방 및 신고의무와 관련된 교육 내용을 1시간 이상 포함
- ※ 아동학대 신고의무자: 가정위탁센터의 장과 그 종사자, 응급의료기관 등에 종사하는 응급 구조사, 유치원 · 어린이집의 교직원 등

▌참조

p.264 '학교폭력 · 아동학대 관련 이슈'

9. 우리나라는 OECD 국가 중 자살률이 가장 높습니다. 이에 대한 본인의 견해와 자살을 예방하기 위한 효과적인 대응책에 대해 말해 보세요.

비슷한 유형의 질문

• 청소년의 자살률이 높아지는 이유는 무엇이라고 생각합니까?
• 청소년 자살을 예방하기 위한 학교의 역할은 무엇인지 말해 보세요.

면접관의 의도

사회적 현안에 대한 응시자의 관심과 의견의 논리성을 알아보는 질문이다.

핵심 키워드

사망 원인, 정신건강, 대인관계, 갈등, 고독감, 소통, 교육, 정신과, 자살유발 정보, 모니터링, 경제적 위기, 정신건강서비스, 관심, 공감

도입

우리나라는 OECD 회원국의 평균 자살률보다 무려 두 배 이상 높은 자살률을 기록하고 있습니다. 특히 10~30대의 사망 원인 1위가 자살이고, 10대의 사망 원인에서 자살 비중이 43%에 달하는 등 현대인의 정신건강 이슈가 우리 사회에서 심각한 문제가 되고 있습니다.

직접작성

부연설명

우리나라의 자살률에 가장 큰 영향을 미치는 요소는 사회적 분위기라고 생각합니다. 경쟁적 분위기와 성공에 대한 욕구가 사람들 간의 갈등과 군중 속 고독감을 유발할 수 있습니다. 따라서 정부나 지자체에서 공동체 구성원들의 소통을 촉진하고 지원하는 프로그램을 적극적으로 운영해야 합니다. 또한, 학교에서 정신건강 교육을 강화하고, 학생들에게 정신건강을 유지하는 것이 신체의 건강을 유지하는 것만큼 중요하다는 것을 가르쳐야 합니다. 이를 통해 학생들이 정신과를 방문하거나 상담을 받는 것에 대한 심리적 장벽을 허물고, 우울감이나 자살 충동을 느낄 때 전문가의 도움을 받을 수 있습니다. 마지막으로 정부는 인터넷에 올라오는 자살유발 정보를 상시 모니터링하고 즉각 대응할 수 있는 체계를 마련하여야 하며 경제적 위기에 있는 국민들에게는 금융서비스와 정신건강서비스를 함께 지원하는 실효성 있는 방안을 강구하여야 합니다.

직접작성

자살을 시도하려는 사람들은 반드시 주변에 신호를 보내옵니다. 그렇기 때문에 정책적 대응도 중요하지만, 무엇보다 주변 사람들의 관심과 공감이 가장 필요합니다. 그들의 감정에 진심으로 공감하고 경청해 준다면 즉각적인 위기에서 벗어나 전문가의 도움을 받고 건강한 사회 구성원으로 돌아올 기회가 열릴 것입니다.

직접작성

10. 민식이법에 대해 설명하고, 어린이 통학로 교통사고에 대한 본인의 견해를 말해 보세요.

사회적 현안에 대한 응시자의 관심과 의견의 논리성을 알아보는 질문이다.

핵심 키워드

민식이법, 어린이보호구역(스쿨존), 안전운전, 가중처벌, 통학로, 방호울타리, 안전의식

도입

민식이법은 어린이보호구역에서 교통사고로 사망한 김민식 군의 사건을 계기로 발의된 법으로, 어린이보호구역 내 안전운전 의무 부주의로 사망이나 상해사고를 일으킨 운전자를 가중처벌하는 법안입니다. 2020년부터 민식이법이 본격적으로 시행되었음에도 불구하고 어린이보호구역 내 어린이 교통사고는 매년 증가하고 있습니다.

직접작성

부연설명

어린이의 안전을 위해 어린이보호구역 내 주행 속도를 제한하고 옐로카펫과 노란 발자국을 설치하는 등 다양한 어린이 교통안전 정책을 실시하고 있지만 어린이보호구역 내의 사고는 줄어들지 않고 있습니다. 최근 대전에서 음주운전 차량에 어린이보호구역에 있던 초등학생이 사망하는 사건이 일어난 이후 정부는 학교 화단을 옮겨 안전한 통학로를 확보하고 방호울타리를 설치하는 대응책을 마련하였습니다. 그러나 근본적으로 운전자의 의식이 개선되지 않는다면 어린이 통학로 교통사고는 줄어들지 않을 것이라 생각합니다.

직접작성

따라서 정부는 어린이보호구역 내 속도위반 차량과 신호등 없는 횡단보도에서 일시정지 의무를 어기는 차량에 대해 무관용으로 처벌하고, 한 번이라도 법규를 어긴 적이 있는 운전자에게는 반드시 일정 시간 이상의 어린이보호구역 내 교통질서 유지 봉사활동과 교육 프로그램 이수를 받을 수 있도록 해야 합니다. 이를 통해 점진적으로 어린이 교통안전에 대한 인식을 개선해 나갈 수 있을 것입니다.

직접작성

참조

p.290 '민식이법'

11. 소극적 안락사 허용에 대한 본인의 견해를 말해 보세요.

응시자의 삶에 대한 가치관, 인생관과 함께 사회적으로 논란이 되고 있는 문제에 대한 의견을 논리적으로 피력할 수 있는지 알아보기 위한 질문이다.

(핵심 키워드)

존엄, 가치, 삶의 질, 의사표현, 악용, 생명의 소중함, 자기결정권, 연명의료

도입

- 사람은 인간답게 죽을 권리가 있습니다. 치료방법이나 회생 가능성이 없는 환자가 인간으로서의 존엄과 가치를 유지할 수 있도록 하기 위해 소극적 안락사를 허용해야 한다고 생각합니다.
- 소극적 안락사를 허용한다면 많은 문제가 야기될 수 있기 때문에 허용해서는 안 된다고 생각합니다.

직접작성

부연설명

- 환자 스스로의 결정으로 생명 유지 장치의 작동을 중단하는 것은 자연스럽게 죽음을 맞이하는 것과 같습니다. 회복이 불가능한 환자가 억지로 연명의료를 받는 것은 환자 본인뿐 아니라 가족들에게 고통을 안기기도 합니다.
- 환자가 무의식 상태일 경우 그 사람의 생명을 타인이 마음대로 하는 것은 범죄나 다름없습니다. 또한 소극적 안락사가 허용되면 안락사를 빙자하여 임의로 생명을 단축시키는 등 악용될 소지도 있습니다.

직접작성

- 고통 속에서 희망 없이 연명의료를 하기보다는 환자에게 자기결정권을 주는 것이 맞다고 생각합니다. 이미 암암리에 소극적 안락사가 이루어지고 있다고도 하는데 소극적 안락사가 합법화된다면 이에 대한 감독과 통제도 가능할 것입니다.
- 인간의 생명은 귀중한 것입니다. 소극적 안락사 허용을 논의하기에 앞서 환자와 가족이 경제적 문제 등을 이유로 연명의료를 중단하는 일이 없도록 보다 세심한 정책을 마련하는 것이 우선이라고 생각합니다.

직접작성

더 알아보기

적극적 안락사와 소극적 안락사

- 적극적 안락사: 심한 고통을 받고 있는 말기 환자나 깨어날 가망이 없는 의식불명 환자의 사망을 능동적으로 돕는 행위로서, 전쟁 중 심한 부상을 당한 전우에게 총을 쏴 숨지게 하거나 환자에게 직접 독극물을 투여하는 방법 등이 해당한다.
- 소극적 안락사: 죽음의 과정에 들어선 것이 확실할 때 제삼자가 죽음을 일시적으로 저지 · 지연시킬 수 있는데도 치료나 조치를 하지 않고 죽음을 맞이하게 하는 것을 말한다. 의식을 잃고 인공호흡 장치로 목숨을 이어 가는 환자나 뇌사 판정을 받은 사람에게서 생명 보조 장치를 제거하는 방법 등이 해당한다.

12. '연결되지 않을 권리'가 무엇인지 설명하고 이에 대한 본인의 견해를 말해 보세요.

면접관의 의도

사회적 현안에 대한 응시자의 관심과 의견의 논리성을 알아보는 질문이다.

핵심 키워드

근로자, 노동기본권, 복지, 워라밸, 사회적 합의, 생산성, 창의성

도입

'연결되지 않을 권리'는 근로자가 퇴근 후나 휴일에 회사로부터의 업무 관련 연락을 받지 않을 권리를 의미합니다. 이는 스마트폰과 소셜네트워크서비스(SNS)의 사용으로 인해 언제 어디서나 업무가 가능해지면서 생긴 새로운 노동기본권입니다.

직접작성

부연설명

'연결되지 않을 권리'는 근로자의 복지와 워라밸을 증진시키는 데 목적이 있습니다. 퇴근 후 회사로부터의 연락을 받는 것은 개인의 시간과 가족과의 교류, 여가 활동 등을 방해할 수 있기 때문입니다. 그러나 현실적으로 퇴근 후 연락을 완전히 금지하는 것은 어렵습니다. 긴급한 상황이나 예외적인 업무가 발생할 수 있기 때문입니다. 따라서 '연결되지 않을 권리'를 보호하기 위해서는 회사와 근로자 간의 명확한 의사소통과 업무 관리 체계가 구축되어야 하며, 업무시간 외 연락에 대한 예외 사항을 명시하는 등 사회적 합의가 필요합니다.

직접작성

'연결되지 않을 권리'를 보장하는 것은 기업과 사회 전반에도 긍정적인 영향을 줍니다. 근로자가 충분한 휴식과 여가를 즐기고 스트레스를 해소할 수 있으면 생산성과 창의성이 향상될 수 있기 때문입니다. 따라서 정부와 기업은 근로자의 '연결되지 않을 권리'를 존중하고 보호하는 제도를 구축하고 업무와 삶이 균형을 이룰 수 있도록 문화를 조성하려는 노력이 필요합니다.

직접작성

13. 인공지능 기술이 발전하면서 인간의 일자리가 대체될 가능성이 높아지고 있습니다. 공무원이 수행하는 업무도 인공지능이 대체할 수 있다고 생각합니까?

비슷한 유형의 질문

- 인공지능 기술이 공무원 업무에 어떤 영향을 미칠 것이라고 예상합니까?
- 인공지능 기술이 대체할 수 있는 공무원의 능력과 역량은 무엇이라고 생각합니까?

면접관의 의도

사회적 현안에 대한 응시자의 관심과 의견의 논리성을 알아보는 질문이다.

핵심 키워드

단순 작업, 업무 부담 경감, 효율적, 인공지능 활용 역량

도입

공무원이 수행하는 업무 중 단순 서류 작업과 같은 일부 업무는 인공지능에 의해 대체될 가능성이 있다고 생각합니다.

직접작성

부연설명

하지만 공무원이 수행하는 대부분의 업무는 정책 수립이나 예산 관리, 규제 감시 등과 같이 사회적으로 중요한 역할을 수행하는 경우가 많습니다. 또한 복잡미묘하게 얽혀 있는 사회 환경을 분석할 수 있는 분석력과 판단력, 비판적 사고 능력이 필요하며, 사회의 문제를 발견하고 대응하는 문제해결능력 등이 요구됩니다. 따라서 이러한 업무는 인공지능으로 대체되기 어려울 것이라 생각합니다.

직접작성

인공지능 기술이 공무원이 수행하는 업무를 완전히 대체하기는 어렵지만 공무원의 업무 부담을 경감해 주고 많은 업무를 효율적으로 처리할 수 있도록 도와줄 수 있습니다. 따라서 공무원들은 이를 적재적소에 활용할 수 있도록 인공지능 활용 역량을 강화하는 것이 중요합니다.

직접작성

14. 인터넷, SNS 등을 통한 디지털 성범죄 사건이 증가하고 있습니다. 이에 대한 대응책을 말해 보세요.

면접관의 의도

사회적 현안에 대한 응시자의 관심과 의견의 논리성을 알아보는 질문이다.

핵심 키워드

젠더 기반 폭력, 사이버 공간, 유포, 협박, 저장, 전시, 처벌의 실효성, 디지털 보안, 피해자 지원

도입

디지털 성범죄는 디지털 기기와 정보통신기술을 매개로 온·오프라인상에서 발생하는 젠더 기반 폭력입니다. 동의 없이 상대의 신체를 촬영하거나 유포, 유포협박, 저장, 전시하는 행위와 사이버 공간에서 타인의 성적 자율권과 인격권을 침해하는 행위를 모두 포함합니다.

직접작성

부연설명

디지털 성범죄 사건에 대한 대응책에는 세 가지가 있습니다. 첫째, 디지털 성범죄에 대한 처벌의 실효성을 강화하는 것입니다. 디지털 매체를 통해 어린이나 청소년과 관련된 성적인 내용을 유포하는 경우에는 중한 처벌을 받을 수 있도록 법률 개정이 필요합니다. 둘째, 디지털 보안을 강화하는 것입니다. 개인이 SNS나 메일, 인터넷 검색 등을 통해 악성 프로그램을 다운받아 피해를 입는 경우도 있으므로 정부 차원에서 이를 방지할 수 있는 보안 프로그램을 제작해 무료로 배포하고 주기적으로 업데이트해야 합니다. 셋째, 피해자 지원을 내실화하는 것입니다. 디지털 성범죄 피해자는 사회적 낙인이나 혐오, 차별 등의 이유로 피해를 신고하지 않는 경우가 많습니다. 따라서 피해영상물을 신속하게 삭제할 수 있도록 지원하고 정신적 치유를 위한 상담 및 지원 프로그램이 제공되어야 합니다.

직접작성

디지털 성범죄는 피해자에게 평생 회복하기 힘든 정신적 상처와 고통을 주므로 엄중하게 다루어져야 하는 문제입니다. 모두가 안전하게 인터넷과 디지털 공간을 이용할 수 있도록 정부 차원에서 디지털 성범죄에 대한 인식 개선과 교육이 필요합니다.

직접작성

15. 최근 우리나라에서 장애인 이동권 문제가 대두되었습니다. 이에 대해 본인은 어떻게 생각합니까?

(면접관의 의도)

사회적 현안에 대한 응시자의 관심과 의견의 논리성을 알아보는 질문이다.

(핵심 키워드)

장애인 이동권 보장, 교통약자, 「교통약자의 이동편의 증진법」, 국가인권위원회, 저상버스, 엘리베이터, 대중교통

도입

장애인의 이동권에 대한 문제는 우리나라에서 오랫동안 지속되어 온 문제 중 하나입니다. 2001년 지하철역 장애인용 리프트의 쇠줄이 끊어져 70대 장애인 부부가 추락하여 한 명이 사망하고 다른 한 명이 중상을 입은 추락 사고를 계기로 장애인 이동권 보장을 요구하는 시위가 시작되었습니다. 이후 「교통약자의 이동편의 증진법」이 제정되었고 국가인권위원회에서도 정부가 지하철역에 엘리베이터를 설치하라고 권고하였지만, 여전히 장애인 이동권은 보장받지 못하고 있는 실정입니다.

직접작성

부연설명

장애인이 모든 교통시설과 서비스를 자유롭게 이용할 권리를 보장받기 위해서는 정부의 적극적인 노력이 필요합니다. 장애인을 위한 출입구, 엘리베이터, 경사로 등을 설치하여 공공시설에 대한 접근성을 높이는 것이 중요합니다. 또한 저상버스, 역사 내 장애인을 위한 엘리베이터, 시각장애인을 위한 안내 시스템 등을 확대·개선하여 대중교통을 보다 안전하고 편리하게 이용할 수 있도록 해야 합니다.

직접작성

장애인의 이동과 교통에 대한 문제는 우리 사회가 해결해야 할 중요한 과제 중 하나입니다. 장애인들도 마땅히 누려야 할 권리를 보장하기 위해서는 정부의 노력과 함께 모든 시민들의 관심이 필요합니다.

직접작성

🚫 이런 말은 안 돼요

장애인 지하철 시위와 관련해 이를 폄하하는 발언이나 정치와 연관짓는 답변은 지양해야 한다.

예의·품행 및 성실성

1. 본인의 좌우명을 말해 보세요.

비슷한 유형의 질문

• 인생에서 가장 중요하게 여기는 가치관이 있다면 말해 보세요.

• 본인의 생활신조를 말해 보세요.

면접관의 의도

응시자의 신념, 품행 등을 알아보기 위한 질문이다.

핵심 키워드

좌우명, 최선, 노력

도입

제 좌우명은 진인사대천명(盡人事待天命)입니다.

직접작성

고등학생 시절 입시 준비에서 생각했던 만큼 점수가 잘 오르지 않아 조바심이 생기고 스트레스를 받은 적이 있었는데 그때 담임선생님께서 해주셨던 말씀이 진인사대천명입니다. 최선을 다해 노력한 뒤 그 결과는 하늘에 맡기라는 것이었습니다. 그 말씀을 듣고 나니 이렇게 열심히 공부한 것만으로도 내가 할 수 있는 걸 다했다는 생각이 들어 마음이 편해졌습니다. 공무원 수험생활 중에도 이 좌우명을 마음에 새기고 노력해 왔습니다.

직접작성

살다 보면 노력이 그 빛을 보지 못할 때도 있고, 노력한 것에 비해 과분한 결과를 받기도 합니다. 임용된 이후에도 결과에 연연하지 않고 언제나 최선을 다하는 자세로 굳건하게 공직생활을 하도록 하겠습니다.

직접작성

➕ 면접 플러스

면접에서 면접관들이 가장 싫어하는 부분이 바로 거짓말이다. 자신을 그럴싸하게 포장하기 위해 거짓말을 하는 것은 감점 요인이므로 절대 피해야 한다. 좌우명이나 생활신조를 이야기할 때는 경험에 기반해 이야기하는 것이 설득력을 얻을 수 있다.

2. 자신의 장단점을 말해 보세요.

비슷한 유형의 질문

• 자신의 성격에 대해 말해 보세요.
• 자신의 성격상 장단점을 구체적인 예를 들어 설명해 보세요.

면접관의 의도

자기 자신에 대해 객관적인 분석을 하고 있는지, 자기 개선의 노력을 하는지를 알아보기 위한 질문이다.

핵심 키워드

장점, 단점, 솔직, 노력, 개선 의지

도입

저의 가장 큰 장점은 명랑한 성격입니다. 작은 일에 일희일비하지 않고 항상 긍정적인 생각으로 살아가기 위해 노력합니다. 제 긍정적인 성격 덕분에 주변에서는 저와 있으면 기분이 좋아진다고 이야기를 해주기도 합니다.

> 직접작성

부연설명

그리고 저의 단점으로는 무언가를 결정하는 데 조금 시간이 걸린다는 점입니다. 작게는 점심식사 메뉴나 크게는 어떤 일을 결정할 때 추후 발생할 수 있는 경우의 수를 모두 고려하는 편이어서 쉽사리 결정을 내리지 못하는 경우가 많습니다. 이러한 성격이 때로는 일을 신중히 처리하여 실수를 줄이는 좋은 면도 있으나, 주변 사람들에게 답답하다는 인식을 주기도 합니다.

> 직접작성

앞으로는 충분히 고민하되 결정을 내릴 때는 조금 더 과감하게 판단할 수 있는 사람이 되려고 노력하겠습니다.

직접작성

❗ **이런 말은 안 돼요**

자신의 단점에 대해 너무 자책하는 태도는 면접관들을 난감하게 만들 수 있으니 주의하며, 치명적인 단점이라면 굳이 언급하지 않는 것이 좋다.

3. 건강관리를 위해서 하고 있는 운동이 있다면 말해 보세요.

즐겨 하는 운동이 있습니까?

스트레스 상황에서 건강관리를 통해 마음을 다스릴 수 있는지 살펴보려는 질문이다.

취미, 운동, 건강관리, 스트레스 해소

도입

저는 수영을 통해 꾸준히 건강관리를 하고 있습니다.

직접작성

부연설명

예전에 바닷가에 놀러 갔을 때 위험했던 적이 있어 생존 수영을 시작했는데, 지금은 건강관리 이상의 효과를 얻고 있습니다. 물속에서는 오직 자신의 호흡에 집중하며 움직여야 해서 수영하다 보면 머릿속의 잡생각도 사라지고, 자연스럽게 스트레스도 해소되어 신체적 · 정신적으로 큰 도움이 되고 있습니다.

직접작성

앞으로도 수영을 꾸준히 하며, 제 신체적 · 정신적 건강관리를 위해 노력하겠습니다.

직접작성

+ 면접 플러스

건강관리 방법으로 구체적인 운동 종목을 예로 들어 이야기하는 것이 좋다.

4. 자기계발을 위해서 무엇을 하고 있는지 말해 보세요.

(면접관의 의도)

응시자의 자기계발 의지, 꾸준함, 성실성을 알아보기 위한 질문이다.

(핵심 키워드)

자기계발, 직무향상 영역, 개인적 영역, 자격증, 취미

도입

저는 자기계발을 위해서 직무향상 영역과 개인적 영역에서 두가지 활동을 꾸준히 하고 있습니다.

직접작성

부연설명

직무능력 향상을 위해서 컴퓨터활용능력 자격증 취득을 위한 학습을 하고 있습니다. 컴퓨터활용능력은 어느 직종에 종사하든 활용할 수 있는 영역이라고 생각해 관련 자격증 공부를 꾸준히 하고 있습니다.

개인적 영역으로는 요가를 하고 있습니다. 요가는 대학생 때 체육 관련 수업을 들으면서 처음 시작했는데 이후 제 취미가 되었습니다. 긴 시간 책상 앞에서 공부하며 건강을 잃기 쉬운데 요가를 하고 있으면, 신체는 물론 정신적으로도 단련이 되어 제 자신을 다잡을 수 있었습니다.

직접작성

이 두 가지는 공무원으로 임용된 이후에도 직장생활을 병행하면서 꾸준히 이어가고자 합니다.

직접작성

➕ 면접 플러스

평소에도 자기계발을 위해 노력하려는 의지를 보여주는 것이 중요하다. 급조해서 거짓으로 만든 답변은 들통 나기 쉽고, 오히려 감점 요소가 될 수 있다.

5. 과도한 업무로 스트레스를 받았을 때 어떻게 하겠습니까?

(면접관의 의도)

자기관리 차원에서 스트레스를 어떻게 관리하는지를 알아보는 질문이다.

(핵심 키워드)

적극적인 마음가짐, 건강한 스트레스 해소법

도입

조직 생활에서 스트레스는 피할 수 없습니다. 업무가 과다할 때는 제게 부족한 것이 무엇인지 살펴보고 좀 더 도전적이고 적극적인 마음가짐으로 업무를 수행하여 스트레스를 줄일 수 있도록 노력할 것입니다.

직접작성

부연설명

그리고 온몸이 땀에 흠뻑 젖을 정도로 운동하고 숙면을 하는 것이 스트레스를 이겨내는 좋은 방법이라고 신문 기사에서 읽은 적이 있습니다.

직접작성

앞으로 적당한 운동과 숙면으로 스트레스를 해소하고, 건강한 신체와 정신으로 업무에 임할 수 있도록 노력하겠습니다.

직접작성

! **이런 말은 안 돼요**

스트레스를 풀기 위해 음주를 한다거나 음식으로 푼다는 등의 건강에 좋지 않은 스트레스 해소 방안을 제시하는 것은 피해야 한다.

6. '좋은 게 좋은 것 아닌가?'라는 태도에 대해 어떻게 생각합니까?

(면접관의 의도)

삶의 가치관과 태도를 알아보기 위한 질문이다.

(핵심 키워드)

철학의 부재, 기회주의, 적당주의, 처세술, 사회 원칙 확립

도입

'좋은 게 좋은 것 아니냐?'라는 태도는 기본 철학이 부재하고 기회주의와 적당주의가 만연한 사회 분위기를 반영하고 있습니다.

직접작성

부연설명

'좋은 게 좋은 것 아니냐?'라는 태도가 일반적인 사회에서는 원리와 원칙으로 옳고 그름을 판단하는 사람들을 '꽉 막힌 사람'이나 '뭘 몰라도 한참 모르는 사람'으로 몰기 십상입니다. 이런 사회에서 사람들은 남의 눈에 띄는 행동을 하거나 시비가 될 만한 말을 되도록 삼가고 남들이 하는 대로 하는 처세술에 익숙해집니다.

직접작성

'좋은 게 좋은 거니까 넘어가자.'라는 적당주의가 만연한 사회적 풍토에 매몰되지 않기 위해서는 사람들의 생각을 지탱해 줄 원칙과 기본 철학이 바로 서야 한다고 생각합니다.

직접작성

➕ 면접 플러스

가치 판단을 묻는 문제는 판단의 정확성과 그에 따른 주장의 논리성을 평가한다. 그러므로 무조건 자신의 가치 관이 옳다는 식으로 단정적으로 말해서는 안 되며 설득력 있게 내용을 전개해야 한다.

7. 최근에 가장 많이 화가 났던 일은 무엇입니까?

비슷한 유형의 질문

최근에 다른 사람에게 크게 화를 냈던 적이 있습니까?

면접관의 의도

부정적인 감정에 어떻게 반응하는지를 알아보기 위한 질문이다.

핵심 키워드

부정적 감정, 화, 대처 방법

도입

최근에 가장 많이 화가 났던 건 제가 신호등이 없는 횡단보도에서 길을 건너려고 하는데 빠른 속도로 주행하던 자동차가 속도를 줄이지 못하고 횡단보도를 침범하는 바람에 사고가 날 뻔한 일이었습니다.

직접작성

부연설명

2022년에 개정된 「도로교통법」 제27조에 따르면 모든 차는 보행자가 횡단보도를 통행하고 있거나 통행하려고 하는 때에는 보행자의 횡단을 방해하거나 위험을 주지 않도록 횡단보도 앞에서 정지해야 하는 것으로 알고 있습니다. 지자체나 언론 등에서도 이 부분에 대해서 충분히 홍보 활동을 한 것으로 알고 있는데 아직도 이렇게 위험천만하게 운전하고 있는 운전자가 많은 것에 대해 화가 났습니다. 그리고 저는 성인이었지만, 운전자가 발견하기 쉽지 않은 아동의 경우 사고가 발생하기 더 쉽겠다는 생각이 들었습니다.

직접작성

「도로교통법」이 개정되었지만, 아직 모르는 사람들이 많은 것 같아 스쿨존 등에서의 운전수칙은 홍보가 더욱 필요한 것으로 보였고, 운전자들 역시 조금 더 안전운전에 유의해야겠다는 생각이 들었습니다.

직접작성

➕ 면접 플러스

단순히 어떤 때 화가 났느냐보다는 화가 난 경험이 있었는데 그때 감정을 어떻게 다스렸는지를 정리하여 말하는 것이 좋다.

8. 봉사활동 경험에 대해 말해 보세요.

비슷한 유형의 질문

• 다른 사람을 위해 희생한 적이 있습니까?

• 자신보다 약한 위치에 있는 사람을 도와준 적이 있습니까?

면접관의 의도

품행 및 가치관 등을 두루 판단하기 위한 질문이다.

핵심 키워드

봉사, 배움, 성장

도입

대학교 학창 시절에 '농활'(농촌봉사활동)을 다녀온 적이 있습니다.

직접작성

부연설명

농번기에 부족한 일손 돕기라는 명목으로 갔지만, 사실 농사 초보인 제가 하는 것들은 큰 도움이 되지 않았고, 우리 밥상에 오르기까지 농민 분들께서 흘리는 땀의 숭고함과 건강한 식재료를 위한 더 큰 노력에 많은 것을 배우고 온 날들이었습니다.

직접작성

처음엔 호기심 반 두려움 반으로 갔던 농활의 매력에 푹 빠져 나중에는 졸업반인 4학년 때까지 매년 참가하였습니다. 이를 통해 봉사활동이라는 것이 다른 사람에게 일방적으로 베풀기만 하는 것이 아니라 함께 배우고 성장하는 과정임을 깨닫는 계기가 된 소중한 시간이었습니다.

직접작성

9. 살면서 열정을 다해 노력한 경험에 대해 말해 보세요.

(면접관의 의도)

최선을 다해 노력한 과정과 응시자의 성실성을 확인하고자 하는 질문이다.

(핵심 키워드)

노력한 경험, 성취감

도입

수험생활을 시작하며 10km 마라톤 대회에 참가한 적이 있습니다. 수험생활 시작에 앞서 마음도 다잡고, 약한 체력을 키우기 위해 편하게 시작할 수 있는 달리기를 선택하였고, 목표가 있으면 동 기부여가 될 것 같아 마라톤 대회에 참가하였습니다.

직접작성

부연설명

달리기는 학창 시절 이후 정말 오랜만이어서 무리하게 운동 스케줄을 잡기보다는 차근차근 체력 을 끌어올리자는 생각으로 근처 학교 운동장을 뛰는 것으로 시작했습니다. 매일매일 정해진 양을 채우려 노력하였고 턱밑까지 숨이 차올라 힘들기도 했습니다. 하지만 뛰면서 오히려 기분이 상쾌 해지고 목표했던 운동량을 마치고 나면 성취감이 들어 기분이 좋았습니다. 그리고 마침내 마라톤 대회에 나가 안정적으로 완주 메달을 딸 수 있었습니다.

직접작성

처음에 목표 의식을 다지고자 시작했던 마라톤 대회였지만 성취감을 느낄 수 있었고, 이후 수험 생활을 하면서 꾸준히 달리기를 하며, 체력을 유지할 수 있었습니다. 또 운동을 통해 공부하며 약해질 수 있는 마음을 다잡는 데에도 도움이 되었습니다.

직접작성

이와 같은 질문에 대한 답변으로 공무원 수험생활을 이야기하는 경우가 많아 '공무원 시험 준비 과정을 제외하고'라는 단서를 넣기도 한다. 공무원 수험생활보다는 개인적 노력이나 성취가 드러날 수 있는 경험을 이야기하는 것이 좋다.

10. 바람직한 삶이란 무엇이라고 생각합니까?

비슷한 유형의 질문

이상적인 삶이란 무엇이라고 생각합니까?

면접관의 의도

응시자의 평소 가치관을 알아보기 위한 질문이다.

핵심 키워드

더불어 사는 삶, 배려하는 삶, 희생하는 삶, 존경받는 삶, 도와주는 삶

도입

저는 바람직한 삶이란 '더불어 사는 삶'이라고 생각합니다.

직접작성

부연설명

삶을 주도적으로 살고 있다고 여기지만 살다 보면 타인의 결정에 따라서 제 삶이 흔들리는 일도 종종 있습니다. 그만큼 우리의 삶은 서로 연결되어 있습니다. 따라서 혼자만의 이익이 아닌 타인과 더불어 살아가는 데 도움이 되는지를 고려해야 합니다.

직접작성

우리가 삶을 살아가면서 내리는 결정과 선택은 자신은 물론이고 다른 사람에게도 큰 영향을 끼치게 마련입니다. 따라서 저와 제 주변의 사람을 배려하고 도우며 사는 삶이 바람직한 삶이라고 생각합니다.

직접작성

CHAPTER

06

창의력, 의지력 및 발전 가능성

1. 휴일 근무나 늦은 퇴근에 대해 어떻게 생각합니까?

면접관의 의도

업무에 대한 적극적인 자세, 각오 등을 알아보기 위한 질문이다.

핵심 키워드

시간 외 근무, 업무 효율성, 휴식, 집중

도입

업무마다 마쳐야 하는 기한이 있으므로, 업무상 불가피하다면 당연히 시간 외 근무도 해야 한다고 생각합니다.

직접작성

부연설명

다만 과도한 시간 외 근무로 쌓인 피로는 업무의 효율을 떨어뜨릴 수 있기 때문에 퇴근 후 충분한 휴식을 취하는 것도 중요하다고 생각합니다. 또한 업무의 질은 시간으로 좌우되는 것이 아니기에 근무 시간 내 일을 마칠 수 있도록 조금 더 집중해서 업무에 매진해야 할 것입니다.

```
직접작성



```

맺음말

될 수 있으면 근무 시간 내에 일을 처리하여 시간 외 근무가 없도록 노력하겠습니다.

```
직접작성



```

❗ 이런 말은 안 돼요

업무 외 시간은 사생활이므로 절대 근무할 수 없다는 견해를 고수해서는 안 된다. 다만, 근무 시간 내에 일을 마무리하여 시간 외 근무가 없도록 하겠다는 의지 표명 역시 중요하다.

2. 공직사회 원스트라이크 아웃 제도에 대해 설명하고, 이에 대한 본인의 의견을 말해 보세요.

면접관의 의도

공무원의 공직가치 중 윤리관에 해당하는 질문으로 제도에 대해 파악하고 있느냐보다는 공직 및 공직윤리가 확립되었는지 확인하려는 질문이다.

핵심 키워드

비리, 직위 해제, 퇴출, 청렴성, 공익성, 공직가치

도입

원스트라이크 아웃 제도는 특정 공무원의 청탁 비리가 드러날 경우 직위를 바로 해제하거나 퇴출시키는 것으로 2009년 2월 서울시가 가장 먼저 도입하였습니다.

직접작성

부연설명

청렴성과 공익성은 공직자가 가장 우선해야 하는 공직가치이기 때문에 이를 어기고 법을 위반했다면 두 번의 기회를 주지 않겠다는 의지가 강력하게 반영된 것입니다. 지역마다 조금씩 대상 범위는 다르나 인사ㆍ사업 청탁 분야에서 시작해 현재는 건설, 성비위 부분에도 확대 적용되고 있습니다.

직접작성

이는 공무원 사회에 대한 국민의 신뢰를 높이기 위해서라도 당연히 지켜져야 하는 부분이라고 생각합니다.

직접작성

❗ 이런 말은 안 돼요

한 번의 실수로 직위 해제 등의 처벌은 과하다는 식의 답변을 해서는 안 된다.

3. 악성 민원인이 인신공격성 발언을 하며 소리를 지르고 행패를 부린다면 어떻게 하겠습니까?

비슷한 유형의 질문

- 성적이나 행정 관련 학부모의 민원이 들어온다면 어떻게 하겠습니까?
- 악성 민원인이 대화에 응하지 않고 업무를 계속 방해한다면 어떻게 하겠습니까?

면접관의 의도

악성 민원 발생 시 응시자가 어떻게 대처하는지 알아보려는 질문이다.

핵심 키워드

경청, 공감, 설득, 수용

도입

언성을 높이고 행패를 부리고 있는 민원인이라면 많이 흥분한 상태라 어떤 말을 드려도 받아들이기 어려우리라 생각합니다.

직접작성

부연설명

따라서 먼저 민원인의 민원 내용을 경청하고 공감해 주는 것이 선행되어야 한다고 생각합니다. 그다음 민원인의 요구 사항은 정해진 법령과 매뉴얼에 따라 처리해야 하는 점을 민원인이 납득할 수 있도록 설명하고 설득하겠습니다.

직접작성

민원인의 입장에서도 나름의 고충이 있다고 생각합니다. 악성 민원이라도 개선할 점이 있는 것은 아닌지 검토한 후, 상급자 분께 문의해 보고 타당성이 있다면 개선하도록 노력하겠습니다.

직접작성

➕ 면접 플러스

역량 면접에서 압박 면접으로 이어질 수 있다. "그래도 안 되면 어떻게 하겠습니까?"라는 식의 추가 질문을 하여도 당황하지 않고 본인이 생각해 두었던 것을 조리 있게 말하는 것이 중요하다. 이러한 질문에 정확한 정답은 없으므로 동요하지 않고 차분하게 자신의 의견을 말하는 태도가 필요하다. 이를 통해 위기 대처 능력을 보여줄 수 있다.

4. 공무원에 대해 '철밥통'이라는 인식이 팽배한데 이런 인식이 있는 이유와 이를 개선할 방안을 말해 보세요.

비슷한 유형의 질문

• 공무원에 대한 일반 국민의 불신을 해소할 방법이 있다면 말해 보세요.

• 공무원에 대해 무사안일주의나 소극적 자세와 같은 부정적 인식이 있는데, 이런 인식이 있는 이유와 이를 개선할 방안을 말해 보세요.

면접관의 의도

예비 공무원으로서 조직의 발전을 도모할 의지가 있는지 알아보기 위한 질문이다.

핵심 키워드

직업의 안정성, 정년 보장, 무사안일주의, 적극행정, 공직윤리 강화

도입

공무원은 공무원 조직의 특수성상 신분과 정년이 보장되어 일반 국민에게 무사안일주의, 철밥통, 소극적 자세 등과 같은 부정적 인식이 있습니다.

직접작성

부연설명

다만 이와 같은 부정적 인식을 개선하기 위해서는 성과관리 제도의 개선 및 적극행정의 활성화가 우선되어야 한다고 생각합니다. 또한 상벌제도를 활용함으로써 공직윤리를 강화하고 공무원에 대해 공정한 평가를 하는 것도 하나의 방법일 수 있다고 생각합니다.

직접작성

특히 공직자가 책임을 갖고 적극적으로 부여된 업무를 처리한다면 국민이 가지고 있는 공무원에 대한 부정적인 인식이 점차 개선되리라 생각합니다.

직접작성

➕ **면접 플러스**

임용된다면 자신이 소속될 조직인 만큼 공무원 사회 전체에 대한 부정적인 의견을 내기보다는 현실적으로 가능한 개선 방향에 대해 조리 있게 이야기하는 것이 중요하다.

5. 직속 상급자가 자신보다 한참 어리다면 어떻게 할 것인지 말해 보세요.

비슷한 유형의 질문

• 나이 어린 상급자와 일하게 되는 것이 기분 나쁘지 않습니까?

• 나이 많은 하급자가 자신에게 대든다면 어떻게 하겠습니까?

면접관의 의도

공직사회에 대한 적응도를 살펴보려는 질문이다.

핵심 키워드

조직, 경험, 존중, 예의

도입

공무원은 조직사회이고, 직속 상급자는 저보다 먼저 입직해 해당 업무에 경험이 많기 때문에 나이에 관계없이 상급자의 업무 지시를 따라야 한다고 생각합니다.

직접작성

부연설명

또한 저보다 업무 경험이 많은 상급자를 존중해야 하며, 나이가 어리다고 하더라도 겸손한 자세로 예의 바르게 상급자를 대하는 것이 당연하다고 생각합니다.

직접작성

조직사회의 위계질서를 이해하고 업무 능력과 경험이 풍부한 상급자를 정중하게 대하고 업무 지시를 따르겠습니다.

직접작성

➕ **면접 플러스**

업무상 공과 사는 구별되어야 하며, 직장 내에서 직책에 따라 책임과 권한이 달라지기 때문에 나이를 우선하기보다 직책과 직무 경력을 존중하는 태도를 보여야 한다.

6. 업무를 하다 보면 시행착오가 발생할 수 있을 텐데 어떻게 해결할 것입니까?

면접관의 의도

응시자의 문제해결능력과 업무에 대한 마음가짐을 판단하기 위한 질문이다.

핵심 키워드

원인 파악, 조언 수렴, 성장

도입

업무 수행 중 시행착오가 발생하는 것은 불가피하다고 생각합니다.

직접작성

부연설명

저는 발생한 시행착오를 먼저 인정하고 원인 파악에 힘쓰겠습니다. 그리고 더 나은 방법을 고민하겠습니다. 만약 원인 파악과 해결방법을 찾기 어렵다면 상급자의 의견을 수렴하여 더 나은 해결방안을 모색하겠습니다.

직접작성

시행착오는 저를 성장시키는 기회라고 생각합니다. 끊임없이 배우고 문제해결능력을 향상시켜 이후에는 비슷한 문제가 발생하지 않도록 하겠습니다.

직접작성

7. 민원인으로부터 뜻하지 않은 선물을 받은 경우 어떻게 하겠는지 말해 보세요.

비슷한 유형의 질문

- 업무를 마친 후 민원인이 감사의 의미로 선물을 준다면 어떻게 하겠습니까?
- 도움을 준 민원인이 찾아와 고마웠다고 음료수를 준다면 어떻게 하겠습니까?

면접관의 의도

응시자의 문제해결능력을 파악하기 위한 질문이다.

핵심 키워드

감사 인사, 적절한 거절, 금품수수 금지

도입

성의에 대해서는 민원인에게 정중하게 감사 인사를 전하겠습니다. 하지만 주신 선물은 돌려드리겠습니다.

직접작성

부연설명

저는 공무원으로서 국민에 대한 봉사의 의무를 당연히 수행했을 뿐이므로 답례나 대가를 받을 이유가 없다고 생각합니다. 다만 저를 생각해 준비해 주신 성의가 무안해지지 않도록 감사의 의미와 받을 수 없는 이유에 대해서는 잘 설명하겠습니다.

직접작성

아무리 작은 선물이라도 민원인의 입장에 부담을 남겨드리고 싶지 않습니다. 작은 일 하나에도 신중할 수 있는 공직자가 되겠습니다.

직접작성

작은 선물이어도 반복되다 보면 민원인에게 받은 선물이나 금품수수에 무신경해질 수 있으며, 이는 공직사회의 기강해이로 이어질 수 있으므로 답변 준비를 잘 해야 한다. 또한 압박성 꼬리 질문으로도 이어질 수 있으므로 관련 내용도 준비해 두는 것이 좋다.

8. MZ세대 공무원들의 면직률이 높은 이유가 무엇인지 설명해 보세요.

응시자가 직업생활에서 어떤 점을 불만족스럽게 여기는지 그리고 공무원 조직에 대한 인식 및 개선점을 파악하고 있는지 확인하려는 질문이다.

직업관 변화, 보상, 자유, 만족감, 공직문화 혁신

도입

먼저 MZ세대 공무원들의 면직률이 높은 것은 일과 직업에 대한 직업관의 변화가 가장 큰 이유라고 생각합니다.

직접작성

부연설명

행정안전부가 실시한 설문조사에서 MZ세대 공무원들은 직장 생활 키워드로 '일한 만큼 보상', '자유로움'을 꼽은 데 반해 이전 세대는 '성취감', '소속감'을 제시했습니다. 일한 만큼의 보상과 자유로움을 원하는 MZ세대는 직장에서 개인적 성취와 역량 강화, 유연한 근무체계, 경직되지 않은 조직 분위기 등이 충족되길 원하지만, 공직의 직업환경에서는 이와 같은 점들이 충족되지 않아 면직자가 많아졌다고 생각합니다. 다만 이와 같은 현상을 인지하고, 인사혁신처에서는 민간기업처럼 파격적인 성과급을 제시하고, 공무원 인재상을 새롭게 제시하는 등의 방안을 강구하고 있습니다.

직접작성

MZ세대뿐만 아니라 모든 공직사회 구성원들의 직장이탈률을 낮추기 위해 인재 중심의 공직문화 혁신이 이루어져 정부의 역량이 강화될 수 있으면 좋겠습니다.

직접작성

참조

p.254 '공무원 면직률 급증'

9. 전혀 경험도 없고 양이 많은 어려운 업무를 내일 오전까지 처리해야 하는 경우 어떻게 하겠습니까?

면접관의 의도

수행 경험이 없거나 어려운 업무를 부여받았을 때 어떻게 대처할 것인지 파악하기 위한 질문이다.

핵심 키워드

도움 요청, 조언, 협조, 노력

도입

경험이 많은 상급자 입장에서는 합리적인 업무 요구였을 것이므로 해내도록 노력하겠습니다.

직접작성

부연설명

업무는 경험 있는 선배와 동료에게 도움을 요청하겠습니다. 만약 부서 내에 업무 경험이 있는 직원이 없다면 타 조직에 근무한 경험이 있거나 업무 관련해서 도움을 줄 수 있는 동료에게 조언을 구하고 협조를 요청하겠습니다.

직접작성

시간이 부족하면 시간 외 근무 등을 통해서 업무를 수행하도록 하겠습니다. 또한, 앞으로 맡은 업무를 잘 수행할 수 있도록 업무 관련 전문 지식과 경험을 쌓기 위해 노력하겠습니다.

직접작성

➕ 면접 플러스

항상 쉽고, 자신이 원하는 업무만 하면 좋겠지만 실상은 그렇지 않다. 어려운 업무를 부여받았을 때 할 수 없다거나 쉬운 업무만 하고 싶다는 답변은 삼가야 한다. 문제 상황에서 경험이 있는 동료나 선배에게 도움을 요청하거나, 조언을 구하여 시간 내에 일을 해내겠다는 의지를 보이는 것이 좋다.

10. 업무 수행 중 실수하게 될 경우 어떻게 하겠습니까?

비슷한 유형의 질문

업무 중 실수를 저질렀는데 다른 사람들은 눈치채지 못한 상황이라면 어떻게 하겠습니까?

면접관의 의도

업무 처리 중 실수가 발생했을 때 어떻게 대처할 것인지 파악하기 위한 질문이다.

핵심 키워드

문제 인식, 인정, 시정, 조언, 대안 제시, 책임감

도입

실수를 인정하고 상급자 분께 이러한 상황을 즉시 보고하겠습니다. 그리고 제가 한 실수를 빠르게 그리고 효과적으로 시정하겠습니다.

직접작성

부연설명

또한 저의 실수로 인해 피해를 본 민원인이 있다면 죄송하다는 사과를 전하겠습니다. 실수의 심각성 정도를 판단하여 스스로 시정하거나 제가 수습하기 어려운 심각한 실수라면 해결 방법을 찾아 상급자나 동료에게 조언을 구하겠습니다. 그리고 여러 가지 해결책을 제시할 수 있도록 대안들을 마련하여 이 문제를 해결하고 향후 같은 실수를 반복하지 않도록 하겠습니다.

직접작성

잘못을 인정하고 그 잘못을 바로잡기 위해 노력하는 것이야말로 어떤 경우에 있어서든 가장 책임감 있는 행동이라고 생각하기 때문입니다.

직접작성

❗ 이런 말은 안 돼요

사람이라면 누구나 실수를 할 수 있다. 다만, 실수에 대처하는 태도가 중요하다. 자신의 실수를 아무도 모른다면 실수를 숨기겠다는 답변은 지양해야 한다.

11. 상급자와 의견이 다를 때는 어떻게 하겠습니까?

면접관의 의도

상급자와 의견 충돌 시 대처 방법을 알아보기 위한 질문이다.

핵심 키워드

의견 충돌, 설득, 조언, 이해, 존중

도입

업무를 처리하다 보면 여러 가지 사안에 대해 서로 의견 충돌이 발생할 수 있습니다.

직접작성

부연설명

제 의견이 유일한 해법이라는 생각을 버리고, 상급자의 의견이 어떠한 근거가 있는지를 살펴본 후 저의 의견이 그에 비해 타당한지 살펴보겠습니다. 상급자의 의견이 더 타당하다고 판단되면 상급자의 의견에 따르겠지만, 만약 저의 의견이 더 타당하다면 구체적인 근거와 자료를 통해 상급자를 설득하겠습니다. 만약 상급자가 설득되지 않는다면 경험이 많은 선배, 동료에게 이러한 상황을 설명한 후 조언을 얻어 해결하도록 노력하겠습니다.

직접작성

서로의 의견이 다름을 이해하고 존중하며 더 나은 해결 방안을 찾아가는 노력이 필요하다고 생각합니다.

직접작성

➕ 면접 플러스

상급자의 명령에 무조건 따르겠다거나 자신의 의견만을 내세우는 것은 현명하지 못한 답변이다. 상급자의 명령이 업무상 적법하고 합리적이라면 따라야 하겠지만 그 명령이 명백히 부당하다고 판단되는 경우 자신의 의견을 제시해야 한다. 상급자의 의견이 타당하지 않다고 판단되면 소신을 밝히는 것이 좋다.

12. 조직 생활에서 필요한 것은 무엇이라고 생각합니까?

비슷한 유형의 질문

• 직장 생활에서 가장 중요한 요소는 무엇이라고 생각합니까?

• 조직 생활에 원만하게 적응하기 위해 가장 중요한 요소는 무엇입니까?

면접관의 의도

조직의 구성원으로서 조직 생활을 잘할 수 있는지를 파악하기 위한 질문이다.

핵심 키워드

소통, 화합, 조화, 의견 수렴

도입

조직 생활에서 가장 중요한 것은 소통이라고 생각합니다.

직접작성

부연설명

조직은 다양한 구성원으로 모여 있으므로, 공통의 목표를 달성하기 위해서는 원만한 의사소통을 통한 화합이 필요합니다. 같은 사안에 대해서도 각자의 직책, 업무 분장, 입장, 성격에 따라서 다르게 반응할 수 있으므로 소통이 잘되지 않으면 오해가 생기고 조직 내 불협화음이 생길 수 있습니다.

직접작성

조직원들의 성향과 입장에 따른 의견 수렴을 통해 조직이 원활하게 소통되면 톱니바퀴가 잘 맞아가듯 더 큰 성과로 이어질 것으로 생각합니다.

직접작성

! 이런 말은 안 돼요

이러한 질문에 정확한 정답은 없으므로 조직 생활에 필요하다고 생각하는 요소를 타당한 근거를 가지고 답변하되, 지나치게 개인주의적인 답변은 피하는 것이 좋다.

13. 업무 지시에 순응하지 않는 하급자를 어떻게 다룰 것인지 말해 보세요.

면접관의 의도

하급자와의 갈등 상황에서 조직을 조화롭게 이끌어 나아갈 수 있는지를 통해 응시자의 문제해결능력을 평가하기 위한 질문이다.

핵심 키워드

원인 파악, 면담, 개선, 리더십

도입

우선 업무 지시에 문제가 있는지 살펴본 후, 만약 업무 지시에 문제가 없다면 하급자가 업무 지시를 따르지 않는 원인을 파악하도록 하겠습니다.

직접작성

부연설명

개인 면담을 통해서 하급자가 느끼는 어려움을 함께 찾아가고 합의점을 도출하겠습니다. 또한 하급자의 성향을 파악하고 업무 수행에 어려움이 있는지 파악한 후 개선할 수 있는 방법에 대해 살펴보겠습니다.

직접작성

모든 문제가 하급자에게만 있다고 생각하지 않고, 제 모습도 함께 돌아보며 팀을 잘 끌어나가야 할 것입니다.

직접작성

14. 본인의 업무가 끝났는데, 다른 동료들의 업무가 많다면 어떻게 하겠습니까?

비슷한 유형의 질문

본인은 업무가 끝났는데 동료가 잔업이 남아 도와달라고 한다면 어떻게 하겠습니까?

면접관의 의도

공동체 의식, 팀워크, 협력에 대한 태도를 알아보기 위한 질문이다.

핵심 키워드

협동, 공동체 의식, 유대감, 협력, 도움

도입

다른 동료들에게 도움을 줄 부분이 있다면 기꺼이 도와주겠습니다.

직접작성

부연설명

직렬 또는 업무 분야가 다르더라도 작은 일부터 돕는다면 서로에게 힘이 되어 줄 수 있다고 생각합니다. 서로 돕는 방식으로 상대의 부담이나 업무 과중을 덜어 줌으로써 공동체의 유대감을 강화하고 업무 마무리도 앞당길 수 있습니다.

직접작성

업무가 지연되면 조직 전체의 직무 수행에 문제가 될 수도 있으므로 서로 협동하여 최대한 빠르고 완벽하게 수행하는 것이 좋다고 생각합니다. 따라서 일손이 빌 때 마땅히 동료를 도와주겠습니다.

직접작성

❗ 이런 말은 안 돼요

본인의 업무만 처리하면 된다는 식의 발언은 주의해야 한다. 협동심을 가지고 동료를 도와 업무를 처리하겠다는 공동체 의식을 보여주는 것이 중요하다.

15. 조직 내 세대 갈등을 줄일 수 있는 방안은 무엇이라고 생각합니까?

(면접관의 의도)

세대 갈등은 피할 수 없는 문제로, 응시자가 세대 차이를 어떻게 이해하며 유연하게 공직생활에 적응할 수 있는지 묻는 질문이다.

(핵심 키워드)

세대 갈등, 인정, 존중, 이해, 배려

도입

모든 조직은 공통된 목표를 가지고 있지만, 구성원들의 서로 다른 가치관을 이해하지 못하는 데에서 세대 갈등이 발생한다고 생각합니다.

직접작성

부연설명

세대 갈등은 서로 다른 시대를 살아온 다양한 세대의 구성원이 모여 하나의 조직을 이루다 보니 필연적으로 발생하는 문제이므로 다양한 부분에서 세대 간에 차이가 있음을 인정하는 것이 매우 중요합니다.

직접작성

따라서 세대 갈등이 특정 세대의 문제라고 주장하기보다는 서로의 가치관은 다르지만 조직의 목표를 이루기 위해 일을 대하는 마음과 열정은 같음을 인정하고 모든 세대를 존중하며 이해하는 조직문화를 만들어야 합니다.

직접작성

⊕ 면접 플러스

사람은 절대 혼자 살아갈 수 없으므로 조직 내의 융화를 위해 세대 갈등을 유연하게 해결해야 한다고 답하는 것이 좋다. 하지만 업무에서 발생하는 갈등은 경험이 많은 상급자의 의견에 따르는 것도 좋다.

16. 교무실과 행정실 간의 갈등으로 응시자에게 업무가 과중된다면 어떻게 행동하겠습니까?

면접관의 의도

다양한 갈등이 존재할 수밖에 없는 상황에서 응시자가 어떻게 이해하고 현명하게 대처할 수 있는지를 파악하기 위한 질문이다.

핵심 키워드

협력, 이해, 원활한 의사소통, 배려, 존중

도입

행정실과 교무실은 학생들의 교육에 영향을 받지 않도록 학생 중심적인 업무 추진을 위해 협력하여야 하며, 이를 위해서는 상호 간의 이해와 원활한 의사소통이 필요하다고 생각합니다.

직접작성

부연설명

따라서 현실적으로 제가 업무를 할 수 있는 범위인지 먼저 파악한 후 해결이 불가능하다고 판단된다면 교직원 전체 회의 등을 통해 업무 분장을 다시 요청드리겠습니다. 그리고 교무실과 행정실 간의 업무 분담이 적절하게 이루어질 수 있도록 업무 진행상황을 공유하는 등의 대책을 마련하겠습니다.

직접작성

나 자신만을 생각하기보다는 동료를 배려하고 존중하는 마음으로 서로 도우며 일하는 공무원이 될 수 있도록 노력하겠습니다.

직접작성

➕ 면접 플러스

갈등을 해결하는 자세는 타인을 우선 존중하고 자신을 지나치게 내세우지 않는 것이다. 자기중심적인 태도나 발언은 삼간다.

17. 상급자가 부당한 업무를 지시했을 경우 어떻게 대처하겠습니까?

(면접관의 의도)

공무원으로서의 주요 행동강령과 업무상 문제에 대처할 수 있는 능력을 파악하기 위한 질문이다.

(핵심 키워드)

융통성, 설득, 노력, 도움, 문제 해결

도입

일단 매우 곤란하고 난처한 마음이 들겠지만 상급자 분이 그러한 지시를 내린 이유가 있을 수 있으므로 일단 신중하게 업무를 지시하신 이유를 파악하겠습니다.

직접작성

부연설명

부당한 지시가 매우 사소하여 큰 문제가 되지 않는 일이라면 융통성을 발휘할 필요가 있다고 생각합니다. 다만 지시가 명백히 위법이라고 판단된다면 상급자 분을 설득하도록 노력해 보겠습니다.

직접작성

맺음말

그럼에도 설득이 원활하지 않다면 다른 상급자 분께 도움을 요청하여 문제를 해결할 수 있도록 하겠습니다.

직접작성

➕ **면접 플러스**

조직 내 질서를 유지하기 위해서는 적절한 절차에 따른 협조 요청이 중요하다. 따라서 바로 다른 상급자 분에게 도움을 요청한다는 답변은 좋지 않다.

1. 본인이 담당하고 있는 업무 중 보안상 기밀인 문서가 있습니다. 그런데 상급자가 개인적인 용무로 이 서류를 보여 달라고 합니다. 기밀이기 때문에 보여줄 수 없다고 거절하였는데도 재차 요구한다면 어떻게 대처할 것인지 말해 보세요.

비슷한 유형의 질문

지인이 학교 행정 업무에서 보안상 기밀인 내용에 대해서 알려달라고 하면 어떻게 하겠습니까?

면접관의 의도

부적절한 지시를 받은 상황에서 응시자가 어떻게 대처하는지 파악하기 위한 질문이다.

핵심 키워드

업무상 기밀, 내부 규정, 권한

도입

상급자 분께서 보여 달라고 한 문서의 내부 열람 규정을 살펴보고 상급자 분께 적절한 열람권이 있는지를 재차 검토하겠습니다.

직접작성

부연설명

충분히 검토하였음에도 문서를 볼 수 있는 권한이 없다는 것이 확인되면, 열람하실 수 없다고 정중하게 말씀드리겠습니다.

직접작성

맺음말

어떤 업무이든 내부 규율과 규칙이 있는 한 예외적인 상황은 없다고 생각합니다. 상급자의 지시나 강권이 있다고 해도 내부 규칙에 따르도록 하겠습니다.

직접작성

2. 개인 사업을 하는 지인이 사업상 필요로 하다는 이유로 본인에게 같은 학교에 근무하는 교직원의 개인정보를 알려 달라고 한다면 어떻게 대처할 것인지 말해 보세요.

비슷한 유형의 질문

지인이 시험 성적을 미리 알려달라고 한다면 어떻게 하겠습니까?

면접관의 의도

주변 지인들의 청탁이나 요청에 어떻게 대처하는지 알아보고자 하는 질문이다.

핵심 키워드

개인정보, 비밀 엄수의 의무, 「개인정보 보호법」, 거절

도입

지인이라 하더라도, 교직원의 개인정보는 '비밀 엄수의 의무'를 위반하는 내용이기 때문에 발설할 수 없습니다.

직접작성

부연설명

또한 이 부분은 공무원 의무 위반뿐 아니라 실정법에도 위반되기 때문에 절대 불가합니다. 공무원은 「개인정보 보호법」상 개인정보처리자이기 때문에 업무 중 알게 된 개인정보를 함부로 타인에게 발설할 수 없습니다. 따라서 가까운 주변인이라도 할지라도 공직자로서 제가 처한 상황과 입장을 설명하며, 단호하게 거절할 것입니다.

직접작성

국민의 봉사자로서 공직에 있고, 국민의 세금으로 임금을 받는 만큼 책임감을 무겁게 느끼고,
공무원으로서 비밀 엄수의 의무를 지키도록 하겠습니다.

직접작성

3. 퇴근 후 약속이 있어서 6시 업무 종료 후 바로 퇴근해야 하는 상황입니다. 그런데 퇴근시간이 다 돼서 상급자가 급하게 업무를 지시하였습니다. 남은 업무 시간 내 처리할 수 있는 업무가 아니라 약속 시간에 맞춰서 나갈 수 없다면 어떻게 대처할지 말해 보세요.

비슷한 유형의 질문

• 데이트 약속이 있는데 잔업을 시킨다면 어떻게 하겠습니까?

• 상급자가 야근을 강요한다면 어떻게 하겠습니까?

면접관의 의도

업무 시간 외 사적 생활과 공적 업무가 충돌하였을 때 어떻게 대응하는지 알아보려는 질문이다.

핵심 키워드

공적 업무, 워라밸, 책임

도입

상황에 따라 다르겠지만, 먼저 상급자 분께 지시하신 업무의 마감 시간을 먼저 조심스럽게 여쭤보겠습니다.

직접작성

부연설명

바로 처리해야 하는 업무라면 중요한 일일 수 있으므로 약속 상대방에게 조심스럽게 양해를 구한 후 업무를 먼저 처리하도록 하겠습니다. 하지만 오늘 당장 처리하지 않아도 되는 업무라면 상급자 분께 양해를 구한 후 다음 날 일찍 출근해 해당 업무를 마무리하도록 하겠습니다.

직접작성

맺음말

워라밸도 중요하지만, 국민의 봉사자인 공무원으로서의 책임도 중요하다고 생각합니다.

직접작성

4. 응시자 본인은 학교 예산 편성 및 운용을 담당하고 있어서 공금의 입출금에 대한 권한이 있습니다. 업무가 독립적으로 진행되어 다른 동료에게 들키지 않고, 공금을 코인이나 주식, 부동산 등 개인적인 목적으로 사용할 수 있는 상황입니다. 이때 상급자가 함께 개인적인 목적으로 공금을 사용하자고 제안한다면 어떻게 하겠습니까?

(면접관의 의도)

응시자의 공금에 대한 인식과 부정부패 근절 인식을 알아보려는 질문이다.

(핵심 키워드)

공금, 부정부패, 예산 집행

도입

평소에 접하기 어려운 큰 액수의 금액을 운용하게 된다면, 그리고 돈의 운용에 대해 본인 말고 다른 사람이 파악하기 어려운 환경이라면 유혹이 생길 수 있을 것입니다. 하지만 제게 맡겨진 무게감을 되새기며 단호하게 제안을 거절하겠습니다.

직접작성

부연설명

뉴스를 통해 공무원이 공금을 사용하여 착복하거나 개인적인 투자 용도로 사용하였다는 보도를 종종 볼 수 있습니다. 이처럼 공무원의 부정부패가 성행하는 이유는 '공금'을 눈먼 돈이라고 생각하는 무지함과 공무원이 국민의 봉사자라는 인식의 부족 때문입니다. 또한 업무가 독립적으로 진행되기 때문에 개인의 부정을 다른 사람들이 모를 것이라 생각하는 안일함도 그 이유 중 하나라고 생각합니다.

직접작성

따라서 예산의 집행하는 업무를 수행할 때는 다른 동료들과 함께 반드시 여러 번 교차 확인하여 공금이 개인적으로 사용되는 일이 없도록 하겠습니다.

직접작성

5. 한 공무원이 얼굴과 목 등에 과도하게 피어싱을 하여 상급자가 이를 제거하도록 지시하였으나 이를 거부해 감봉 3개월의 징계가 내려졌습니다. 이 공무원이 징계를 받은 이유에 대해 말해 보세요.

비슷한 유형의 질문

공무원의 문신에 대해서 어떻게 생각합니까?

면접관의 의도

개인의 신체의 자유와 공무원으로서 의무가 충돌할 때 어떻게 대처할지 살펴보고자 하는 질문이다.

핵심 키워드

품위 유지의 의무, 명령 복종의 의무, 실정법 위반

도입

품위 유지의 의무와 명령 복종의 의무를 위반하였다고 생각합니다.

직접작성

부연설명

공무원은 직무 내외를 불문하고 공무원의 품위를 손상하는 행위를 해서는 안 되며, 또한 소속 상급자의 직무상 명령에 복종하여야 합니다. 말씀하신 사례에서 해당 공무원은 과도한 피어싱과 문신으로 공무원의 품위를 손상하였으며 이를 제거하라는 상급자의 명령에도 불복종하였습니다.

직접작성

공무원도 국민의 한 사람으로서 표현의 자유가 있으므로 어느 정도의 문신은 허용될 수 있겠지만 민원인에게 불쾌감을 초래할 수 있는 과도한 문신은 자제해야 한다고 생각합니다.

직접작성

➕ 면접 플러스

국민에게 신뢰를 잃지 않으면서도 기본권을 지킬 수 있는 한도 내에서는 가능하다는 취지로 부연 답변하는 것도 좋다.

6. 상급자가 응시자 본인에게만 커피 심부름을 시키거나 업무시간에 자신의 개인 은행 업무를 보게 하는 등 불합리한 지시를 일삼고, 이를 거부하자 지속적으로 폭언과 협박을 한다면 어떻게 대처하시겠습니까?

(면접관의 의도)

직장 내 괴롭힘을 당하는 상황에서 응시자가 어떻게 대처하는지 파악하기 위한 질문이다.

(핵심 키워드)

진솔한 대화, 도움, 권리, 존엄성, 거부의사, 신고, 직장 내 괴롭힘, 존중

도입

먼저 상급자와 직접 진솔한 대화를 통해 이 문제를 해결할 수 있도록 하겠습니다. 만약 상급자와의 대화로 해결책을 도출하지 못하거나 대화 자체가 어려운 상황이라면, 주변 동료들이나 상위 관리자에게 상황을 알리고 도움을 요청하겠습니다.

직접작성

부연설명

또한, 저의 권리와 존엄성을 보호하기 위해 상급자의 폭언이나 모욕적인 행동에 직접적으로 맞서서 반발하기보다는 불합리한 지시에 대해 정중하고 단호하게 거부의사를 표명하고, 필요하다면 기관 내 갑질 신고를 고려해 보도록 하겠습니다.

직접작성

이러한 직장 내 괴롭힘 문제는 지속적으로 증가하고 있습니다. 이를 해결하는 방법은 조직 문화와 업무 환경이 근본적으로 변화하는 것입니다. 조직 내에서 상급자와 하급자 간의 적절한 의사소통과 존중을 장려하는 제도나 프로그램을 도입하고, 직원들이 이러한 문제를 자유롭게 신고하고 해결할 수 있는 환경을 조성하는 것이 필요합니다.

직접작성

7. 현재 다른 업무상 목적으로 원거리 출장 중인데 자신이 담당하고 있는 업무에 대해 민원인이 방문하여 꼭 해결해야 할 일이라고 연락을 받았다면 어떻게 대처할 것인지 말해 보세요.

(면접관의 의도)

교육이나 출장 등으로 자리를 비울 때 생기는 민원에 대한 대처 능력을 살펴보려는 질문이다.

(핵심 키워드)

비상상황, 업무 중 공백, 업무 협조 요청

도입

우선은 민원인에게 담당자인 제가 자리를 비우고 있는 상황에 대해 정중하게 양해를 구하겠습니다.

직접작성

부연설명

통화를 통해 해당 민원인께서 원하시는 사항이 무엇인지 여쭙고, 제가 없는 상황에서도 처리가 가능한 업무인지 파악하도록 하겠습니다. 만약 처리가 가능한 업무라면 자리에 있는 다른 동료에게 양해를 구하고 해당 민원에 대한 업무 협조 요청을 드리겠습니다.

직접작성

비록 사적인 일로 자리를 비운 것은 아니지만 공석일 때 민원인께서 방문하신 만큼 업무 공백이 없도록 대처해야 한다고 생각합니다.

직접작성

8. 주변 사람들과 갈등을 겪었던 경험이 있습니까? 그러한 경험이 있다면, 갈등 상황에서 어떻게 대처했으며, 해결한 방법에 대해서 말해 보세요.

비슷한 유형의 질문

주변 사람들과 갈등상황에서 어떻게 대처하는 편입니까?

면접관의 의도

과거의 갈등상황 대처 경험을 통해 갈등이나 문제 상황에서 어떻게 대처할지를 보고자 하는 질문이다.

핵심 키워드

다툼, 차이 존중, 소통, 발전 · 개선

도입

대학교 시절 동아리 회장을 맡은 적이 있습니다. 동아리 동기들과 간부가 되어 일 년간 동아리의 여러 행사를 진행했는데, 그중 한 동기와 자주 부딪치곤 하였습니다.

직접작성

부연설명

해당 동기가 제가 낸 의견에 반대 의견을 내거나 불만스럽게 이야기한 적이 많아 저 역시 감정이 상할 때가 많았고, 동아리 행사를 진행하는 과정에서 불만이 쌓여 나중에는 행사를 끝내고, 다툰 적이 있었습니다. 제 불만을 솔직하게 이야기했고, 그제야 그 친구가 저를 싫어하거나 반대한 것이 아니라 단지 이야기하는 방식과 성향의 차이라는 것을 깨달았습니다. 그 이후에는 반대의견이 저를 부정하는 것이 아니라 보완의 차원이라는 것을 알았고, 소통의 중요성을 다시 한 번 깨달았습니다.

직접작성

제 성향을 기준으로 다른 사람을 대하는 것이 아니라 그 사람만의 성향과 기준이 있다는 것을 인정하고 그것을 통해 소통하는 방법을 다르게 해야 한다는 것을 깨달았고, 이후 직장이나 다른 사회 생활에서도 적용하여 인간관계에서 오는 실수나 갈등을 줄일 수 있었습니다.

직접작성

➕ 면접 플러스

극단적인 갈등 상황이나 자기 잘못으로 조직에 문제를 끼쳤던 갈등은 굳이 언급하지 않는 것이 좋으며, 해결 과정을 통해 자신이 발전하는 계기가 되었다고 마무리하는 것이 좋다.

PART

04

꼭 알고 가야 하는
교육행정직 공무원
전문지식과 상식

주요 교육청별 교육 방향과 교육정책

01 서울교육청

1. 2023 서울교육 방향

(1) 더 질 높은 학교교육: 모든 아이들의 꿈을 가꾸고 균형잡힌 성장을 지원하는 교육

① 행복한 학습자를 위한 학교급별 맞춤형 교육 강화

② 서울형 독서 · 토론수업 확산

③ '다중학습안전망'을 통한 기초학력 향상

④ 서울학생 건강더하기+ 프로젝트 운영

⑤ 진로 및 직업교육 강화

⑥ 연구하고 성장하는 교사 지원

(2) 더 평등한 출발: 모든 학생이 차별받지 않는 정의로운 차등을 실현하는 교육

① 출발선 평등 지원

② 정의로운 차등 구현

③ 학부모의 안정적인 자녀교육 지원

④ 질 높은 돌봄 · 방과후학교 운영 지원

⑤ 교육소외계층을 위한 평생교육 기회 확대

(3) 더 따뜻한 공존교육: 서로 다른 신념과 입장, 가치를 이해하고 어울려 함께 성장하는 교육

① 생태전환교육 활성화

② 세계시민성 함양

③ 학교 안팎, 소통하고 협력하는 교육 생태계 구축

④ 학교 구성원 간의 공존

(4) 더 세계적인 미래교육: 인공지능, 기후위기 등 미래사회의 변화에 대비하여 미래를 살

아갈 힘을 키우는 교육

① 세계를 경험하는 교육

② 인공지능 교육 및 디지털 교수학습 전환

③ 디지털 행정 혁신

④ 미래지향적 교육환경 조성

(5) 더 건강한 안심교육: 건강하고 안전한 환경에서 교육받을 수 있는 안심 교육환경 조성

① 학생 마음건강 증진

② 학생 질병 예방 및 건강관리 지원

③ 건강하고 맛있는 급식 제공

④ 안전을 최우선으로 지원

⑤ 학교폭력 없는 평화로운 학교문화 조성

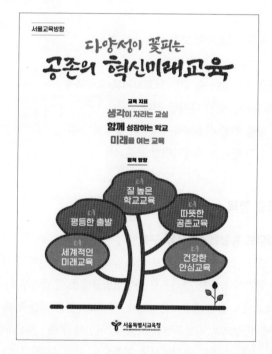

2. 2023~2026 서울교육중기발전계획

(1) 성격

2022년 4월 16일 발간된 「서울교육중기발전계획위원회 최종보고서: 서울 미래교육 2030」에서 제시하는 4가지 미래와 10가지 약속을 구체화하기 위한 구체적 추진전략

(2) 특징

① 교육청에서 학교로 하달되는 지침이 아닌 학교부터 교육청까지 서울교육 모든 단위가 주도성 · 자율성 · 개방성을 가지고 참여하는 공동의 협약 지향

② 「서울교육주요업무」 및 「서울특별시교육감공약실천계획」을 보완하고 서울교육의 중기적 · 통합적 · 핵심적 과제 명료화

③ 중기발전계획의 수립 단계에서부터 실 · 국별로 통합과제 선정, 관련 부서의 집단지성 발휘

(3) 6대 통합과제

① 권리로서의 배움, 기초학력 보장

② 미래시민을 기르는 교육공간 혁신

③ 주도성과 자율성이 살아 숨 쉬는 학교자치와 교육과정

④ AI 시대 미래교육을 위한 디지털 전환

⑤ 지속가능한 삶을 위한 서울교육시스템의 생태적 전환

⑥ 서울학생이 먼저 만나는 세계시민형 공존교육

3. 서울교육청 주요 정책

(1) 전국 최초 '클라우드 통합협업플랫폼' 구축

서울교육청은 전국 시도교육청 최초로 학교와 교육청 교직원이 언제 어디서나 빠르게 소통하고 업무 협업이 가능한 '클라우드 통합협업플랫폼(센 클라우드)'을 구축해 2023년 5월 8일부터 학교까지 전면 개통 · 운영한다. 서울교육청은 이를 위해 2023년 4월 17일부터 행정기관을 대상으로 시범운영을 마쳤다. 이번에 구축 · 개통하는 '센 클라우드'는 디지털 대전환 시대, 스마트 행정혁신의 일환으로 서울교육청 10만 교직원이 다양한 업무 환경에서 협업 도구를 통해 빠르고 편리하게 업무 처리가 가능하도록 한다. '센 클라우드'는 PC와 모바일 등 다양한 매체로 출장지, 재택근무 등 언제 어디서나 접속해 ▲메신저 및 메일 기능 ▲일정 관리 ▲문서공유 및 공동편집 ▲클라우드 저장소 제공 ▲화상회의 기능을 통해 쉽고 빠르게 업무를 처리할 수 있다.

(2) 서울시와 '학교 탄소중립' 위한 업무협약 체결

서울교육청은 2023년 5월 4일 서울시와 '학교 탄소중립 및 온실가스 감축 목표 달성'을 위한 업무협약을 체결했다. 서울교육청과 서울시는 에너지 효율을 개선해 학교 건물을 저탄소 건물로 전환하는 방안을 공동으로 마련한다. 학교 건물은 공공건물 온실가스 배출량의 25%를 차지하는 것으로 나타난 바 있다.

두 기관은 ▲학교 건물 온실가스 감축을 위한 선제적 학교 에너지효율 개선 협력 ▲학교 신재생에너지(지열 등) 및 탄소흡수 시설 보급 협력 ▲대기오염 저감 및 생태환경 개선을 위한 전기차 충전기 및 배출가스 저감장치 보급 협력 ▲온실가스 감축을 위한 지역 환경교육기관과 연계된 학교 환경교육 지원 및 기후 위기 대응 홍보를 위해 협력할 예정이다.

구체적으로 서울교육청이 서울시의 공공건물 에너지효율등급 인증사업과 연계해 학교 건물을 대상으로 에너지 컨설팅과 에너지 성능·효율 모니터링을 진행한다. 탄소흡수 시설 보급을 위해 그린스마트 미래학교 사업 대상 학교를 중심으로 에너지 절감 효과를 분석하고 학교 신재생에너지 시설 운영도 지원한다. 또, 「대기환경보전법」개정으로 학교 냉난방 가스열펌프가 배출시설에 포함됨에 따라 학교 건물에 배출가스 저감장치를 부착해 온실가스 배출을 줄일 계획이다.

(3) 전국 최초 찾아가는 유아 맞춤 건강교실 운영

전국 교육청 최초로 서울교육청 학교보건진흥원이 건강관리에 취약한 유치원·특수학교 유아들을 위한 '찾아가는 유아 맞춤형 건강교실'을 운영한다. 서울교육청 학교보건진흥원은 유아 구강·눈 건강, 감염병 예방 및 교직원 대상 응급처치·심폐소생술 교육에 중점을 두어 유아의 생애주기 질병 예방을 위한 '찾아가는 유아 맞춤형 건강교실'을 운영하기로 결정했다. 2027년까지 모든 유치원·특수학교로 확대된다. 유아 구강 건강교실의 경우 치위생사 등 전문가가 직접 유치원을 방문해 구강의 구조·기능, 충치에 영향을 주는 음식, 충치 예방법, 칫솔 관리법 등을 교육한다.

학교보건진흥원은 이번 '찾아가는 유아 맞춤형 건강교실'뿐만 아니라 유아 안전을 위한 교직원 대상 유아 응급처치·심폐소생술교육 강화 내용을 포함한 '유아 건강관리 맞춤형 집중지원 중기계획'을 수립해 추진하고 있다.

(4) "틈새공간에서 틈나는 대로 즐기는 체육", 서울교육청 '틈틈체육 프로젝트' 추진

서울교육청은 포스트코로나로 가는 '디딤돌 학기'에 학생들의 체력 회복을 위해 '틈틈체육 프로젝트'를 5월부터 12월까지 추진한다. 코로나19 장기화로 인해 학생들의 신체활동 위축이 지속되면서 서울 학생들의 과체중 및 비만 비율이 2019년 26.7%에서 2021년 32.1%로 늘어났다. 또한, 2022년 서울 초·중·고등학생 건강체력평가 4·5등급은 13.9%로 코로나19 전인 2018년 9.3%보다 4.6%p 증가하는 등 건강 체력에 적신호가 켜졌다.

'틈틈체육 프로젝트'는 복도 끝, 건물 사이, 운동장 모서리 등 틈새 공간을 신체활동 공간으로 마련하여 아침, 점심, 쉬는시간, 방과후 등 틈새 시간에 학생들이 언제 어디서나 쉽게 신체활동을 할 수 있도록 지원하는 사업이다. 학교 안의 안전한 실내·외 자투리 공간을 체육활동 공간으로 활용하고자 하는 초·중·고등학교 200여 교를 선정하여 공간 구축비로 교당 300여만 원을 지원한다. 선정된 학교에서는 복도에 운동기구(탁구대, 다트 등)를 설치하거나 운동장, 건물 코너 등 틈새 공간에 농구골대, 철봉 등을 설치할 수 있으며, 벽면이나 바닥을 활용하여 체력운동, 신체놀이 공간 등을 구축할 수 있다. 또한, 틈새 시간을 활용할 수 있도록 ▲(초급) 놀이형 신체활동 프로그램 50종, ▲(중급) 게임형 신체활동 프로그램 48종 ▲(고급) 스포츠형 신체활동 프로그램 50종 등 혼자서 또는 친구들과 함께 짧은 시간에 할 수 있는 150여 종의 365+ 체육온 활동 프로그램을 제공할 계획이다.

한편, 서울교육청은 '모두가 함께 뛰는 회복적 학교체육'을 모토로 ▲365+ 체육온동아리 운영 ▲초·중·고등학교 단위학교 운동회 개최 ▲체력회복 '힘힘힘(힘쓰리) 프로젝트' 운영 ▲스마트건강관리교실 구축 등을 통해 코로나19 확산으로 저하된 서울 학생의 체력 증진을 위해 힘쓸 계획이다.

(5) 25개 자치구와 함께하는 2023 서울미래교육지구 새출발

서울교육청은 2023년 5월 11일 서울특별시교육연구정보원에서 서울 25개 자치구와 함께하는 출범식을 갖고 '2023 서울미래교육지구 사업'을 새롭게 시작하였다. '서울미래교육지구 사업'은 어린이·청소년의 미래역량 신장을 위해 서울 25개 자치구와 교육청이 함께 추진하는 사업이다. 2015년부터 8년간 추진된 '혁신교육지구 사업'의 종료에 따라 미래교육의 비전과 가치를 담아내는 새로운 교육협력사업이다. 서울미래교육지구의 핵심 사업은 지역 특색을 반영해 자치구와 교육지원청이 함께 협력하는 자치구 특화사업이다. ▲관악구의 지역 대학연계 고교학점제 지원 ▲영등포구의 과학특별구 조성 ▲서대문구의 디지털 기반 미래교육 역량 강화 교육 등 25개 자치구가 저마다의 특색 있는 특화사업을 계획 중이다.

- 관악구는 고교학점제 지원 사업으로 지역 내 교육자원인 지역대학과 연계하여 강좌 (평균 10개)를 개설하고, 관내 일반고(12개교)의 교육과정 운영을 지원할 계획이다.
- 영등포구는 과학특별구 조성 사업으로 관내 초 · 중등학생을 대상으로 찾아가는 과학 체험 교실 사업 등 다양한 과학 교육 프로그램을 개발 · 적용할 계획이다.
- 서대문구는 빠르게 변화하는 미래시대에 맞는 창의융합형 인재양성을 위하여 디지털 기반의 미래교육 역량 강화 교육을 실시할 계획이다.

02 경기교육청

※ 본 저작물은 공공누리 제1유형에 따라 경기교육청(www.goe.go.kr)의 공공저작물을 이용하였습니다.

1. 경기교육의 비전과 원칙

(1) **비전**: 미래교육의 중심 새로운 경기교육

(2) **원칙**: 새로운 경기교육은 모든 학생이 인성과 역량을 키워가며 꿈을 실현할 수 있도록 자율 · 균형 · 미래와 함께합니다
  ① **자율**: 다양성과 창의성을 보장하는 경기교육의 원동력입니다
  ② **균형**: 교육의 본질에 집중하겠다는 경기교육의 다짐입니다
  ③ **미래**: 경기교육이 열어가는 새로운 길입니다

2. 미래를 여는 2023 경기교육 20대 핵심과제

(1) **경기교육, 미래를 열어갑니다**
  ① 학생 맞춤형 학습(AI튜터 활용)
  ② 에듀테크 기반 기초학력 보장
  ③ 교원의 미래교육 전문성 강화
  ④ 지역 중심 미래교육 생태계 확장

(2) **경기교육, 역량을 키워갑니다**
  ① 미래형 교육과정 및 평가체제
  ② IB 프로그램
  ③ 디지털 시민교육
  ④ 하이테크 직업교육

(3) 경기교육, 교육공동체가 함께 성장합니다

　① 인성교육

　② 세계시민교육

　③ 학생인권과 교권의 균형

　④ 교육공동체 자율성

(4) 경기교육, 모두의 안전을 살핍니다

　① 지자체 협력 초등 책임 돌봄

　② 다문화교육 원스톱 통합 지원

　③ 화해 중재 기능 강화

　④ 자율선택급식 도입 · 운영

(5) 경기교육, 학교중심 행정으로 지원합니다

　① 소통 · 참여의 학교 지원 행정

　② 스마트워크 도입 · 운영

　③ 미래교육 지원 체계 구축

　④ 데이터 기반 교육정책 수립 · 추진

3. 경기교육청 주요 정책

(1) '경기인성교육 로드맵' 발표

2010년 전국에서 학생인권조례를 처음으로 시행한 경기교육청이 13년 만인 2023년에 '학생 책임'을 강화하는 방향으로 제도 등의 손질에 나섰다. 경기교육청은 이 같은 추진 계획이 담긴 '경기인성교육 로드맵'을 발표했다.

로드맵에는 자율과 책임의 균형 있는 인성 함양을 위한 학생인권조례 개정과 학생 인성교육 강화를 위한 전담 교육원 구축, 가정에서의 인성교육을 위한 학부모 교육 강화 등 3가지 추진 계획이 담겼다. 학생인권조례는 학생의 학습권을 포함한 타인의 인권을 존중하기 위한 방향에 초점이 맞춰 개정이 진행된다.

경기교육청은 조례가 개정되면 교사의 수업권을 보호하는 동시에, 수업 시간 전반의 면학 분위기까지 끌어올릴 수 있을 것으로 기대하고 있다. 이뿐 아니라 인성교육 전담 교육원을 설치해 학생들의 인성교육을 전문적으로 하는 것은 물론 교육담당 전문인력을 양성하거나 관련 교육 프로그램도 개발할 계획이다.

'학부모 연계 인성교육 프로그램'을 만들어 가정에서의 인성교육 강화 방안도 함께 추진된다. 자녀 성장단계에 따른 부모의 역할을 안내·지원하고, 이들을 대상으로 온라인 자녀교육 콘텐츠를 개발해 보급한다.

아울러 학교 안 갈등을 교육적으로 해결하기 위해 각 교육지원청에 설치된 화해중재단과 경기교권보호지원센터, 경기인성교육협의체 등의 상호협력 시스템을 구축해 인성교육의 활성화를 꾀한다는 방침이다.

(2) '마스터 클래스 60' 운영

경기교육청이 학생 맞춤형 전문예술 교육 실현을 위해 경기학교예술창작소에서 '마스터 클래스 60'을 운영한다. '마스터 클래스 60'은 분야별 최고 전문가와 함께하는 경기도형 예술영재교육으로 ▲평면조형 ▲입체조형 ▲미디어아트 ▲웹툰 ▲멀티미디어 음악 ▲창작뮤지컬 ▲창작무용 7개 분야에 도내 중·고등학생 84명이 참여한다. 마스터 클래스 60은 ▲주제 중심 융합예술프로젝트 ▲1:1 맞춤형 교육 ▲메타버스를 활용한 성장기록 공유 ▲예술 진로상담 ▲창작발표회 등을 바탕으로 2023년 4월부터 9월까지 진행한다.

이번 과정에서는 동시대 예술가와 함께 장르와 관점을 넘나드는 융합예술수업과 인문학적 사고를 바탕으로 예술 감각을 온·오프라인으로 표현하는 예술교육이 이뤄진다. 또, 교수와 현직 작가로 구성된 마스터 수석강사의 1:1 맞춤형 교육으로 학생의 예술적 역량을 키워주고, 메타버스에 개인작업 공간을 만들어 성장 내용을 기록해 학생, 학부모와 공유한다.

(3) 탄소중립 중점·시범학교 89개교 운영

경기교육청은 2023년 기후위기 대응과 탄소중립 실현을 위해 탄소중립 중점학교 12개교와 시범학교 77개교를 운영한다. 탄소중립 중점학교는 관계부처 공모를 통해 전국 단위로 선정하며 시범학교는 교육청에서 자체 선정한다. 이들은 환경교육과 탄소중립 실천 과제를 추진한다. 2023년에 운영되는 탄소중립 중점학교는 신규 9개교와 기존 중점학교 중 선도모델 3개교가 포함된다.

경기교육청은 중점·시범학교 운영 내실화를 위해 ▲탄소중립 환경교육 교육과정 공유 ▲6개 권역 네트워크 구축 ▲탄소중립 실천문화 조성 ▲교원 역량 강화 ▲운영교 협의회를 수립한다. 또한 권역별 중점학교 중심으로 환경 주간(2023년 6월) 공동 프로그램을 운영하고, 시범학교·생태숲학교와 함께 운영 사례를 공유하며 공동 성장의 기회를 마련할 계획이다.

경기교육청은 '경기 환경교육 교사지원단'을 구성해 지원단과 중점·시범학교 담당자들과 매월 1회 정례 모임을 진행하고, 중점·시범학교 운영을 지원할 계획이다. 정례 모임에서는 ▲환경교육 실천 사례 공유 ▲탄소중립 실현 교육과정 나눔 ▲학교 공간 탐방 ▲과천과학관 기획전 연계 과학 해설사(science communicator) 연수 운영 ▲환경교육 정책 제안 등 기후·환경위기 교육을 위해 함께 노력한다.

(4) 초등 맞춤형 체육활동으로 평생체육의 기틀 마련

경기교육청이 지역사회, 관계 부처와 연계해 학생 수준별 맞춤형 체육활동으로 초등학교 체육을 활성화한다고 밝혔다. 초등학생 때는 기초체력을 키우며 평생체육의 기틀을 마련하는 결정적 시기이기 때문에, 경기교육청은 교육부·문화체육관광부·체육회·지자체와 네트워크를 강화해 체육교육을 지원하기로 결정했다. 이를 위해 2023년 3월 학교장, 교감, 교사 대상 회의에서 '찾아가는 초등체육 정책설명회'를 실시해 기초체력과 관계 형성을 위한 학교체육의 중요성에 대해 공감대를 형성했다.

체육 교육과정 내실화를 위해 ▲지역수영장 210곳, 이동식수영장 33곳, 경기해양안전체험관 연계 생존수영 실기교육 ▲초등스포츠전문가 협력 8개 종목 협력 수업 ▲경기도·시·군 체육회 협력 방과후 초등스포츠클럽 1,600여 개 ▲초록우산어린이재단의 어디든 놀이터 바닥그림 125개교를 지원했다. 또, 17개 시도교육청 중 최초로 문화체육관광부와 손을 잡고 20개 학교에 ▲씨름강사 파견 ▲씨름용품 보급 ▲변형 씨름 수업자료 공유 ▲씨름 교육과정 재구성으로 K-스포츠 부활도 지원하고 있다.

특히 코로나19 이후 저하된 체력 증진을 위해 국민체육진흥공단과 연계해 4~5명 전문가로 이루어진 체력 측정팀이 초등학교를 찾아가 PAPS(학생건강체력평가) 측정, 체력 분석, 저체력 학생 사후 관리를 지원한다.

(5) AI시대 주인공은 바로 나, 맞춤형 창의융합교육으로 미래인재 육성

경기교육청이 인공지능 시대를 주도할 미래인재를 키우기 위해 미래형 과학교육을 기반으로 한 학생 맞춤 창의융합교육을 강화한다고 밝혔다. 학생이 과학적 호기심을 바탕으로 실생활과 연계된 탐구 활동을 하며 문제 해결, 참여, 실천까지 확장하도록 지원하는 것이 핵심이다. 이를 위해 ▲인공지능과 디지털 기기 활용 탐구 활동이 가능한 경기 미래형 과학실 ▲상상한 것을 함께 만드는 STEAM 메이커교육 ▲지속 가능한 미래를 위한 탄소중립 환경교육 ▲다양한 영역으로 창의력과 잠재력을 키우는 영재교육을 확대한다.

특히 첨단 기자재를 구비한 경기 미래형 과학실 모델학교(15개교)와 지역 맞춤 경기 미래형 과학실(201개교) 구축에 예산 200억 원을 지원한다. 또 경기 미래형 과학실에서 활용할 수 있는 다양한 인공지능 수업콘텐츠를 개발해 학생 주도 탐구 중심 과학교육으로 전환을 가속화한다.

• 학생이 상상한 것을 스스로 펼치고 융합해 만들 수 있는 STEAM 메이커교육을 강화한다. 이를 위해 학생 중심 메이커 교육과정 운영 ▲경기메이커학교(19개교) 운영 ▲지역사회와 연계한 STEAM 메이커 생태계를 조성을 확대한다.

• 지속가능한 미래를 위해서 지역과 학교가 함께하는 지역 자율 − 탐구 체험 − 공동실천의 탄소중립 환경교육을 실천한다. 지역환경교육협의체 구축과 지역 환경을 담은 지역교재 개발 ▲데이터 기반 탄소배출량 측정 탐구 ▲교육청 · 교육지원청 · 학교가 함께 환경주간을 운영한다.

• 학생 저마다의 재능과 잠재력 발현을 위해서 ▲영재학급과 영재교육원 운영 ▲예술, 인문사회, 정보 등 다양한 영역의 영재교육 운영을 지원한다.

1. 부산교육 비전 및 정책 방향

(1) 교육 비전: 꿈을 현실로! 희망 부산교육. 행복한 학교, 성장하는 학생

(2) 정책 방향

① 미래 역량을 키우는 맞춤교육
- 학력신장: 학업성취도평가와 맞춤형 학습을 통한 학력신장
- 미래교육: 미래인재양성을 위한 디지털 기반 교육과 진로교육

② 안전하고 든든한 안심교육
- 교육복지: 균등한 교육기회를 제공하는 다양한 교육복지
- 안전보건: 모두가 만족하는 든든하고 안전한 학교환경 조성

③ 소통하고 존중하는 공감교육
- 인성교육: 문화예술 · 체육 · 독서 · 청소년 단체활동을 통한 인성교육
- 혁신소통: 투명하고 공정한 교육행정을 위한 혁신소통

2. 2023 역점과제

(1) 학력신장

① 모든 학생의 학력에 대한 정확한 진단 실시

② 기초학력 보장을 위한 3단계 안전망 구축

③ 모든 아이들의 학력 향상을 위한 아낌없는 지원

④ IB 연구학교 운영

⑤ 고교학점제 도입 기반 조성

(2) 인성교육

① 아침 체인지(體仁智)

② 문화예술 체험기회 확대

③ 학교 전자도서관 구축

④ 부산학생인성교육원 전환 운영 및 해양수련원 설립

⑤ 인성교육 체인지(體仁智)! 통합 플랫폼 구축

⑥ 학교 · 가정 · 지역사회가 함께하는 '부산 다(多) 품은 인성교육'

⑦ 풍부한 정서와 따뜻한 인성을 키우는 독서문화 확산

⑧ 예술 감성과 조화로운 인성을 기르는 문화예술체험 기회 확대

⑨ 몸도 마음도 건강한 학생으로 키우는 학교 스포츠활동 강화

(3) 미래교육

① 초 · 중등 SW · AI 교육 강화

② 디지털 교육격차 해소

③ 유치원 미래형 디지털 교실 구축

④ 특성화고 체제개편 및 학생 취업 기반 확대

(4) 교육격차 해소 및 교육복지

① 함께하는 학생 희망사다리 교육

② 모두가 함께하는 부산특수교육원(가칭) 설립

③ 지역간 교육격차해소 추진단 신설 · 운영

④ 취약계층 맞춤형 교육복지우선지원사업

⑤ 취약계층 맞춤형 진로진학 준비

⑥ 취약계층 실용 외국어 교육 지원

⑦ 다문화 · 탈북 학생 지원

⑧ 특수학교(급) 진로직업교육

⑨ 교육 기본 경비 지원

(5) 안전 및 소통

① 학생 등하굣길 안전망 구축

② 안전체험 거점센터 운영 및 안전사고 대응 강화

③ 부산학생건강증진센터 구축

④ 교육시설 개선으로 쾌적한 학습환경 조성

⑤ 학부모 참여 확대 및 열린교육감실 운영

3. 부산교육청 주요 정책

(1) 부산교육청학력개발원, 심화학습 베스트 캠프 운영

부산교육청학력개발원은 2023년 5월부터 11월까지 토요일과 방학기간을 활용해 공교육 중심의 맞춤형 심화학습 프로그램인 '베스트 캠프'를 운영한다. 이 캠프는 부산지역 일반고 학생들의 학력 향상을 위해 마련됐다. 베스트 캠프는 서로 베풀고 나누며 스스로 학습해 실력이 트인다는 의미이며, 부산지역 일타 교사 23명과 고등학교 18개교 141명의 학생이 캠프에 참여한다. 이 프로그램은 다른 학교 우수교사의 수업 나눔에 학생들이 참여하는 형태로 이루어진다. 단순 강의식 수업에서 벗어나 토의·토론과 주제 중심 융합 활동 등의 교과(국어·영어·수학·사회·과학)별 심화학습 프로그램 운영으로 일반고 학생의 학력 향상을 지원한다.

(2) 학교폭력 법률 지원 '학교 지원 변호사' 위촉·운영

부산교육청은 2023년 5월 3일 부산지방변호사회와 '학교폭력으로부터 안전한 학교 만들기' 업무협약을 체결했다. 이번 협약으로 양 기관은 학교폭력 문제에 대해 공동으로 논의하고, 상호 유기적인 교류와 협력체제를 구축한다. 특히 최근 사회적 문제로 대두된 학교폭력에 대한 학교의 대응력을 강화하고, 학교폭력 사안 처리에 전문성·공정성을 확보할 계획이다. 구체적으로 ▲학교폭력 등 학교 운영과 관련한 법률서비스를 제공하는 '학교 지원 변호사' 위촉 ▲학교폭력대책심의위원회 심의위원 위촉 ▲교육(지원)청 학교폭력 관련 법률상담 및 자문을 위한 변호사 위촉 등에 상호 협력하기로 했다.

(3) '교육활동 침해' 교원의 법적 지원 강화

2023년 5월 부산교육청이 교육활동 침해를 당한 교원들의 체계적인 법률적 대응을 지원하기 위해 변호사 26명으로 구성한 '교육활동 보호 외부변호인단'을 구성했다. 이들은 학교 교육활동 침해 사안 처리와 소송에 관한 법률상담을 지원하고 단위 학교의 교권보호위원회 위원으로도 활동할 예정이다. 부산교육청은 이들의 활동이 교육활동 현장 보호를 강화하고 교원들이 교육활동에 전념할 수 있는 기반을 마련하는 데 크게 기여할 것으로 기대하고 있다. 이와 함께 부산교육청은 2022년 10월부터 '교원배상책임보험'의 지원 대상을 민사사건에서 형사사건으로 확대하는 등 교육활동을 침해당한 교원의 법적 지원과 보상에 힘쓰고 있다.

(4) 부산서부교육지원청, 찾아가는 디지털 리터러시 교육

부산서부교육지원청은 2023년 5월부터 11월 말까지 관내 초등학교 90학급을 대상으로 '찾아가는 서부 디지털 리터러시 교육' 프로그램을 처음으로 운영한다. 이 프로그램은 2023년 부산서부교육지원청의 중점사업인 '디지털 역량과 생태 감수성을 키우는 미래교육'의 하나이다. 디지털 시민성, 디지털 정보 이해와 활용을 기반으로 학생들의 소통과 협업을 통한 창의적 문제해결력 향상 등 디지털 역량을 키워 주기 위한 것이다. 프로그램은 디지털 리터러시 전문 강사가 학교로 찾아가 스마트기기 등 교내 디지털 자산을 활용한 토론·체험 중심의 수업으로 진행한다. '나는야 슬기로운 디지털 어린이', '나를 찾아 떠나는 디지털 여행', '나도 디지털 음악 작곡가' 등을 주제로 한 기초 수준의 윤리적 소양 교육을 통해 학생들의 안전한 디지털 활용 능력 함양을 지원한다.

(5) 부산교육청 아침 체인지(體仁智), 학교 현장의 관심 높아

아침체육활동 '아침 체인지(體仁智)'에 대한 학교 현장의 관심이 나날이 많아지고 있다. 부산교육청은 '아침 체인지(體仁智)' 선도학교 공모에 당초 계획했던 50개교보다 4배 정도 많은 193개교가 신청했다고 밝혔다. 코로나19 확산 이전에 비해 저체력·비만·과체중 학생 비율이 급격히 증가한 데 대한 해결책으로써 '아침 체인지(體仁智)'에 대한 학교 현장의 요구가 반영된 것으로 보인다. 학교급별 신청 현황은 초등학교 64개교, 중학교 73개교, 고등학교 53개교, 특수학교 3개교 등이다.

예상과 달리 고등학교의 신청 비율이 36%로, 초등학교(21%), 중학교(24%)에 비해 높게 나타났다. 이는 입시 등에 따른 고등학생들의 체육 활동이 턱없이 부족한 현상을 '아침 체인지(體仁智)'를 통해 해결하려는 일선 학교 현장의 의지로 분석된다.

부산교육청은 이들 193개교를 대상으로 줌(ZOOM)을 통해 '아침 체인지(體仁智)' 선도학교 운영 집중설명회를 열고, 효율적인 운영 방안에 대해 안내한다. 또한, 부산교육청은 '아침 체인지(體仁智)' 참여 희망 학교를 연중 상시 모집해 지원할 계획이다.

1. 인천교육 5대 교육정책

(1) 안전에 안심을 더하는 책임교육

① 유 · 초 안심돌봄

② 안전하고 건강한 학교

③ 학교폭력 없는 인천, 생명존중 인천

(2) 꿈을 디자인하는 진로 · 진학 · 직업교육

① 성장단계별로 진로 · 진학교육

② 미래를 선도하는 직업교육

③ 공존을 지향하는 인성 · 성인지교육

④ 시민과 함께하는 문화예술교육

(3) 미래를 준비하는 디지털 · 생태교육

① 디지털 기반 인천미래교육

② AI 역량 함양 교육

③ 인천형 생태전환교육

④ 인천 특화 해양교육

(4) 함께 성장하는 포용교육

① 모두를 위한 교육복지

② 참여를 통한 교육협치

③ 지역 맞춤 교육균형발전

④ 현장 중심의 교육행정

(5) 세계를 품은 인천교육

① 외국어 역량 신장

② 세계시민 자질 함양

③ 국내외 네트워크 구축

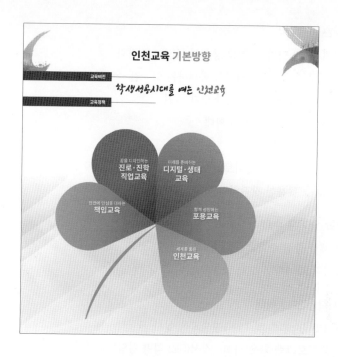

2. 2023 역점과제: 기초학력·학습역량 강화

학생의 잠재적 역량 발현을 위한 균등한 교육 기회의 제공은 교육의 사회적 책임입니다. 2023년에는 인천교육 역점과제로 기초학력·학습역량 강화를 설정하여 학생 맞춤형 기초학력 보장, 디지털·생태 문해력 함양, 읽고 쓰는 문해력 향상, 수학교육 내실화, 사회정서학습 확대, 1,000명의 학습코칭단 운영 등을 통해 학생들의 학습성공을 지원하겠습니다.

(1) 학생맞춤형 기초학력 보장

① 맞춤형 진단

② 맞춤형 3단계 학습지원

③ 맞춤형 평가

(2) 디지털·생태 문해력 함양

① 노트북을 활용한 디지털 리터러시 교육 강화

② 생태적 소양을 기르는 생태시민 프로그램 강화

(3) 읽·걷·쓰

① 한 학기 한 권 읽기 등 학교 중심의 독서교육 강화

② 학생, 학부모, 교직원, 시민이 함께하는 읽·걷·쓰 문화 확산

③ 논·서술형 역량 향상을 위한 평가 지원

④ 학교도서관 전담인력 배치 확대

⑤ 사제동행 함께 걷기

⑥ 함께 걷기를 통한 '인천바로알기' 체험 지원

⑦ 인공지능을 활용한 창작역량 강화

(4) 쉬운 수학, 즐거운 수학

① 탐구 체험 중심 수학교육 내실화

② 초등학교 3·4학년 수학 교과서 쉽게 쓰기

(5) 사회정서학습(SEL) 확대

① 학생 1인 1스포츠 및 1인 1예술교육 실시

② 어울림 프로그램 활용 사회·정서(SE) 역량 함양

③ 또래활동, 놀이교육, 관계중심 생활교육 확대

(6) 1,000명의 학습코칭단

① 학습지원튜터 운영(학습 요인 전문 지원)

② 교육후견인, 퇴직 교직원 등 지역전문가 학습지원단 운영(복합 요인 지원)

③ 학생 개인 맞춤형 AI 학습관리 시스템 운영

(7) '학습성공' 지원체제 강화

① 1교 1학습지원담당교원 운영

② 인천 기초학력 클러스터 운영(학습종합클리닉센터, 기초학력지원센터)

③ 교원의 학습코칭, 사회정서학습(SEL) 역량 강화

4. 인천교육청 주요 정책

(1) 학교폭력 예방지원 지원해드림팀 운영

인천교육청은 2023년 5월부터 학교폭력 예방·대응 및 관계 중심 생활교육 현장 지원 강화를 위해 평화로운 학교 지원해드림팀을 운영한다. 인천교육청은 학교폭력 없는 평화로운 학교를 비전으로 사회정서학습(SEL) 기반 인천형 학교폭력예방교육을 실시하고 공동체의 상호 존중과 갈등에 대한 회복적 접근을 기반으로 한 관계 중심 생활교육을 지향하고 있다.

지원해드림팀은 현장의 어려움을 해소하고 전문성 있는 학교폭력 예방·대응과 관계 중심 생활교육 지원을 위해 초·중·고등학교 교사, 교육전문직원, 관계기관 전문가 등 모두 1,346명으로 구성, 관계중심 생활교육과 학교폭력 예방, 학교폭력 사안처리, 학교폭력 갈등조정 등을 중심영역으로 활동한다.

(2) 학생 맞춤형 학습드림코칭 운영

인천교육청은 코로나19 확산으로 인한 비대면 수업 진행으로 학습결손이 심각한 고등학생들을 지원하기 위해 맞춤형 학습드림코칭을 2023년 5월부터 12월까지 운영한다. 맞춤형 학습드림코칭은 개인별 학습 능력과 흥미에 맞게 학생 스스로 학습에 참여하며 자기주도적 학습 역량을 키울 수 있도록 돕기 위해 마련됐다. 관내 고등학교 현직 교사 61명(국어, 영어)으로 구성한 학습드림코칭단은 학생들의 개인적인 학습상황을 파악해 맞춤형 교육과정을 제공한다. 학습드림코칭은 개인별 맞춤형 교육을 받을 수 있어 학습결손이 있거나 학습에 어려움을 겪는 학생들에게 추천하고 있다.

(3) '한 도서관 한 책 캠페인'으로 '읽·걷·쓰' 본격 추진

인천교육청은 소속 8개 공공도서관과 평생학습관을 중심으로 2023년에 '한 도서관 한 책 캠페인' 전개를 통해 시민과 함께하는 '읽·걷·쓰(읽기·걷기·쓰기)' 사업을 본격적으로 추진한다.

읽·걷·쓰란 AI시대를 살아가는 데 필요한 인문학적 소양을 기르기 위한 읽기, 걷기, 쓰기의 통합 활동으로 2023년 인천교육청이 중점적으로 추진하는 시민 문화운동이다. 지역사회를 기반으로 하는 '한 도서관 한 책 캠페인' 사업을 연계 추진해 시민들에게 책을 매개로 한 공감과 소통의 기회를 제공하고자 한다. 각 기관은 선정한 한 책의 저자 강연을 시작으로 학교와 독서동아리 등에 선정도서를 지원하고 ▲온라인 함께 읽기 ▲한 줄 서평 ▲함께 걷는 문학 기행 등 다채로운 독서문화 행사를 한 해 동안 지속적으로 운영한다.

(4) 인천 디지털 배움터, 섬 학교 교육 시작

인천교육청은 '학생 디지털 역량 강화와 코딩교육 전면화' 사업을 통해 초등학교 4학년부터 고등학교 3학년까지 전체 학생에게 노트북을 지급하고 있다. 모든 학생이 노트북을 갖게 됐지만 이를 제대로 사용하도록 돕는 교육은 잘 이뤄지지 않고 있으며, 특히 섬 학교 학생들은 상대적으로 최신 디지털 교육을 배울 기회가 턱없이 부족한 실정이다.

이러한 상황을 타개하기 위해 인천 디지털 배움터 사업단이 2023년 5월 23일 영흥도에 위치한 영흥중·고등학교에 찾아가는 디지털 교육을 진행했다. 이번 교육은 인천시청, 인천교육청, 사업단이 공동으로 기획했다. 먼저 인천교육청은 인천시 모든 외진 곳 및 섬 학교에 공문을 보내 디지털 교육을 희망하는 학교를 모집했다. 학교가 교육을 신청하면, 교육 희망 날짜에 맞춰 디지털 배움터가 학교로 찾아가 교육을 진행하게 된다. 이로써 섬 지역의 학생에게 양질의 디지털 수업을 제공할 수 있는 기반이 마련됐다. 영흥중·고등학교는 첫 번째로 디지털 교육을 수업한 학교로, 수업 주제는 '윈도우와 오피스 사용하기'였다. 이날 오전에는 중학생과 고등학생 56명, 오후에는 중학생 62명이 수업을 들었다.

인천 디지털 배움터 사업단의 찾아가는 디지털 교육은 2023년 12월까지 계속된다. 2023년 5월까지 23개 학교가 신청했으며, '로보틱스로 배우는 코딩', '인공지능 머신러닝으로 창작품 만들기' 등 다양한 주제의 교육이 진행될 예정이다.

(5) 인천교육청, 챗GPT 활용 윤리와 교수학습 체계 마련

인천교육청은 챗GPT 활용 윤리를 포함한 교수학습 가이드를 마련해 모든 학교에 보급한다고 밝혔다. 챗GPT를 비롯한 생성형 AI가 사회 전체에 큰 파장을 일으키고 있지만, 아직 공교육에서는 수업 적용 방안과 윤리적 지침 등 구체적인 원칙이나 가이드가 부족한 상태다. 이에 인천교육청은 학교 현장의 혼란을 줄이고, 새로운 AI기술의 합리적인 수용 방안을 제시하기 위해 생성형 AI의 특성을 고려한 교수학습 체계와 윤리 원칙을 마련했다.

이번에 발표한 가이드는 '교육 분야 인공지능 윤리 원칙(교육부, 2020.8.)'과 '2022 개정 교육과정'의 주요 사항을 바탕으로 챗GPT를 활용한 교수학습 방향과 운영 내용을 반영하고 있으며, 13세 이하 아동에 대한 서비스 정책에 대해서도 구체적으로 안내한다.

또한 일선 교사들이 함께 고안한 7개의 챗GPT 활용 윤리 지침인 'I.N.C.H.E.O.N.'은 ▲I(AI활용 목적과 가치 확인) ▲N(주체적인 사실 확인) ▲C(잠재적 편견 고려) ▲H(지식의 협력적 구성) ▲E(배움의 주도성 갖기) ▲O(창의적이고 비판적인 태도 갖기) ▲N(인간적 가치 도모) 등 각각의 알파벳에 세부 실천 규범을 담아 교사의 지도 방안과 학생의 윤리강령으로 사용할 수 있게 했다. 가이드는 2023년 5월 26일부터 '인천무크 (i-MOOC)' 사이트를 통해 확인할 수 있으며 이북(e-BOOK)과 책자로 보급한다.

〈챗GPT 활용 윤리 지침〉

교수 학습 지침	I	N	C	H	E	O	N
	AI활용 목적과 가치 확인	주체적인 사실 확인	잠재적 편견 고려	지식의 협력적 구성	배움의 주도성 갖기	창의적이고 비판적 태도 가지기	인간적 가치 도모

내용 범주	항 목	지침 내용	관련 핵심역량 (2022, 인천)
지식 이해	I	Identify your purpose and explore your value before using ChatGPT. 챗GPT 활용 전 나의 목적과 이용 가치를 확인하세요.	자기관리역량
	N	Never depend on ChatGPT's answers, always verify the facts. 챗GPT의 답변에 의존하지 않고, 사실을 확인하세요.	지식정보처리역량
과정 기능	C	Consider the potential bias of ChatGPT. 챗GPT의 잠재적 편견을 신중하게 고려하세요.	심미적감성역량 다양성 존중 역량
	H	Harmonize with ChatGPT to construct knowledge. 챗GPT를 이용하여 지식을 협업적으로 구성하세요	협력적소통역량 의사소통 역량
	E	Educate yourself on the limitations of ChatGPT. 챗GPT의 한계에 대해 인식하고 배움의 주도성을 가지세요	자기관리역량 창의적사고역량
가치 태도	O	Open your mind to creative and critical thinking when using ChatGPT. 챗GPT를 활용할 때 창의적이고 비판적인 태도를 가지세요.	창의적사고역량 문제해결역량
	N	Nurture your human values while using ChatGPT 챗GPT를 사용하면서도 인간적인 가치를 도모하세요.	자기관리역량 공동체 역량

※ 출처: 인천광역시교육청 디지털교육플랫폼(imooc.datamine.co.kr)

1. 대구교육의 방향 및 비전

(1) **대구미래역량교육**: 미래사회를 살아가는 데 필요한 역량을 길러 주는 교육

(2) **비전**: 미래를 배운다 함께 성장한다

   학생들이 꿈꾸는 미래를 만들어 가기 위해서는 미래를 배워야 하며, 배움의 과정 또한 한 학생도 소외되지 않고 자신의 잠재력을 꽃 피울 수 있도록 함께 성장하는 교육 추구

(3) **학습자상**: 삶을 주도하며 미래를 만들어가는 사람

   ① 생각하고 질문하며 탐구하는 사람

   ② 성찰하고 배려하며 소통하는 사람

   ③ 균형감과 원칙으로 도전하는 사람

2. 대구교육청 전략: 대구미래역량교육의 비전 구현 및 체계화

(1) 따뜻한 마음을 키워 올바른 인성을 기르겠습니다

과학기술의 발달과 풍요로움 속에서도 사람답게 살아가는 힘을 키우기 위해 마음교육, 인문·예술교육, 생활교육 강화로 아이들의 따뜻한 마음을 키워 올바른 인성을 기를 수 있도록 지원하겠습니다.

① 인성·인문·예술교육

② 생활·체험교육

③ 대구사랑·나라사랑교육

④ 글로벌 교육

(2) 학습역량을 높여 모두의 성장을 돕겠습니다

단순한 지식과 기능을 익히는 수준을 넘어서, 지혜롭게 생각하고 살아가는 힘을 키우기 위해 기초·기본학력 신장, 수업과 평가 혁신, 맞춤형 교육으로 아이들의 학습역량을 길러 모두의 성장을 돕겠습니다.

① 배움의 기본이 되는 교육

② 교육과정 중심 학교문화

③ 학생주도수업 및 평가

④ 잠재력을 꽃피우는 맞춤형 교육

(3) 더 넓고 두터운 지원으로 모두의 가능성을 열겠습니다

능력, 환경, 지역, 장애, 국적 등에 관계없이 모든 아이가 희망과 꿈을 가지고 당당하게 살아가는 힘을 키우기 위해 한 아이, 한 아이의 여건과 상황에 맞도록 더 넓고 두텁게 지원하겠습니다.

① 함께 가는 교육

② 놀이와 배움이 함께하는 유아교육

③ 자립과 통합의 특수교육

(4) 학교의 안전을 채워 건강한 성장을 지원하겠습니다

밝고 건강하게 살아가는 힘을 키워 미래사회를 주도할 인재로 자랄 수 있도록 쾌적하고 안전한 교육 환경을 구축하여 건강한 성장을 지원하겠습니다.

① 자기존중 건강교육

② 미래형 교육환경

③ 안전한 배움터

(5) 교육공동체가 힘을 모아 배움의 장을 넓히겠습니다

친구·이웃들과 다 함께 살아가는 힘을 키우기 위해 참여와 소통의 교육문화를 조성하고 배움의 공간을 확장하여 학생, 학부모, 교원, 지역사회가 함께하는 따뜻한 교육공동체를 만들어 가겠습니다.

① 서로 존중하는 학교문화

② 함께 만들어 가는 대구교육

③ 신뢰받는 교육행정

3. 대구교육청 역점 추진 과제

(1) 배움의 본질에 충실한 탐구중심 학생주도수업

(2) 배움으로 미래를 이끌어가는 Dream On 동행 교육

(3) 전통이 살아 있는 문화예술교육

(4) 따뜻한 나눔을 실천하는 남부인성교육

(5) 지역과 함께하는 실천 중심의 「달성 인향만리」 인성교육

4. 대구교육청 주요 정책

(1) 느린학습자를 위한 맞춤형 학습클리닉 지원

대구교육청은 느린학습자를 위한 맞춤형 학습클리닉 지원을 2023년 5월부터 고등학교까지 확대·추진한다. 대구교육청은 2022년까지 초·중학교 학습지원대상학생(초3~중3)을 대상으로 두뇌기반 학생이해검사를 실시하고, 검사 결과에 따라 인지능력 및 학습전략, 정서 관리, 동기 향상 및 올바른 학습 습관 형성을 위한 맞춤형 학습클리닉을 지원해 왔다. 특히, 2023년부터는 지원 대상을 초등학교 1학년부터 고등학교 3학년까지로 확대함으로써 전체 학생들이 혜택을 받을 수 있도록 하고, 경계선지능학생 지원 사업을 신설하여 학습지원대상학생의 기초학력이 향상될 수 있도록 더욱 박차를 가할 예정이다.

맞춤형 학습클리닉은 관련 자격을 소지한 전문가로 이루어진 학습코칭단이 학교를 방문하여 학생의 학습을 코칭하는 ▲두뇌기반 학습코칭과 대구교육청이 선정한 학습바우처 기관에서 학생과 학부모를 대상으로 수업상담 등을 통해 학습능력 향상을 돕는 ▲두뇌기반 학습바우처 등 2가지 방식으로 운영된다.

(2) 진로진학 통합 플랫폼 운영

대구교육청은 다양한 대입 정보와 맞춤형 진로진학 정보를 한 곳에서 손쉽게 활용할 수 있도록 진로진학 통합 플랫폼인 '대구진로진학톡톡'을 2023년부터 본격적으로 운영한다. 그동안 진로진학 및 상담 정보 등을 활용하려면 대구진학꿈나비(네이버밴드), 대구진로진학 On-Air(유튜브), 진로진학정보센터(누리집) 등 각각의 매체를 직접 찾아야 했지만, 진로진학 통합 플랫폼 '대구진로진학톡톡'을 이용하면 대구교육청에서 운영하는 다양한 매체로 바로 접속이 가능하다. 대구진로진학톡톡은 카카오톡채널을 통해 운영되며, 최신의 고입·대입 진학 정보를 비롯하여 대구교육청 주관 진로진학 행사 및 상담 프로그램에 대한 안내를 실시간으로 받을 수 있고, 함께 안내되는 링크를 통해 참여 신청도 손쉽게 할 수 있다.

(3) 2023학년도 대구 메이커교육 추진

대구교육청은 학생들이 제4차 산업혁명시대에 필요한 미래 핵심역량인 창의·융합적 사고력을 키울 수 있도록 2023학년도 대구 메이커교육을 추진한다. '메이커교육'이란 학생 스스로 창의적인 사고로 원하는 것을 만들고, 다른 사람과 의견을 공유하며 새로운 것을 창작하는 활동을 의미하는 것으로, 2023년에는 ▲메이커교육 운영 내실화 ▲기반 조성 ▲역량 강화 ▲성과 공유 및 확산 등 4가지 과제를 중심으로 추진한다.

대구교육청은 메이커교육 거점센터 8개소를 운영하며, 학교 컨설팅 및 수업 지원 등을 통해 메이커교육 활성화 및 역량 강화를 지원하고, 2022년 메이커교육 우수학교 6개교를 선도학교로 지정해 교육 프로그램 개선·보완 및 우수사례 일반화에 나선다.

교과수업·자유학기·창체동아리 등 학교별 특색에 맞는 운영과제 2가지 이상 자율 선택해 메이커교육을 운영하는 실천학교를 초·중·고등학교 156개교 선정하고 교당 최대 1,500만 원을 지원하는 등 메이커교육 운영을 내실화한다.

(4) 관내 초·중·고·특수학교 454교에 '1학생 1예술 활동' 운영 지원

대구교육청은 학생들에게 폭넓은 예술교육 기회를 제공을 통해 올바른 인성을 함양할 수 있도록 '1학생 1예술 활동' 및 '예술숲학교'를 운영한다. 1학생 1예술 활동은 학급, 학년 단위 등 모든 학생이 참여하는 학교별 특색 있는 예술 활동으로, 1인 1악기 프로젝트, 뮤지컬, 연극, 합창, 협동 미술 프로젝트 등 다양한 방식으로 교과수업 및 창의적 체험활동으로 운영된다.

특히, 1학생 1예술 활동의 교육적 효과를 높이기 위해 대구지역의 현직 예술가 및 전문 강사와 함께 협력 수업을 실시한다. 대구교육청은 1학생 1예술 활동을 활성화하기 위해 관내 초·중·고·특수학교 454개교에 교당 최대 500만 원씩 총 18억 원을 지원한다.

특색 있는 학교로는 ▲5~6학년 전 학생이 합창교육을 받고 동신 소리숲 합창 프로젝트를 준비하고 있는 동신초 ▲'예술과 친구하며 감성 UP, 인성 UP'이라는 주제로 학교 인성교육과 연계한 나만의 그림책 만들기, 그림으로 마음 표현하기 활동 및 작품전시회를 기획 중인 감삼초 ▲지역의 자랑스러운 전통문화 유산인 날뫼북춤을 전수받는 경일중 ▲1학년 70명이 지역사회의 이야기를 주제로 뮤지컬 제작 및 발표회를 준비 중인 논공중 ▲미술수업을 통한 나만의 브랜드 티셔츠를 제작하는 대구고 ▲'나도 기타, 카혼 배워 버스킹 한다' 활동을 진행하는 구암고 등이 있다.

또한, 대구교육청은 상대적으로 문화예술 인프라가 부족한 지역 학생들에게 질 높은 예술교육 기회를 확대하기 위해 지묘초, 북동중을 예술숲학교로 지정하고 ▲예술기반 주제 통합수업, 1학생 1예술 활동 등 예술중심 교육과정 ▲예술 관련 창의·융합교육, 다문화교육, 국제이해교육 등 다양한 예술교육 프로그램을 운영할 수 있도록 교당 6,500만 원씩 총 1억 3천만 원을 지원한다. 예술숲학교의 활동 결과물 및 운영사례를 지역사회와 함께 공유하기 위해 2023년 하반기에 관내 모든 학생, 학부모, 교직원 등을 대상으로 예술숲학교 페스티벌을 개최한다.

(5) 학습결손 해소 위한 학습지원튜터 운영

대구교육청은 학생들의 기초학력향상을 위해 관내 285개교(초등학교 150개교, 중학교 95개교, 고등학교 40개교)에 총 406명의 학습지원튜터를 배치하고 학습결손 해소에 힘쓴다. 학습지원튜터는 코로나19 장기화에 따른 학생들의 기초학력저하 등의 학습결손을 해소하기 위한 학습지원 인력으로 교원자격 소지자, 예비교원, 상담전공자, 대학생 등으로 구성되어 있으며, 교당 1~2명씩 배치했다. 학습지원튜터는 정규수업 중에는 1수업 2교사제처럼 교과교사와 협력수업을 진행하고, 방과후 및 방학 중에는 기초학력 향상이 필요한 개별 학생의 보충 학습지도, 학습 상담 등을 집중 지원한다.

튜터 1명과 학생 4명 내외로 소규모 팀을 이루어 일대일 또는 소그룹으로 운영하며, 학생 맞춤형 학습지도 및 과제 관리 등 지속적이고 체계적인 학습이력관리가 가능하여 학생은 물론 교사, 학부모의 만족도가 높다.

대구교육청은 학습지원튜터의 원활한 활동을 지원하기 위해 2023년 5월 9일 교육청 행복관에서 중등 학습지원튜터 180명을 대상으로 '슬기로운 튜터 생활'을 주제로 튜터 역량 강화 연수를 실시하였다. 이번 연수는 ▲학습지원튜터의 역할과 학생 교육의 실제 ▲튜터 생활 노하우 공유 ▲기초 문해력 지도 방안 및 온라인 학습놀이터 활용 등을 안내할 예정이다. 특히, 대건중학교에서 3년째 근무하고 있는 김천욱 튜터가 '지시가 아닌 지지로 크는 아이들'이라는 주제로 다양한 이유로 학습에 어려움을 겪고 있는 학생들을 지도한 사례를 함께 공유하는 시간을 가진다.

CHAPTER 02 최신 이슈

01 교육정책 관련 이슈

교육자유특구 추진

2024년부터 교육부가 교육자유특구를 통해 특정 지역 내 초·중·고등학교의 자율권을 보장하고 교육의 다양성을 확대할 예정이다. 교육자유특구로 지정되면 해당 지역의 초·중·고등학교는 학교 설립, 학생 선발, 교과 과정 구성, 교원 채용 등 학교 운영 전반에서 자율성을 보장받을 수 있다. 이를 통해 수도권과 지방의 양극화 현상을 막고 지방의 사회·경제적 발전을 도모할 수 있으며, 학교 현장에서는 획일화된 교육과정을 벗어나 각 지역 실정과 특성에 맞는 교육과정을 운영할 수 있다.

그러나 논란은 불가피할 전망이다. 학생 선발권이 주어지면 교육자유특구 내 학교들이 자사고·외고처럼 학생을 선점해 소위 '입시 명문고'로 변질될 우려가 많기 때문이다. 이에 대해, 교육시민단체인 사교육걱정없는세상은 "교육자유특구와 같은 특례로 새로운 서열화를 조장해서는 안 되며, 모든 학생이 성공할 수 있도록 돕는 책임교육에 대한 교육부의 구체적 계획과 청사진이 우선되어야 한다."라고 말했다.

교육전문대학원(교전원) 철회 결정

지금까지 초등학교 교사를 기르는 교대, 중·고등학교 교사를 기르는 사범대에 입학하는 구조로 교사를 양성해 왔다. 그러나 교대·사범대 졸업생이 아닌 다른 분야의 인재가 교단에 진출하거나 학부 수준의 교대·사범대 4년 과정만으로는 전문성을 갖춘 교사를 기르는데 한계가 있다는 점들이 문제점으로 지적되자, 정부는 교사의 역량을 높이기 위해 교육전문대학원 도입을 추진하기로 발표했다.

하지만 정부가 추진하고 있던 교육전문대학원 도입이 사실상 무산됐다. 교육부가 교육전문대학원을 시범 운영하겠다고 발표하자, 교대·사범대 학생과 교수진을 중심으로 큰 반향을 일으켰기 때문이다. 2023년 3월 26일에는 전국 19개 교대·사범대 학생 1,500명이 서울 시청역 앞에서 교육전문대학원 철회 집회를 열었고, 2023년 4월 20일에는 전국 교육대학교 총장 협의체인 '전국교원양성대학교총장협의회'에서 원만한 합의에 도달할 때까지 교육전문대학원 시범 운영 계획을 유보하라고 촉구했다. 이처럼 교원들의 강한 반발에 부딪혀 약 3개월 만인 2023년 4월 21일 교육부는 "교육전문대학원의 시범운영 방안에 대한 논의를 당분간 유보하고 해결이 시급한 사안인 현재 교원양성기관의 교육과정 개선과 새로운 교육 프로그램 개발에 집중하겠다."라고 발표했다.

교육부 '혁신 요람' 교대·사범대 도입 예정

교육계의 거센 반발에 교육전문대학원(이하 교전원) 시범 운영 계획을 철회한 교육부가 새 교육과정을 적용해, 이르면 2023년 6월 교원 양성기관의 교육과정 개편 지원 사업을 발표하고 교대·사범대를 대상으로 공모한다. 이를 위해 교육부는 지난 2023년 4월부터 교원 양성기관 교육과정 개편 연구를 진행하고 있다. 해당 사업에 지원하고 싶은 교대·사범대는 대학별 중점 개편 분야나 특화 분야 등을 담은 제안서를 제출하면 심사를 거쳐 최종 선정되며, 최근 철회한 교전원 시범학교 운영을 위해 책정해 놓은 100억 원을 예산으로 활용한다. 선정된 학교는 교육부로부터 지원받은 예산으로 개편 작업을 시작해 이르면 2024년부터 대학별 상황이나 교육과정에 맞게 새 교육과정을 도입한다. 교전원 시범학교는 2개교가 지정될 예정이었지만 이번 교육과정 개편 사업을 통해 더 많은 학교가 교육부의 지원을 받게 되며, 매년 단계적으로 선정 대학을 늘려가는 방안도 검토하고 있다.

교육부가 이처럼 서둘러 교대·사범대의 교육과정 개편을 유도하고 나선 것은 그만큼 교원의 미래 역량 함양이 시급하기 때문이다. 당장 내후년인 2025년부터 새 교육과정인 2022 개정 교육과정이 적용되는 데다 인공지능(AI) 디지털 교과서와 고교학점제 도입 등 교육 현장은 그야말로 대대적인 변화를 앞두고 있지만 기존의 교원 양성 체계로는 다양한 형태의 수업 혁신을 이룩하기 어려운 상황이다. 이에 대해 전국교원양성대학교총장협의회는 2023년 4월에 발표한 '교전원 시범 운영 유보 입장문'에서 "교원 양성체제 개편이 매우 중요하고 시급하다는 데에 견해를 같이한다."며 "이미 확보한 예산은 다수가 동의하는 바람직한 방안 도출을 위한 연구와 기반 조성에 활용해야 한다."라고 밝혔다.

디지털교과서 도입

디지털교과서란 각 학생의 학습 수준·성과 등을 반영한 데이터를 바탕으로 만든 맞춤형 교과서를 말한다. 정부는 2025년 초등학교부터 고등학교에 이르기까지 대부분의 학년에

도입하는 것을 목표로 하고 있다. 교육부는 디지털교과서가 학교 현장에 도입되면 일종의 보조교사로 학생의 취약한 부분을 보충 설명하고, 교사는 이를 바탕으로 맞춤형 학습을 진행할 수 있다는 점에서 디지털교과서 도입에 대한 기대감을 드러냈다. 이와 동시에, 교육부는 현장에서 빚어질 혼선을 줄이기 위해 2027년까지는 종이 교과서를 함께 사용하고, 2028년부터 디지털 교과서로 전면 대체하는 방안을 검토하고 있다.

한편, 디지털교과서의 실용화에 대한 우려의 목소리가 커지고 있다. 디지털교과서 수업의 기반이 되는 인프라가 현실을 따라가지 못하고 있기 때문이다. 한국교육개발원이 발간한 「통계로 보는 디지털교육혁신 정책의 추진 여건」에 따르면 전국 초등학교가 보유한 디지털 기기는 2022년 기준 0.33대로 집계됐다. 이는 학생 3명당 평균 1개 정도 보유한 수준이어서 디지털교과서를 도입하기엔 아직 역부족이라는 평가가 잇따르고 있으며, 디지털교과서가 '학습 격차'를 키울 수 있다는 지적도 있다. 디지털교과서가 고도화되면 이를 능동적으로 활용하는 상위권 학생들은 학습에 큰 도움이 될 수 있지만 학습 의지가 부족한 학생들은 주도적으로 부족한 부분을 보완하기 어려울 수 있기 때문이다.

러닝메이트제 논쟁

러닝메이트제는 교육부의 교육개혁 중 하나로, 현행 교육감 직선제를 폐지하고 시·도지사와 교육감 후보가 동반 출마하는 제도이다. 1991년까지는 시도 교육감을 대통령이 임명했다가 1992년부터 간선제를 도입하면서 교육위원회나 선거인단이 선출했다. 지난 2007년부터 직선제로 바뀌었으나 유권자들의 관심도와 참여율이 낮다는 이유로 교육감 선거는 '깜깜이 선거'로 불리는 오명을 써야 했으며, 과도한 선거 비용이 문제점으로 지목되기도 했다. 중앙선거관리위원회에 따르면 2022년 지방선거에서 교육감 후보자 1명이 쓴 평균 선거비용은 10억 6천여만 원으로, 시·도지사 후보자의 평균 선거비용인 8억 9천만 원보다 높은 것으로 보고되기도 했다. 이러한 문제점들이 드러나면서 시·도 교육감을 선출하는 방식을 바꿔야 한다는 지적이 꾸준히 제기됐다.

한편, 교육단체들의 반응은 냉담하다. 러닝메이트제를 도입하면 시·도지사 후보가 교육감 후보를 지명하게 되는데, 이 과정에서 여론을 충분히 반영하기 어렵기 때문이다. 또한, 교육감 직선제를 폐지하면 우리나라 「헌법」에서 보장하고 있는 교육의 자주성, 전문성, 정치적 중립성을 침해할 수 있고 국민들이 교육정책 방향을 결정할 기회를 제한하기 쉽다는 문제까지 있다. 따라서 러닝메이트제가 교육적 가치를 훼손하고 자칫 정당의 논리에 따라 교육을 종속할 수 있을 것이라는 우려의 목소리가 나오고 있는 상황이다.

유보통합 본격 논의

유보통합은 2025년부터 기존에 이원화되어 있던 어린이집과 유치원을 통합하여 만 0~5세에 해당하는 영유아들이 동등한 교육과 보육을 받을 수 있도록 하는 정책이다. 기존에는 영유아들의 교육기관인 어린이집과 유치원이 서로 다른 기관으로 운영되어 왔기 때문에 보육 및 교육 수준에 대한 격차가 발생할 수밖에 없었다. 그러므로 정부는 보육 및 교육 수준에 대한 격차를 해소하고, 영유아의 교육 체계와 교사의 처우를 근본적으로 개선하기 위해 유보통합을 추진하겠다고 밝혔다.

그러나 반대하는 목소리도 만만찮다. 유보통합이 교육현장의 혼란을 가중시킬 수 있기 때문이다. 우선, 유보통합은 영유아기의 발달 특성을 고려하는 교육이 아니라는 것이다. 영유아기는 같은 연령이라도 개월 수에 따라 발달 차이가 크기 때문에 한 체제에 통합시키는 게 아니라 발달 과정에 맞는 보육이 제공되어야 한다. 다음으로, 어린이집과 유치원의 교원 자격·처우, 시설 기준을 통합하기 위해서는 막대한 예산이 든다는 점이다. 정부는 유보통합 추진 시 최대 2조 6,000억 원가량의 추가 예산이 필요하다고 파악했는데, 부족한 추가 예산은 지방교육재정교부금을 활용하겠다고 밝혔다. 지방교육재정교부금은 시도교육청의 초·중등 교육예산으로, 이것을 추가 재원으로 쓴다면 초·중등교육의 질까지 훼손할 우려가 많다. 따라서 유보통합을 원활히 실행하기 위해서는 국가 교육기관이 적극적으로 개입하여 일원화된 기준을 마련하고, 현장 교원들의 의견을 수렴해 다각적으로 검토해야 한다.

02 공무원·교육 관련 이슈

공무원 면직률 급증

'MZ세대(1980년대 초~2000년대 초 출생)' 공무원의 공직사회 이탈 현상이 심각한 것으로 나타났다. 2023년 4월, 서울시청에서 발표한 '최근 10년간 MZ세대 의원면직률' 자료에 따르면, 2022년에 서울시와 서울시 내 25개 구청에서 사표를 쓴 '임용 5년 차 이하' 공무원이 역대 최고치를 기록했다. 게다가, 2022년 사표를 낸 서울시·구청 공무원은 총 561명이었는데, 그중 절반은 5년 차 이하로 드러났다. 이는 2019년의 157명과 비교하면 3년 만에 2배 정도가 증가한 셈이다.

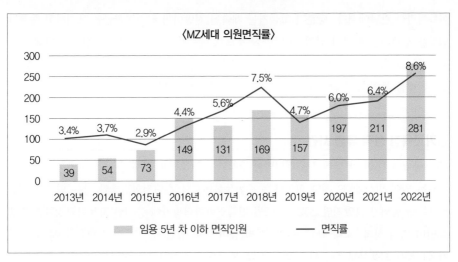

〈MZ세대 의원면직률〉

※ 출처: 서울시청(www.seoul.go.kr)

공무원 시험 경쟁률도 예전 같지 않다. 직속 상급자와의 갈등, 극성 민원인 응대, 취약한 공무수행 환경 등 다양한 문제점이 지적되고 있기 때문이다. 이러한 사회적 분위기를 반영하듯, 서울시·구청 9급 공무원 시험 경쟁률은 10년 전인 2013년에 84 대 1이었지만, 2022년에는 12 대 1까지 떨어지기도 했다. 이에 대해 서울시의회 행정자치위원회 국민의힘 옥재은 시의원은 "퇴직을 젊은 세대 탓으로만 돌릴 것이 아니라 특별휴가 등 사기 진작을 위한 대책을 마련하고 경직된 공직사회 문화 전반의 변화를 모색해야 할 것"이라고 말했다.

4년제 대학교의 45%, 등록금 인상 계획

민간대학 분야 연구기관인 대학교육연구소에 따르면, 2023년 국·공·사립 4년제 대학 193개교 중 전체 44.6%인 86개교가 등록금을 인상했다고 밝혔다. 학부 등록금을 인상한 대학은 17개교(8.8%)였으며, 대학원생, 외국인 유학생 등의 등록금을 인상한 대학은 69개교(35.8%)로 집계됐다. 이는 14년간 이어졌던 교육부의 대학등록금 동결 정책을 무너뜨린 신호탄이자 고물가로 예견된 문제를 교육부가 제대로 대처하지 못하고 있다는 방증으로 보인다.

그러나 대학들이 등록금을 인상했더라도 이에 대해 현실적으로 제재하기 어려운 상황이다. 학령인구가 점점 감소하는 상황 속에서 운영에 부담을 느낀 대학들은 학비 인상이라는 선택지를 택할 수밖에 없기 때문이다. 2022년부터 고물가가 이어지면서, 2023년 법정 등록금 인상률 상한선(4.05%)이 높아져 국고로 마련되는 국가장학금 Ⅱ유형 지원을 포기한 대학이 늘어났는데, 이는 국가장학금 Ⅱ유형을 지원받는 것보다 등록금을 인상하는 것이

이득이라는 판단에서다. 당분간 고물가는 계속될 전망이며 국가장학금을 포기하고 등록금 인상을 선택하는 대학이 점점 더 많아질 것으로 예측하고 있다. 이러한 상황에 대해 교육계에서는 교육부 규제 완화와 장학금을 지원하는 기존의 방식이 아닌, 실질적인 재정 지원·확대를 통해 대학 환경에 맞는 정책을 펼쳐야 한다고 말했다.

경기교육청 성적 유출 사건

2023년 2월 18일 한 텔레그램 대화방에 '2학년 개인성적표 전체'란 제목의 압축파일이 유포되는 일이 발생했다. 해당 파일에는 주민등록번호나 휴대전화번호와 같은 민감한 개인정보는 포함되지 않았지만 2022년 11월 전국연합학력평가에 응시한 고등학교 2학년 학생 30만여 명의 성적, 소속 학교, 이름, 성별 등이 들어 있던 것으로 파악됐다. 이에 대해 경기교육청은 교육부로부터 해킹 의심 사례가 있으니 점검하라는 연락을 받고 즉시 조치를 취했으며, 개인정보 유출이 더 이상 확대되지 않도록 서버에 있는 파일 원본 자체를 삭제했고 곧바로 서울경찰청 사이버 수사팀에 해킹 여부를 의뢰했다.

교육계에서는 이번 성적 유출 사건이 학교 서열화를 조장하지 않을까 우려하고 있다. 학생들의 성적을 확인할 수 있다는 것은 곧 학교 순위 평가로 이어질 수 있기 때문이다. 이와 같은 상황이 되풀이되지 않도록, 2023년 3월 9일 임태희 경기도교육감은 기존의 전국연합학력평가를 논술평가 체제로 전환하는 방안을 진지하게 검토하고 있다고 밝혔다.

광주 교복값 담합 문제

광주지역 중·고등학교 교복업체들이 교복값을 올리기 위해 조직적·계획적으로 담합한 사실이 드러나, 광주지방검찰청은 45개 업체 운영자 31명을 불구속 기소했다. 2023년 4월 24일 광주지방검찰청에 따르면, 2017년부터 교복을 저렴하게 공급하려는 공정경쟁제도를 역이용해 교복 대리점 대부분이 담합에 참여해 교복 가격을 올린 것으로 밝혀졌다. 그동안 교복업체들의 160억 원대 입찰담합 행위로 인해 학생들은 매년 1인당 약 6만 원 더 비싸게 교복을 구매한 것으로 나타났다.

최근 3년간(2021~2023년) 광주지역 중·고등학교에서는 387회의 교복 입찰이 진행됐고, 이 중 289회(74.6%)에 걸쳐 교복 입찰 담합이 있던 것으로 드러났다. 담합에 참여한 교복 업체는 총 45곳으로, 이들 업체는 최소 3회에서 최대 39회에 걸쳐 담합 행위를 했으며 약 32억 원의 부당이득을 취한 혐의를 받고 있다. 최저가격 하한가가 없는 '교복 학교 주관 구매제도'를 제도적으로 보완해야 한다는 지적도 제기되었으며, 이와 관련해 광주교육청은 담합 수사 결과에 따라 법률 및 규정에 근거하여 담합 업체에 계약 해지 등을 검토하는 동시에, 교복 관련 계약 방법 등을 전국시도교육감 협의회에 안건으로 제출할 예정이다. 교복 입찰 담합은 광주뿐만 아니라 다른 지역에서도 일어났을 가능성이 높아 대규모 조사가 필요한 상황이다.

교사 신규채용 감축

정부가 저출산에 따른 학령인구의 감소로 인해 교사 신규채용을 점차 줄이겠다고 발표했다. 2023년 4월 24일 교육부가 발표한 '중장기(2024~2027년) 교원수급계획'에 따르면, 초등학교 교사 신규채용은 2026~2027학년도에는 2023(3,561명)보다 18.6~27.0%까지 감소해 2,600~2,900명 안팎이 될 예정이다. 2013년 초등교사 채용규모가 7,365명이었던 것을 고려하면 10년 만에 절반 수준이 된 셈이다. 중·고등학교 교사의 경우, 2026~2027학년도에 2023년(4,898명)보다 최대 28.5% 감소해 3,500~4,000명 정도를 신규채용하게 된다. 2023년 기준 교사 1인당 학생 수는 15.4명인데, 2027년까지 교사 1인당 학생 수(초등 12.4명, 중·고등 12.3명)가 줄어들어야 2020년 기준 경제협력개발기구(OECD) 평균(초등 14.4명, 중·고등 13.6명)보다 낮아진다. 교육부는 "이번 수급계획을 통해 교사 신규채용을 줄이더라도 교육 여건은 악화되지 않을 것"이라고 밝혔다.

교대 정원 동결

교육부는 2024학년도 초등교원 양성기관의 입학정원을 2023학년도와 동일하게 유지(3,847명)하는 것으로 발표했다. 2023년 초, 정부가 학령인구 감소로 초등교원 신규 채용을 줄이고 교대 정원도 감축하기로 했던 계획을 재고한 결과, 지난 10년 동안 입학정원을 감축하지 않았던 상황에서 갑작스러운 정원 조정은 교육대학 입시를 준비하는 수험생들과 학부모에게 혼란을 줄 우려가 있다고 판단한 것이다. 또한 2024학년도 입학정원은 2023학년도와 동일하게 유지하고 2025학년도 입학정원은 학생, 학부모, 교대 구성원들과의 충분한 논의와 소통을 거쳐 조정할 예정이라고 덧붙였다. 이에 대해 교육부 측은 "향후 교육환경 변화에 따른 초등교원 양성정원 조정과 양성과정 혁신에 대한 공감대가 형성되어 있는 만큼 대학들도 선제적으로 입학정원을 조정하고 경쟁력 강화를 위한 노력을 할 것"을 강조했다. 또 "미래환경 변화에 대비해 교육대학이 교육과정 개선과 정원 조정을 할 수 있도록 유도하고, 교원역량혁신추진위원회를 통해 교원 양성기관의 경쟁력 강화 방안에 대해 논의할 것"이라고 말했다.

교원평가 성희롱 사태

2022년 세종시의 A고등학교는 교원평가 서술형 항목에서 교사를 모욕하고 성희롱을 한 고등학교 3학년 학생에게 교권보호위원회의 결정에 따라 퇴학 처분을 내렸다. 교원평가에서 성적 불쾌감을 유발하는 답변을 본 교사들이 경찰에 신고했고, 경찰은 수사를 통해 작성자를 특정했다. 작성자는「성폭력처벌법」위반 혐의로 입건되어 검찰에 송치됐다.

사건 발생 이후 교육부는 서술형 문항 필터링 시스템을 점검·개선하겠다고 전했지만, 교원단체들의 의견은 '교원평가 폐지론'으로 모였다. 교원평가의 본래 취지인 전문성 함양과는 관련 없을 뿐만 아니라, 교사들이 교원평가 속 인격모독과 희롱에 무방비로 노출되고 있기 때문이다. 또 기존의 근무평정, 성과급 평가라는 교원평가수단이 있지만, 교원능력개발평가를 도입해 행정력을 낭비하고 있다는 사실 역시 비판받고 있다.

국립대 통폐합 갈등

2023년 4월 18일 교육부와 글로컬대학위원회는 '글로컬대학 30 추진방안'을 확정·발표했다. '글로컬대학 30 추진방안'은 교육부에서 추진하는 혁신적인 정책으로, 5년 동안 30곳의 지방대학에 약 1천억 원을 지원하여 글로벌 시대에 발맞춘 교육환경을 조성하는 것을 목표로 한다. 선정된 대학은「지방대육성법」에 따른 특성화 지방대학으로 지정될 예정이다. 글로컬대학 30 사업이 박차를 가하는 가운데, 글로컬대학에 선정되기 위해 지방대학 사이에서는 통폐합의 바람이 불기 시작했다. 경북 4년제 국립대인 안동대, 금오공대와 공립 전문대인 경북도립대가 통폐합을 추진하고 있으며, 강원대-강릉원주대, 충남대-한밭대, 부산대-부산교대도 통폐합 논의가 급물살을 타고 있다.

하지만 글로컬대학 사업이 지방대학의 구조조정을 가속하고 '대학 서열화'를 더욱 심화할 것이라는 지적도 나오고 있다. 이에 대해 박중렬 한국비정규교수노조 위원장은 "30개 대학에 총 3조 원을 몰아준다는 것은 학부모에게 해당 대학에 지원하라는 신호를 주는 것"이며 "선택받지 못한 대학은 퇴출되라는 구조조정"이라고 설명했다.

기초학력미달 비율 급증

2021년 국가수준 학업성취도 평가 결과에 따르면, 학생들의 주요 과목(국어·영어·수학)에 대한 학력 수준이 전반적으로 떨어진 것으로 나타났다. 특히 수학의 경우, 중·고등학생의 10명 중 1명은 기초적인 교육과정조차 따라가지 못한다는 결과가 보고되기도 했다. 이러한 결과는 코로나19 확산 이후 학습 결손이 기초학력저하와 학습 격차로 이어졌다는 분석에 기인한 것으로 보인다. 안타깝게도, 중·고등학생의 기초학력미달 사태는 계속 진행될 거라 전망하고 있다. 기초학력미달이 사회적으로 심각한 문제가 되는 이유는 기초학력미달 학생이 현대 사회에 적응하기 어려울 수 있기 때문이다. 현대 사회에 적응하기 위해서는 다양한 정보를 얻고 여러 가지 과제를 주체적으로 해결해야 하는데, 이러한 기본적인 능력(읽기·쓰기·셈하기)이 저하되면 사회 구성원으로서 역할하기 어려울 수밖에 없다. 그러므로 기초학력미달 학생에 대한 정부 차원의 다각적 지원이 필요하다.

기초학력보장지원에 관한 조례안 재심의

2023년 4월 3일, 서울교육청은 서울시의회에 '서울특별시교육청 기초학력보장지원에 관한 조례안'을 다시 심의해달라고 요청했다. 지난 3월 10일 서울시의회는 코로나19가 장기화되면서 기초학력미달 학생이 증가한다는 이유로 조례안을 통과시켰지만 서울교육청은 조례안의 내용 중 기초학력 진단검사의 지역·학교별 결과가 공개되면 교육적으로 문제를 일으킬 소지가 있다며 반대했다. 시험 현황을 공개하면 학교별 기초학력 순위를 판가름할 수 있는 지표가 될 수 있을 뿐만 아니라, 이 조례안이 사교육을 부추기고 공익성을 훼손할 우려가 크기 때문이다. 해당 사안에 대해 서울교육청은 "기초학력 보장에 관한 사무는 국가 사무이며 기관 위임 사무로, 조례의 제정 범위에 속하지 않는다."라며 재심의에 대한 이유를 밝혔다. 또 "기초학력 진단 검사의 지역·학교별 결과 등을 공개할 수 있다고 규정한 것은 '교육관련기관의 정보공개에 관한 특례법'을 위반할 소지가 있다."라는 입장도 덧붙였다.

사교육비 고공행진

코로나19로 촉발된 경제 불황과 출산율 저하가 이어지고 있는 가운데, 이와는 대조적으로 사교육 열기는 갈수록 뜨거워지고 있다. 교육부에 따르면 2022년 기준 초·중·고등학생 수는 527만 명으로, 10년 전인 2012년 기준 672만 명에서 무려 145만 명(21.52%)이나 줄었지만, 학원 수와 사교육비 지출은 큰 폭으로 증가했다. 교육부 홈페이지에 게시된 시도별 학원 등록현황에 따르면, 전국 17개 시도 학원 수는 2020년 8만 6,023개에서 2022년 9만 1,373개로 2년 만에 5,350개(6.2%) 늘었다. 또, 교육부와 통계청이 합동 발표한 자료에 따르면, 2022년 초·중·고등학생의 사교육비 총액은 26조 원으로 2021년 23조 4,000억 원보다 2조 5,000억 원(10.8%) 급증한 것으로 나타났다.

특히, 초등학생의 사교육비가 크게 늘었다. 국어·영어·수학 등 일반교과가 아닌 예체능과 취미교양 분야에서 사교육비 증가 현상이 두드러졌다. 2022년 기준 초등학생의 일반교과 사교육비는 전년(2021년) 대비 10.2% 증가하는 데 그쳤으나, 예체능·취미교양은 무려 17.8% 증가했다. 이에 대해 교육부는 초등학생 중심의 가파른 사교육비 증가 현상을 코로나19 기간 동안 부족한 학습량을 메워야 한다는 학부모 심리와 초등학교의 방과후학교 프로그램이 완전히 회복되지 않아 예체능·취미교양 학습 수요나 돌봄 수요가 사교육에 몰린 결과로 파악하고 있다. 같은 현상에 대해 한국교원단체총연합회는 "정부의 기존 사교육비 대책인 돌봄, 방과후학교, 자유학기제, 고교학점제, 대입제도 개편 등이 실효를 거두지 못하고 있다는 방증"이라고 지적했다.

성인 대상 기초·디지털 문해교육 실시

교육부가 '2023년 성인 문해교육 지원 사업 기본계획'을 통해 기존의 기초(읽기·쓰기·셈하기) 문해교육도 확대한다고 2023년 1월 밝혔다. 국가평생교육진흥원이 2020년 문해수준별 추정인구를 조사한 결과, 일상생활에 필요한 기본적인 읽기·쓰기·셈하기가 불가능한 수준의 성인은 200만 1,428명으로 집계됐다. 이를 대처하기 위해 교육부는 평생교육시설·야학 등 문해교육 기관에 운영비를 지원하고 강사가 직접 경로당·마을회관·가정 등을 방문하는 '찾아가는 문해교실' 서비스를 제공한다. 2022년보다 기초 문해교육 교과서의 무상 보급 규모도 확대할 계획이다.

또 2023년부터는 디지털 문해교육이 새롭게 실시된다. 디지털 문해교육은 스마트 기기에 적응하기 어려운 중장년층과 디지털 소외계층을 대상으로 일상생활에서 필요한 디지털 역량을 길러주는 프로그램이다. 이 프로그램에서는 스마트폰 사용법, 식당 무인 주문기(키오스크) 사용 방법, 은행 계좌 이체 방법 등을 알려준다. 교육부는 '광역 지자체 단위 디지털 문해교육 거점기관'을 선정해 프로그램을 제공할 방침이며, 디지털 기기 활용에 도움이 되는 학습자료를 개발해 보급하고 온라인 강의도 진행할 예정이다.

우울·불안 청소년 급증

최근 4년(2019~2022년)간 우울증과 불안장애를 겪은 아동·청소년이 21만 명에 달하는 것으로 나타났다. 국민건강보험공단의 자료에 따르면, 지난 2019년부터 2022년 상반기까지 우울증이나 불안장애로 진료받은 18세 이하 아동·청소년은 총 20만 9,565명으로 파악됐다. 2019년에는 5만 433명이었으나, 2021년에 6만 3,463명으로 2년 새 1만 3,000명 이상 증가했고 2022년에는 상반기에만 4만 6,504명으로 집계되어 우울증과 불안장애로 진료받는 아동·청소년이 지속해서 증가한 것으로 나타났다.

우울증·불안장애 고위험군 청소년이 점차 늘어나면서, 서울시는 2023년 4월 대한소아청소년정신의학회와 청소년 상담·교육 및 복지시설 청소년의 정신건강 도모를 위해 '청소년 정신건강 긴급지원 협력망 구축'에 관한 업무협약을 체결하기도 했다. 현 상황에 대해 김병

욱 의원은 아동·청소년기에 나타난 정신건강 문제는 성인이 된 이후에도 지속적으로 영향을 주기 때문에 교육 당국은 유치원·초등학교 단계에서부터 학생들의 정신건강을 미리 점검하고 그에 따른 맞춤형 관리를 지원해야 한다고 말했다.

일본 역사왜곡교과서 검정 통과

2023년 3월 28일, 일본 문부과학성은 2024년도부터 쓰일 초등학교 교과서 149종이 검정을 통과했다고 밝혔다. 이번 검정 교과서에 수록된 표현의 변화를 살펴보면, 기존 초등 사회교과서 속 '징병됐다'는 표현을 '일본군의 병사로 참가하게 됐다'로 수정했고, 기존의 '강제적으로 끌려와'라는 표현을 '강제적으로 동원되어'라고 바꾸는 등 강제성을 희석한 것으로 나타났다. 또한 검정 교과서에 '다케시마(독도)는 일본 고유 영토이며 한국이 불법 점거하고 있어 일본이 항의하고 있다.'라는 내용을 담아, 독도 영유권에 대한 야심을 노골적으로 드러냈다. 특히 한 출판사가 독도를 '일본의 영토'라고 표기한 것에 대해 교과서검정심의회는 '일본의 고유한 영토'로 고치라고 지적한 사실이 드러나기도 했다. 이것은 독도가 역사적으로 한 번도 다른 나라의 영토가 된 적 없다는 일본의 역사 인식을 그대로 반영한 것으로 보인다. 2023년 3월 16일 한·일 정상회담 이후, 일본 정부가 왜곡된 역사를 기술한 초등학생 교과서 검정을 통과시킨 데 대해 국내 교육계와 역사전문가들이 거세게 반발하며 즉각 시정하라는 목소리를 높였다.

※ 2023년 대구교육청의 핵심 사업 중 하나가 독도교육이다. 대구교육청을 면접을 준비하는 수험생이라면 일본 역사왜곡교과서 검정 통과 사건을 숙지하는 것이 좋다.

코로나19 이후 학교 방역지침

2023년 6월 1일부터 코로나19 감염병 위기 경보 수준이 '심각'에서 '경계'로 하향되면서 학교 풍경이 달라지고 있다. 중앙재난안전대책본부가 코로나19 확진자의 7일 격리 의무를 없애는 등 방역 조치를 전환하면서 교육부 역시 지침을 개정하기로 결정했다.

바뀐 지침에 따르면, 2023년 6월 이후 코로나19에 확진된 학생은 5일 동안 등교 중지를 권고받고 결석한 기간을 출석으로 인정받는다. 코로나19 확진 학생이 교내 시험에 응시하는 등 불가피하게 등교가 필요한 경우에는 마스크를 상시 착용하고 다른 학생·교직원과 접촉을 최소화하여 등교하면 된다. 이에 따라, 대면시험을 위해 필요했던 방역당국의 외출 허용 승인절차는 폐지하였으며, 코로나19 확진 학생의 대면시험 응시를 위해 마련했던 분리고사실은 계속 운영하기로 했다. 만약 코로나19 확진 학생이 시험에 응시하지 못할 경우에는 기존에 응시한 시험점수를 기준으로 산정한 인정점수가 부여된다. 또한 2020년 2학기부터 교육부가 개발한 자가진단 앱을 사용하여 학생들은 매일 아침 코로나19 의심 증상을 확인해 왔지만, 앞으로는 자가진단 앱을 사용하지 않아도 된다. 코로나19 감염 위험이 있는 학생은 학교에 미리 연락하고 난 뒤, 의료기관에서 받은 검사 결과를 학교에 제출하면 출석인정결석으로 처리된다. 가정학습에 대해서는 교육부는 여전히 교외 체험학습 사유로 보고 출석으로 인정하기로 했다. 이주호 부총리 겸 교육부 장관은 "학교도 코로나19 위기 상황에서 벗어나 일상적 관리 체계로 한발 더 나아갈 시기가 됐다."며 "학생들이 건강하게 성장하고 안전한 공간에서 학습할 수 있도록 노력하겠다."라고 밝혔다.

태재대학교 설립 예정

우리나라에서 처음으로 온라인과 오프라인 캠퍼스를 모두 활용하는 한국형 '미네르바 대학'을 표방한 태재대학교(이하 태재대)가 교육부의 인가를 받아 2023년 9월에 개교한다. 학령인구 감소와 대학 통폐합으로 인해 그야말로 대학이 존폐 위기에 몰린 상황에서 4년제 사이버대가 국내에 문을 여는 것은 11년 만이다. 태재대의 모든 수업은 20명 이하 소규모로 진행하며, 다양한 상호작용과 토론학습을 할 수 있도록 설계되고 있다. 학생들은 서울의 캠퍼스에서 시작해서 미국, 중국, 러시아, 일본의 도시에서 현장 중심 경험학습을 하게 되며, 재학 기간 중에 세계 각국 기숙사에서 함께 생활하며 학업을 수행할 예정이다. 서울에서 3학기(1학년 1학기~2학년 1학기)를 보내고 도쿄, 뉴욕, 홍콩, 모스크바에 각각 1학기씩 함께 지낸 뒤 마지막 학기에 다시 서울로 돌아온 뒤 그동안 배운 경험을 통해 캡스톤(졸업 논문 대신 작품을 기획·설계·제작하는 교육과정) 프로젝트를 완성하고 졸업하게 된다. 국가장학금은 5분위 이하 학생들에게 등록금, 기숙사비 등 전액 지원 장학금을 지원할 예정이며 이 밖에도 전교생에게도 학습지원 및 생활지원형 장학금, 실리콘 밸리 현장학습 등 다양한 장학금을 준비하고 있다.

태재대는 2023년 9월에 신입생 총 200명(한국인 100명, 외국인 100명)을 정원으로 개교할 예정이다. 신입생은 단일학부(혁신기초학부)로 선발하며 2학년 때부터 4개 전공학부(인문사회학부, 자연과학부, 데이터과학과 인공지능학부, 비즈니스혁신학부) 중 하나를 선택해 자신의 전공을 살려 공부하게 된다. 또 학제 간 학부과목 교차 이수를 통해 다양한 전공을 공부할 수 있고, 개인 특화 전공 설계가 가능하도록 자기설계전공과목을 운영한다. 이러한 태재대학교는 2023년 6월 15일부터 국내 입학전형의 원서접수를 시작해 8월 11일에 최종합격자를 발표한다. 해외 입학전형은 6월 1일부터로, 국내 입학전형보다 2주 정도 먼저 원서접수를 시작한다.

특수학급 신설 거부 논란

2023년 1월 4일, 전국장애인부모연대(이하 부모연대)와 장애인차별금지추진연대(이하 장추련)는 서울 강남구 소재의 초등학교에서 특수학급 신설을 거부하는 것은 장애에 대한 차별이라며 국가인권위원회(이하 인권위)에 진정을 제기했다. 부모연대에 따르면 2023년에 초등학교 입학을 앞둔 지적장애 특수교육대상자 A군의 부모는 근처에 특수학교가 없다는 것을 알게 되고, 1년 전인 2022년부터 지방자치단체와 서울교육청에 특수학급을 설치해달라고 민원을 넣었다. 하지만 1년이 넘은 요구에도 교육청은 학교에 직접 요구하라는 답변 뿐 어떤 조치도 취하지 않았다. 하지만 「특수교육법」 제27조에 따르면, 초·중·고등학교의 경우 특수 교육대상자가 단 한 명만 있더라도 학교 장은 특수학급을 설치해야 한다. 하지만 인권위에 진정서가 접수되고 나서야, 학교 장은 특수학급을 설치했다.

2021년 5월 5일에 개봉한 다큐멘터리 영화 '학교 가는 길'의 배경이 되는 2017년 장애인 학부모들이 특수학교 설립을 반대하는 지역주민들 앞에서 무릎을 꿇는 사건이 있었지만 여전히 특수학교와 교육 인프라는 부족한 상황이다. 전국의 187개 특수학교가 있지만, 서울의 8개 구(양천구, 영등포구, 용산구, 중구, 성동구, 동대문구, 중랑구)는 여전히 특수학교가 없어, 특수교육을 받아야 하는 학생들은 장거리 통학을 할 수밖에 없다. 심지어 국내 특수교육 대상 학생이 2022년 기준 10만 명을 넘었지만, 정부는 2023년에 특수교사 선발인원을 2022년 대비 61%나 줄였다. 앞으로도 장애 학부모들은 특수교육을 받는 것에 난항을 겪을 것으로 보인다.

하위권 수준에 머무른 국내대학 경쟁력

한국의 대학생·대학원생 1인당 공교육비 투자 규모가 약 1,500만 원으로 집계됐는데, 이는 경제협력개발기구(OECD) 36개국 중 30위로 상당히 낮은 수준에 해당한다. 2023년 4월 20일, 한국대학교육협의회(이하 대교협)는 '우리나라 고등교육 재정 확충 필요성-경제협력개발기구(OECD) 주요국과의 비교를 중심으로'라는 보고서를 통해 우리나라의 학생 1인당 고등교육 공교육비는 2011년 OECD 32개 회원국 중 22위였으나, 2019년에는 36개 회원국 중 30위로 더 낮아졌다고 밝혔다. 같은 기간 폴란드, 포르투갈, 체코, 헝가리, 아이슬란드, 슬로바키아, 에스토니아는 2011년 공교육비 수준이 우리나라보다 낮았지만 2019년에는 우리나라보다 높아졌다는 결과가 보고됐다. 또한 OECD 주요국과 비교했을 때, 우리나라는 인구 1만 명당 학생 수가 가장 많고 고등교육 이수율 역시 가장 높지만 정부부담 공공재원 투입액은 현저히 낮다는 연구결과가 나타났으며, 대교협 연구진은 고등교육 투자 규모와 대학교육 및 국가 경쟁력이 밀접한 관계가 있다는 것을 밝혔다. 스위스 국제경

영개발대학원(IMD)이 2022년에 발표한 대학교육·국가경쟁력 순위를 보면 국내 대학의 경쟁력은 63개국 중 46위에 그쳤는데, 정부의 공교육비 투자가 한국의 4배 수준인 독일의 교육경쟁력은 6위, 3배인 미국은 16위였다. 특히, 연이은 등록금 동결 기조와 적은 재정 지원으로 인해 국내대학이 세계대학랭킹에서도 큰 성과를 내지 못하고 있는 상황이다.

2023년부터 정부는 실질 고등교육재정 규모를 국내총생산(GDP) 대비 0.69%까지 키웠지만, 여전히 OECD 평균(GDP 대비 1.0%)에는 미치지 못하고 있다. 이에 대해 대교협 관계자는 국가 경쟁력과 대학 교육 경쟁력을 높이기 위해 고등교육 재정규모를 OECD 평균 수준까지 끌어올릴 수 있는 재정투자 전략을 수립해야 한다고 말했다.

03 학교폭력·아동학대 관련 이슈

권경애 변호사 사건

학교폭력 사건에서 권경애 변호사가 재판을 불출석해 패소한 피해자 유족이 권경애 변호사와 해당 로펌 등을 상대로 2억 원대의 손해배상 소송을 제기했다. 권경애 변호사가 학교폭력 소송을 성실히 진행했을 경우 승소했을 것이라는 사실이 입증되어야 유족의 이번 청구가 받아들여질 것으로 보인다.

2022년 2월, 서울중앙지방법원에서는 학교폭력 가해자로 지목된 이들 중 1명에게만 책임이 있다며 일부 승소 판결을 내렸다. 유족 측은 이에 불복해 항소를 제기했지만 권경애 변호사가 2심 재판에 세 차례 출석하지 않은 결과 1심에서의 원고 일부 승소는 패소로 변경되고, 2심에서 가해자 측의 항소가 받아들여져 나머지 가해자에 대해선 모두 항소가 취하됐다. 하지만 권경애 변호사는 패소 판결이 확정된 뒤에도 유족 측에 소송 진행 상황은 물론 재판 결과 등을 알리지 않아, 학교폭력 피해 학생의 유족은 8년간 이어온 소송에서 그 누구에게도 책임을 물을 수 없게 되었다. 이에 대해, 유족을 대리하는 양승철 변호사(법무법인 해담)는 권경애 변호사로 인해 유족이 재판받을 권리가 침해당했고, 상고할 기회까지 놓쳤다고 말하면서 권경애 변호사에 대해 불법행위 또는 채무불이행에 따른 손해배상을 청구하게 됐다고 밝혔다.

정순신 변호사 사건

2023년 2월 24일, 정순신 변호사가 윤석열 정권의 제2대 국가수사본부장 취임을 하루 앞두고 아들의 학교폭력 사건이 언론에 공개되면서 임명이 취소되는 사건이 발생했다. 정순신 변호사의 아들이 민족사관고등학교(이하 민사고)에 재학할 당시, 같은 학년 친구 2명에게 1년 이상 폭언과 폭행을 저지른 가해자로 밝혀졌고 정순신 변호사의 대처에 문제가 있었음이 대대적으로 보도되면서 2월 25일에 사의를 표명하고 윤석열 대통령은 임명을 취소하였다. 아들의 학교폭력사건으로 법원 소송이 진행될 당시에 정순신 변호사는 변호사·검사 등 오랜 법률적 경력을 동원하여 아들을 변호했음이 드러났고, 오히려 전학 조치를 내린 학교에 불만을 표시하는 등 진정성 있게 사과하는 태도를 보이지 않았다.

정순신 변호사의 아들은 민사고에 다니면서 심각한 수준의 학교폭력을 저질러 고등학교 3학년 때인 2019년 초 서울특별시 서초구의 반포고로 강제전학 처분을 받았다. 정순신 변호사의 아들은 8호 강제전학 조치로, 당시 서울대 내부 심의 기준에 따라 수능점수에서 2점 깎였지만 서울대에 입학하였다. 심지어 서울대는 정순신 변호사의 아들이 서울대 법학전문대학원(로스쿨)에 지원하더라도 고등학교 시절 학교폭력 기록으로 불이익을 받지 않을 것이라고 말하자, 국민적 공분이 일기도 했다. 이러한 결정에 대해 서울대는 학교폭력 기록이 대학원 입시 과정에서는 고려되지 않아, 학교폭력기록 반영기간을 연장해야 한다는 요구도 있었지만 엄벌주의가 가지는 부작용도 있기에 중용을 취해 4년으로 정했다고 설명했다.

'정순신 아들 방지법' 발의

2023년 5월 30일, 안민석 더불어민주당 의원은 학교폭력 조치사항을 로스쿨 입시에 반영하는 「법학전문대학원 설치·운영에 관한 법률」 개정안을 대표발의했다. 현행 「법학전문대학원법」 제23조에 따르면, 학사학위 성적을 비롯해 법조인 자질을 측정하는 적성시험 결과·외국어 능력·사회활동 및 봉사활동 경력 등을 입학전형자료로 활용하고 있지만 학교폭력 등 반사회적 범죄경력에 대한 감점 규정은 없다.

안민석 의원의 개정안은 로스쿨에서 학생을 선발할 때 중대한 학교폭력 징계사항, 아동·청소년 대상 성범죄 전력 등 반윤리적·반사회적 불법행위에 대해 불이익을 줘야 한다는 취지로 감점자료 활용 규정을 신설했다. 안민석 의원은 "국민이 요구하는 법조인의 높은 직업 윤리관에 부응하기 위한 개정안 발의"라며 "중대한 학교폭력 징계기록이 생활기록부에서 보존기간이 넘어 삭제되더라도 다양한 방식으로 학교폭력 여부를 확인하고 감점하도록 교육부에 요구하겠다."라고 강조했다.

학교폭력 근절 종합대책 발표

2023년 4월 12일 정부는 학교폭력에 대한 무관용 원칙을 세우겠다고 밝혔다. 가해 학생이 받은 출석정지·학급교체·전학조치기록의 보존기간을 졸업 후 2년에서 4년으로 연장하고 2026학년도 대입부터는 학교폭력 가해기록을 모든 대학의 수시 전형은 물론, 정시·논술 전형 평가에 반영하기로 했다. 이처럼 가해 학생의 불이익이 커지면서, 피해 학생에게 2차 가해를 할 경우에 대한 대책도 마련했다. 학생부 기록이 남을 것을 우려해 가해 학생이 자퇴하더라도 학생부 기록은 유지될 뿐만 아니라, 심의를 통해 가해 학생의 학생부 기록을 삭제하는 경우에도 반드시 피해 학생의 동의를 받아야 한다. 또한, 가해 학생과 피해 학생을 즉시 분리하는 즉시 분리 기간이 '3일'에서 '7일'로 연장되고 피해 학생에게 분리 요청권을 부여해 학교폭력 피해 학생을 위한 보호 조치도 강화된다. 이 밖에도 ▲피해 학생의 온전한 치유와 회복을 위해 전담지원관 제도 신설 ▲심리상담·치료를 위한 전문 지원기관 확대 ▲법률서비스와 의료 지원 강화 ▲17개 시도교육청에 '학교폭력 예방·지원센터' 설치 ▲학교장의 재량권 확대 및 교권 확립 ▲교원이 학교폭력 대응 과정에서 고의 또는 중대한 과실이 없다면 민·형사상 책임 면제 등 다양한 방법을 통해 피해 학생을 구제할 예정이다.

국가거점 국립대학교의 입학전형에서 학교폭력이력 적극 반영 예정

국가거점국립대학교 총장협의회는 지난 2023년 4월 21일 부산대 운죽정에서 '2023년 2차 정기회의'를 개최했다. 이날 회의는 강원대, 경북대, 경상국립대, 부산대, 서울대, 전남대, 전북대, 제주대, 충남대, 충북대 10개 협의회 회원대학의 총장과 부총장, 한국대학교육협의회 관계자 등이 참석했다. 참석자들은 회의에서 ▲학교폭력 조치사항 대학입시 반영방안 ▲국립대학 시설사업 인허가 특례 도입 ▲의과대학 교원 신규 채용 본교·타교 출신 비율 조정 ▲2023 국가거점 국립대학교 제전 행사 개최 계획 등 다양한 현안들을 논의했다. 특히, 10개 국립대가 학교폭력 조치사항을 대입 전형에 적극 반영하기로 결의한 것은 최근 교육부의 학교폭력 근절 종합대책에 따른 후속 조치로 보인다. 대학별 상황과 입학 정책이 다른 만큼 학교폭력 조치사항 반영 시기 등은 자율적으로 각 대학이 정할 예정이다.

인천 초등학생 사망 사건

친부와 계모의 끔찍한 학대로 몸에 난 상처만 200여 개, 멍투성이로 안타까운 죽음을 맞은 초등학생 A군의 사망 사건이 언론을 통해 알려지면서 국민적 공분을 샀다. 2023년 2월 7일 당시, A군은 키 149cm에 몸무게 29.5kg으로 인천의 한 응급실에 심정지 상태로 도착했다. A군의 몸에는 멍이 가득했고, 허벅지에는 뾰족한 것에 찔린 듯한 상처 수십 군데가 발견됐다. 국립과학수사연구소는 A군의 사망 원인을 '둔력에 의한 손상'이라고 밝혔는데, 이는 지속적인 학대로 인해 피부 속에 다량의 출혈이 발생하며 저혈당성 쇼크로 사망에 이른 것으로 보인다.

2023년 4월 13일, A군의 친모는 첫 공판 직전 기자회견을 열어 이혼 후 A군과 4년간 말 한 번 못 나누고, 손 한 번 잡아보지 못한 채 세상을 떠났다고 전했으며, 그동안 경제력이 있는 친부가 A군의 양육권을 가져갔지만 면접교섭권은 이혼 직후 딱 2번만 지켜졌다고 말했다. 이에 대해 친모는 면접교섭권을 어긴 것은 정서적 학대라며 계모와 친부에게 추가 고소장을 제출했다. 한편, A군의 계모는 2022년부터 2023년 2월까지 인천시 남동구 논현동 한 아파트 주거지에서 의붓아들 A군을 학대한 혐의를 받고 있다. 이에 A군의 계모와 친부 모두 「아동학대처벌법」상 아동학대 살해, 「아동복지법」상 상습아동학대, 상습아동유기 · 방임 혐의로 구속기소됐다. 첫 공판일인 4월 13일, 계모는 일부 학대는 인정하면서도 '살인의 고의성'은 부인했고 친부도 일부 혐의를 부인했다.

04 마약 관련 이슈

10대 마약사범 급증

10대 청소년들이 마약범죄에 속수무책으로 당하고 있다. 경찰청이 정우택 국민의힘 의원에게 제출한 자료에 따르면 2022년에 검거된 마약사범 1만 2,387명 중 10대는 294명(2.4%)으로 파악되었는데, 2018년 마약사범 8,107명 중 10대가 104명(1.3%)이었던 것에 비해 4년 새 약 3배 가까이 늘었다. 이처럼 10대 마약사범이 급증한 가장 큰 원인은 온라인과 사회관계망서비스(SNS)를 통해 저렴한 가격으로 10대들도 손쉽게 마약을 거래할 수 있기 때문이다.

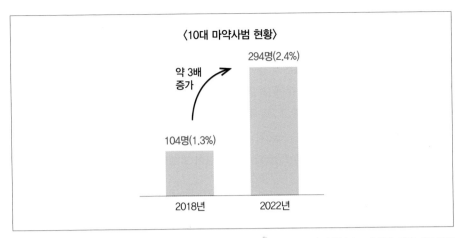

〈10대 마약사범 현황〉

약 3배
증가

294명(2.4%)

104명(1.3%)

2018년　　　　2022년

※ 출처: 경찰청, 국민의힘 정우택 의원실, (　　) 안은 전체 대비 비중

이러한 가운데 10대 청소년들이 마약을 투약하다 경찰에 적발되는 일이 또 다시 발생했다. 2023년 3월, 서울 동대문경찰서는 「마약류관리법」 위반 혐의로 중학생 A양(14)과 같은 반 남학생 2명을 입건해 조사했는데, 이들 3명은 2월 6일 오후 6시 40분쯤 서울 동대문구에 있는 A양 집에서 함께 필로폰을 투약한 사실이 드러났다. A양의 어머니가 딸이 건강 이상 증세를 보이자 '마약을 한 것 같다'는 취지로 경찰에 신고했으며, 특히 A양은 직접 마약을 구입한 혐의까지 받고 있다. A양은 마약 유통책이 특정 장소에 마약을 두고 구매자가 찾아가게 하는 '던지기 수법'을 통해 필로폰 0.5g을 구매한 것으로 드러났다.

대치동 학원가 마약 음료수 사건

2023년 4월 3일, 서울 강남구 대치동 학원가에서 조직범죄 일당이 불특정 다수 고등학생에게 마약 함유 음료수를 시음하게 한 사건이 발생했다. 기억력과 집중력 강화에 좋은 음료수가 개발되었다면서 무료 시음 행사를 진행했고 이후 음료수를 마신 학생들이 어지럼증을 호소한다는 신고가 들어오자 경찰은 바로 조사에 들어갔다. 조사 후 필로폰, 메스암페타민, 엑스터시가 섞인 마약 음료수라는 사실이 밝혀졌고 곧장 용의자 추적에 나선 경찰은 동대문구에서 피의자 중 한 명인 49살 여성 A씨를 검거했다. 이들은 현장에서 학생들에게 구매 의사를 묻겠다며 학부모의 연락처를 받아낸 뒤, 직접 부모에게 연락해 그들의 자녀가 마약을 복용했다는 사실을 신고하겠다며 협박했다. 이후 A씨와 함께 범행을 벌인 20대 남성 B씨는 4월 5일 오전 10시쯤 강남경찰서에 자진 출석했고, 4월 6일 오전 10시쯤에 추가 피의자 1명까지 검거됐다. 마지막으로 4월 6일 오후 11시 50분쯤 대구에서 용의자 1명을 추가로 긴급 체포해, 이로써 마약 음료수 사건의 용의자 4명은 모두 경찰에 체포됐다.

마약 대응 방안

2023년 4월 21일, 여당 지도부와 부처가 머리를 맞대고 마약류 관리 종합대책과 마약범죄 동향 및 대응방안을 논의했다. 국민의힘과 정부는 검찰의 마약 수사권을 원상회복하고 마약단속국 신설 방안을 긍정적으로 검토했다. 김기현 국민의힘 대표는 "강남 학원가에서 일어난 마약 사건은 국민 모두를 경악하게 했다."라며 "어느 누구도 이제 마약범죄에서 자유로울 수 없고 타깃이 될 수 있을 정도로 우리 사회가 더 이상 마약에 대해 안전하지 못하단 걸 여실히 보여준 사건"이라고 말했다. 김기현 대표는 늦기 전에 최선의 대책을 마련할 것을 강조하면서 마약이 국내로 유입되는 것에 대해 처벌과 수사에 그칠 게 아니라 종합적인 대책이 필요하다고 말했다.

한동훈 법무부 장관은 앞으로 청소년을 대상으로 마약을 공급하는 사람들에 대해서는 반드시 구속 수사를 실시할 것이며, 이를 통해 빠른 시일 내에 마약 청정국 지위를 되찾을 수 있을 것이라고 밝혔다. 방문규 국무조정실장은 마약의 국내 유입이나 유통 단속·사법 처리·치료 재활 등 마약을 빈틈없이 관리·점검할 것이며, 대국민 홍보를 통해 청소년 마약 교육에 최선을 다하겠다고 설명했다. 또 당에서 마약 대책 추진이 원활하게 진행될 수 있도록 많은 관심을 기울이고 관련 입법이 조속히 마무리되도록 적극 지원해달라고 말했다.

05 최신 이슈

누리호 3차 발사

2023년 5월 25일, 이종호 과학기술정보통신부 장관과 이상률 한국항공우주연구원(항우연)은 전남 고흥에서 열린 누리호 3차 발사 결과 브리핑에서 국내 우주수송능력을 확보하기 위해 독자적으로 개발한 누리호 3차 발사가 국민의 관심과 성원 속에 마무리되었다고 발표했다. 누리호는 발사 후 정해진 비행시퀀스에 따라 비행 과정이 모두 정상적으로 진행되었고, 오후 7시 7분쯤에는 남극 세종기지에서 차세대소형위성 2호의 비콘(Beacon) 신호까지 확인했다. 이종호 장관은 "앞으로 2027년까지 누리호를 3차례 반복 발사함과 동시에 누리호보다 성능이 향상된 차세대발사체 개발을 추진해 국제적인 경쟁력을 확보해나갈 것"이며, "기업과 연구기관들이 새로운 비즈니스 모델을 펼쳐나갈 수 있도록 기반을 마련해 나가겠다."라고 밝혔다. 이어서 이종호 장관은 "따뜻한 격려와 성원을 보내주신 국민 여러분과 누리호 3차 발사 준비를 위해 땀과 열정을 아끼지 않은 연구자, 산업체 관계자 모든 분들께 진심으로 감사드린다."라고 덧붙였다.

대한민국이 자력으로 실용급 위성을 발사하는 7번째 우주 국가가 되기까지 13년간 2조 원 이상의 예산이 투입됐다. 누리호 개발은 2010년 3월부터 시작되었으며, 250여 명의 연구 개발 인력이 누리호 설계·제작에 매진한 것으로 알려졌다. 특히, 누리호의 중대형 액체로 켓엔진과 대형추진체 탱크, 발사대 등 핵심 부품은 모두 우리나라 연구진과 기업이 만들었 는데, 이것은 외국 발사체에 의존하지 않고 독자적으로 우주 개발사업에 나설 수 있음을 의미한다.

러시아-우크라이나 전쟁

2022년 2월 24일, 러시아가 우크라이나 수도 키이우를 미사일로 공습하고 지상군을 투입 하는 등 전면 침공하면서 시작된 러시아-우크라이나 양국 간 전쟁이다. 2021년 10월 하순 부터 러시아가 우크라이나의 국경에 병력을 증강하며 군사충돌 위기가 고조되던 가운데, 2022년 2월 24일에 러시아의 우크라이나 침공은 블라디미르 푸틴(Vladimir Putin) 러시 아 대통령이 우크라이나 내에서 특별 군사작전을 수행할 것이라는 긴급 연설과 함께 사실 상 전쟁이 선포됐다. 푸틴은 연설을 통해 러시아는 우크라이나의 비무장화를 추구할 것이 며, 이러한 러시아의 움직임에 외국이 간섭할 경우 즉각 보복할 것이라고 경고하기도 했 다. 특히 푸틴은 북대서양조약기구(NATO)의 확장과 우크라이나의 영토를 활용하는 것은 용납할 수 없다고 밝혔는데, 이는 러시아와 국경을 맞댄 우크라이나까지 북대서양조약기 구와 유럽연합(EU)에 가입하려하자 무력을 행사해서라도 이를 막겠다는 판단으로 보인다. 개전 초, 사흘 안에 끝난다던 전쟁이 1년이 지난 2023년 6월에도 진행 중이다. 이에 대해 우크라이나와 유럽 동맹국들이 종전 조건을 논의하기 위해 러시아를 제외한 세계 지도자들 의 정상회담을 계획하는 것으로 알려졌다. 회담에서는 앞서 볼로디미르 젤렌스키 (Volodymyr Zelensky) 우크라이나 대통령이 제시한 10개 항으로 구성된 평화안이 논의 될 예정이며, 10개 항에는 러시아의 완전한 철수, 전쟁 포로 송환과 러시아 범죄 기소 등의 내용을 담고 있다.

전국장애인차별철폐연대(이하 전장연)의 지하철 시위

2021년 12월 3일부터 시작된 전장연의 출근길 지하철 승하차 시위는 2022년 12월 2일까 지 총 47차례 진행되었으며, 이로 인해 서울시 대중교통, 지하철의 운행은 84번 지연된 것 으로 알려졌다. 전장연은 장애인권리예산 확대를 요구하고 있는데, 장애인권리예산에는 이동권, 교육권, 노동권, 탈시설 및 자립생활권 등 장애인이 사람답게 살아갈 권리를 보장 하는 데 필요한 예산을 모두 포함한다. 2022년 12월 24일 국회가 최종 의결한 2023년 장애인권리예산은 전년 1조 9,493억 원보다 3,043억 원 늘었지만, 전장연은 이를 "최저임금 인상에 따른 자연 증가분에 지나지 않는다."라고 보고 있다.

전장연은 2023년 3월 23일 오후 12시까지 지하철 탑승 시위를 중단하고, 다시 한 번 기획재정부와 서울시에 4대 요구안(▲지하철 리프트 추락 참사, 엘리베이터 100% 설치 약속 미이행 사과 ▲3월 23일까지 기획재정부에 장애인권리예산 반영 촉구 ▲탈시설 가이드라인 권고에 대한 유엔장애인권리위원회 위원과 초청 간담회 이행 ▲2024년 서울시 장애인권리예산 답변) 반영을 요청했다.

항공기 출입문 사고

2023년 5월 27일, 경찰은 제주공항에서 출발해 대구공항에 착륙하기 직전 약 213m(700피트) 상공에서 항공기 출입문을 열어 승객들을 공포에 떨게 한 남성에게 구속영장을 신청했다. 경찰은 "이 씨의 범행이 중대하고 도주 우려가 있어 신병을 확보할 필요가 있다고 판단했다."라며 영장 신청이유를 밝혔다. 제주공항에서 혼자 비행기에 탑승한 이 씨는 착륙 직후 경찰에 긴급체포되었고, 경찰 수사가 계속되자 이 씨는 "최근 실직 후 스트레스를 받아오고 있었다.", "비행기 착륙 전 답답해 빨리 내리고 싶어서 문을 열었다."라고 진술했다. 범행 당시 이 씨는 출입문을 개방하고 옆 벽면에 매달리는 등 위험한 행동을 이어간 이 씨는 「항공보안법」 제23조를 위반해 10년 이하의 징역형에 처할 것으로 보인다.

사고가 발생하자 항공사 측은 급히 대책 마련에 나섰다. 항공사 측은 재발을 막기 위해 같은 기종의 비상구 옆 좌석 판매를 중단하기로 결정했다. 해당 좌석은 안전띠를 풀지 않고도 비상구 레버에 손이 닿을 정도로 문에 밀착되어 있어 비상시 승무원의 제어가 어렵다는 판단에서다. 또한 항공사 측은 대구공항 1층 카운터에 상시 운영 중인 '항공기 이용 피해구제 접수처'에서 '비상 출입문 열림 사고'에 대한 피해 접수도 시작했다. 항공사 관계자는 "승객들에게 일괄적인 피해구제 설명은 안 나갔지만 빠른 시일 내 구제책 제시 등 방안을 마련하겠다."라고 설명했다.

후쿠시마 오염수 방류 논란

후쿠시마 제1원전은 2011년 동일본 대지진 폭발사고 이후 가동이 중단되었으나, 핵연료 냉각수 및 원전 건물에 지하수와 빗물 등이 유입되어 매일 140톤 규모의 '방사성 오염수'가 발생하고 있어 처리 방법을 놓고 논쟁이 지속되었다. 이러한 상황 속에서 일본 정부는 1천여 개의 저장 탱크에 보관 중인 오염수를 최소 30년간 태평양에 방출하는 계획을 추진 중에 있다고 하여 큰 논란을 빚었다. 그리하여, 2023년 3월 13일에 기시다 일본 총리는 일본

참의원 예산위원회에서 "규제 기준을 준수한 처리수 해양 방류는 국제관행에 따른 것"이라고 밝혔는데, 다핵종제거설비 ALPS(Advanced Liquid Processing System)를 통해 오염수 속 방사성 물질들을 제거한 처리수를 방류하는 것이므로 문제없다는 입장을 보였다.

하지만 오염수 방류에 대해 국민들의 반대 여론이 거세게 일고 있다. 여론조사기관 리서치뷰가 환경운동연합 의뢰로 2023년 5월 19일부터 22일까지 성인 1,000명을 대상으로 후쿠시마 오염수 방류에 대해 찬성과 반대 의견을 물은 결과, 찬성은 10.8%에 그쳤지만 반대가 무려 85.4%에 달한 것으로 나타났다. 이에 대해 최경숙 시민방사능감시센터 활동가는 "현재 후쿠시마 원전 부지 지하수 오염은 상상을 초월한다. 동토차수벽은 현재 제대로 작동하지 않는다."라고 말하면서, "정부와 여당은 오염수가 안전하게 관리되고 있다는 괴담 유포 대신 오염수 해양 방류를 반대하는 85.4% 국민의 목소리에 귀 기울여야 한다."라고 지적했다.

고교학점제

고교학점제는 학생의 기초 소양과 기본 학력을 바탕으로 진로·적성에 따라 과목을 선택하고, 이수기준에 도달한 과목에 대해 학점을 취득하여 졸업하는 제도다. 고교학점제를 도입하면, 현 교육체계에서 탈피하여 대학생처럼 자신의 흥미와 적성에 따라 스스로 시간표를 만들 수 있다. 고교학점제는 2020년 마이스터고에 우선적으로 도입한 뒤 2022년에는 특성화고·일반고 등에 부분 도입하고, 2025년부터 모든 고등학교에서 전면 시행할 예정이다. 1학년 때는 공통과목(선택과목 수강 전 이수하는 과목)을 중심으로 수강하면서 희망 진로와 연계된 학업 계획을 수립하고, 2학년부터 자신의 흥미와 적성에 맞는 선택과목을 본격적으로 수강하게 된다. 고등학교 수업과 학사운영 기준은 '단위'에서 '학점'으로 바뀌며, 졸업기준은 현행 204단위(3년 기준)에서 192학점으로 바뀐다. 또한, 2025년부터 각 과목 출석률(2/3 이상)과 학업성취율(40% 이상)을 모두 충족해야만 졸업할 수 있다. 만약 최소 학업 성취율(40% 이상)에 도달하지 못한 학생은 성적으로 I(Incomplete; 미이수)를 받게 된다. I를 받은 학생들은 별도 과제를 수행하거나 보충 과정을 따로 이수하는 등 보충이수를 통해 다시 학점을 이수해야 한다.

과밀학급

과밀학급이란 학급당 학생 수가 지나치게 많아 정상적인 수업활동을 전개하기 힘든 학급을 일컬으며, 재정 지원이 부족하거나 대도시 지역에서 학교 부지를 확보하기 어려울 때 나타나는 현상이다. 좁은 교실에 학생들이 모여 빽빽하게 앉아 있는 모습이 콩나물시루를 떠올리게 해 소위 '콩나물교실'이라 불리기도 한다. 현 교육계는 이러한 과밀학급 문제를 해소해 학생들이 쾌적하게 교육받을 권리를 보장하고, 교사가 세심한 학생생활지도를 할 수 있도록 학급당 학생 수를 20명 이하로 줄여 교육의 질을 높이는 것을 목표로 하고 있다. 과밀학급 현상은 특히 대도시 지역의 초등학교·중학교를 중심으로 나타났다. 2020년 교육기본통계에 따르면 우리나라의 학급당 학생 수는 초등학교 21.8명, 중학교 25.5명으로 OECD 평균인 초등학교 21.1명, 중학교 23.3명을 상회하여 해결이 시급한 것으로 드러났다. 또 보통 교실이 20평임을 고려할 때 학생 1명당 교실 1평을 확보하면 코로나19나 이와 같은 전염병이 유행하더라도 원격수업을 하지 않고 거리두기를 하면서 수업을 할 수 있을 것으로 보인다.

국제바칼로레아 (International Baccalaureat, IB)

IB는 1968년 스위스 국제학교협회와 유네스코의 협력하에 설립된 만 3~19세 학생을 대상으로 한 초·중등 교육과정이다. 영어는 물론 프랑스어, 스페인어 등을 교육하고 있어, 국제교육과정의 표준으로 인정받고 있다. 교육프로그램은 만 3~12세 대상의 초급과정(Primary years Programme), 만 11~16세를 대상으로 하는 중급과정(Middle Years Programme), 만 16~19세가 대상인 디플로마과정(Diploma Programme)이 있다. 이 중에서 디플로마과정은 국제대학입학 자격과정으로, IB 과정이 설치된 고등학교에 2년 동안 다닌 후 시험을 통과하면 IB 증서를 취득할 수 있다. 국제공인 교육과정 IB에 대한 전 세계적 관심이 높아지면서 우리나라 시도교육청들 역시 IB 도입에 적극적으로 나서고 있다. 그동안 대구교육청과 제주교육청 2곳에서만 IB 도입을 추진했으나 최근 다른 시도교육청에서도 IB 도입을 경쟁적으로 추진하고 있다.

그린 스마트 스쿨

그린 스마트 스쿨은 정부가 제시한 그린·디지털의 융복합 추진 과제로, 친환경·디지털 교육환경을 조성하기 위해 태양광·친환경 단열재를 설치하는 것은 물론 교실에 WiFi와 교육용 태블릿 PC를 보급하는 내용을 담았다. 그린 스마트 스쿨 추진을 위해 2025년까지 총사업비 15조 3,000억 원을 들여 일자리 12만 4,000개를 창출하는 이른바 '한국판 뉴딜 종합계획'을 시행할 예정이다. 리모델링, 무선망, 스마트기기, 온라인플랫폼 등이 주요 투자사업으로 선정됐다.

- 리모델링

  노후한 학교를 대상으로 태양광 발전시설 설치 및 친환경단열재 보강공사를 통해 에너지 효율을 제고한다.

- **무선망과 스마트기기**

  초등학교·중학교의 전체 교실(38만 실)에 WiFi 100% 조기 구축을 달성할 방침이다. 스마트기기는 교원의 노후한 PC·노트북 20만 대가 교체될 것이며, 온라인 교과서 선도 학교인 1200개교에 교육용 태블릿PC 24만 대를 지원한다.

- **온라인플랫폼**

  다양한 교육콘텐츠 및 빅데이터를 활용하여 학생에게 맞춤형 학습 콘텐츠를 제공할 수 있는 온라인 교육 통합 플랫폼을 구축한다.

늘봄학교

초등학생을 아침부터 오후 8시까지 빈틈없이 돌보는 '늘봄학교'는 2023년도 새 학기부터 본격적으로 추진되어 2025년 전국으로 확대된다. 현행 돌봄교실 운영 시간을 오후 8시까지 단계적으로 늘린 것인데, 필요한 경우 자녀를 오후 8시까지 학교에 맡길 수 있으며 석식·간식뿐 아니라 별도로 저녁 프로그램이 제공된다. 돌봄 수요가 특히 많은 대도시는 거점 5곳을 지정해 운영하며, 맞벌이 가정을 위한 아침·저녁돌봄 및 틈새·일시돌봄 등을 제공해 학부모의 선택지를 넓혔다. 하교가 빠른 초등학교 1학년 학생들을 위해 '집중 에듀케어' 프로그램뿐만 아니라, 제4차 산업시대에 발맞춰 인공지능이나 소프트웨어, 예체능 등 미래형 방과후 프로그램도 제공된다. 교육부는 늘봄학교의 시범교육청으로 경기, 경북, 대전, 인천, 전남교육청을 선정하였다. 5개 시범교육청에 특별교부금 약 600억 원을 지원하고, 방과 후 전담 운영체제 구축을 위해 시범교육청을 포함한 17개 교육청에 지방공무원 120여 명을 배치하여 단위학교의 업무 경감을 지원한다. 향후 시범운영을 통한 우수모델을 발굴하고 평가지표를 마련하여 2024년에 단계적 확대 추진 시 이를 반영할 수 있도록 하고, 2025년부터는 늘봄학교를 전국에 확산할 계획이다.

라이즈 (지역혁신중심 대학지원체계, RISE; Regional Innovation System & Education)

지자체가 주도적으로 지역발전과 연계해 지역대학에 투자할 수 있도록 지자체의 대학지원 권한을 확대하고 혁신을 위해 노력하는 대학에 대해 규제를 대폭 완화하는 라이즈(RISE) 체계를 구축한다. 기존의 산학협력, 평생·직업교육 등 지자체와 협력이 중요한 대학재정 지원사업을 통합하고 대학재정지원사업의 구조·규모 조정 등을 통해 2025년부터 교육부 대학재정지원사업 예산의 50% 이상을 지역주도로 전환한다. 향후 다른 중앙부처의 대학재 정지원사업을 고등평생교육특별회계로 편입하고 라이즈로 단계적 전환이 이뤄지도록 협의해 나갈 계획이다.

또 교육부는 경남, 경북, 대구, 부산, 전남, 전북, 충북 등 7개 지역을 라이즈 사업 시범지역으로 선정해 지역주도 대학지원의 우수 모델을 만드는 한편, 필요한 제도 개선·법령 개정사항을 발굴해 정비한 후 2025년부터 모든 지역으로 확대·시행하기로 했다. 대학 구조를 전면적으로 혁신할 의지와 지역성장을 견인할 역량을 갖춘 지역대학은 '글로컬대학'으로 선정된다. 2027년까지 비수도권 모든 지역에 글로컬 대학을 총 30개 내외로 지정하고, 지정된 대학에는 중앙부처와 지자체의 집중적인 재정 투자와 과감한 규제 특례를 부여해 대학의 혁신적 변화가 이뤄지도록 지원할 예정이다.

인재양성전략회의

국가 인재양성의 초석을 마련하기 위한 제1차 인재양성전략회의가 출범했다. 정부는 그동안 인재양성정책이 부처별·개별적으로 수행되던 한계를 극복하고, 국가적 관점에서 범부처 협업을 통해 종합적·체계적인 인재양성정책을 수립·추진하겠다고 밝혔다. 인재양성전략회의는 대통령을 의장으로, 관계부처 장관 등 정부위원과 교육계·산업계·연구계 민간 전문가를 포함한 약 30명 규모의 민관협력 협의체다. 앞으로 인재양성전략회의에서는 대통령이 의장으로 인재양성정책의 부처 간 역할 분담과 조정 역할을 수행하는 동시에, 환경·에너지, 우주·항공 등 핵심 첨단분야 인재양성 방안을 논의하는 협의체로 지속 운영된다.

이번 제1차 회의에서 정책일관성(국정과제, 첨단분야 주요 정책 등), 시급성(인력수급 전망), 국제표준(OECD 산업분류 체계)을 고려하고 범부처 협업을 통해 국가적 역량 결집이 필요한 5대 핵심분야가 도출됐다. 5대 핵심분야는 ▲항공·우주 미래모빌리티 ▲바이오헬스 ▲첨단부품·소재(반도체, 배터리 등) ▲디지털 ▲환경 에너지이다. 향후 인재양성 3법「국가인재양성기본법」, 「직업교육법(가칭)」, 「인재데이터 관리법(가칭)」을 제정하고 인재정책 성과관리 체계 신설 등을 통한 제도적 기틀을 마련하며 인재양성의 데이터 기반을 조성하기 위해 인재양성 데이터베이스(DB) 구축 등을 추진할 예정이다.

체육온동아리

코로나19가 유행하면서 학생들의 신체 활동량이 줄어듦에 따라 학생들의 기초체력 수준 저하가 사회적 문제로 대두되고 있다. 학생들의 기초체력은 건강한 학교생활·문화에 중요하므로, 이를 강화할 수 있는 프로그램이 필요하다는 여론을 반영해 교육부는 학교체육을 활성화하겠다고 밝혔다. 체육온동아리를 통해, 학생들의 올바른 인성교육을 함양해 학교폭력을 근절하고 체육 활동에 대한 학부모의 사교육 수요를 공교육으로 흡수하겠다는 방침이다. 교육부는 체육온동아리를 추진하기 위해 '2023년 학교체육 활성화 추진 기본계획'을 마련해 시도교육청에 안내했다. 체육온동아리는 학생들이 체육활동에 흥미를 느끼고 주도적으로 참여할 수 있도록 놀이·게임과 접목한 다양한 신체활동을 소규모·수준별·그룹형으로 하는 프로그램으로, ▲고무줄놀이 ▲한 발 술래잡기 ▲풍선 배구 ▲스쿼시 탁구(벽 탁구) ▲셔플 댄스 ▲손 족구 등 148개 영상 콘텐츠가 체육활동을 위해 제공된다.

평생학습도시

평생학습도시란 시·공간의 제한 없이 지역민 모두가 원하는 학습을 받고 지역의 미래 역량을 키우는 사업이다. 「평생교육법」 제15조에 따라, 지역사회의 평생교육 활성화를 위해 국가는 특별자치시, 시·군 및 자치구를 대상으로 평생학습도시를 지정·지원할 수 있다. 이에 따라 교육부는 2001년부터 다양한 지방자치단체를 평생학습도시로 지정하여 평생교육 기반을 조성하고 있는데 2001년에 대전 유성구, 전북 진안군, 경기 광명시가 전국 최초의 평생학습도시로 지정되었다. 평생학습도시 간의 연계·협력 및 원활한 정보 교류를 위해 전국평생학습도시협의회를 둘 수 있다.

아울러 국가는 장애인의 평생교육을 활성화하기 위해 노력하고 있다. 지역 사회와 마찬가지로, 특별자치시, 시·군 및 자치구를 대상으로 장애인 평생학습도시를 지정 및 지원할 수 있다. 또한 장애인 평생학습도시 간의 연계·협력 및 활발한 정보 교류를 위하여 전국장애인평생학습도시협의회를 둘 수 있으며, 장애인 평생학습도시가 활성화되기 위해 관계 중앙행정기관 및 유관기관 등이 참여하는 협의체를 구성·운영할 수 있다.

학교운영위원회

1995년 12월 「지방교육자치에 관한 법률」이 개정되고 1996년부터 각 시·도 의회에서 학교운영위원회에 관한 조례가 제정되면서 국립 초·중교에서 전면적으로 실시되었다. 「초·중등교육법」 제31~34조에 규정된 학교운영위원회는 비공개적이고 폐쇄적인 학교 운영을 지양하고, 개방적이고 투명한 학교 운영을 목표로 하며, 학교 운영의 자율성을 높이고 지역의 실정과 특성에 맞는 다양한 교육을 실현하기 위해 도입되었다. 학교운영위원회는 학교 운영과 관련된 의사결정단계에 학부모·교원 및 지역 인사와 같은 지역 주민이 참여해 학교 정책을 결정하고, 민주성·합리성·효율성을 확보하기 위한 집단 의사결정(심의·자문)기구이다. 이에 따라 국·공립 및 사립 초·중·고·특수학교에서는 반드시 학교운영위원회를 구성 및 운영해야 한다.

MZ세대

MZ세대는 1980년대 초에서 2000년대 초 출생한 '밀레니얼 세대(Millennials)'와 1990년대 중반부터 2000년대 초반 출생한 'Z세대'를 아우르는 말이다. 디지털 환경에 익숙한 MZ세대는 모바일을 능숙하게 사용하고, 최신 트렌드와 새로운 경험을 추구하는 특징을 보인다. 또한 소비시장에서 SNS를 기반으로 강력한 영향력을 발휘하는 경제주체로 부상하고 있다.

MZ세대의 다양한 가치관과 생각은 획일적인 조직문화와 충돌하며 퇴직 및 이직의 원인이 되고 있는데, 2030 남녀 직장인들을 대상으로 조사한 결과 10명 중 3명이 입사 1년이 채 되기도 전에 퇴사한 것으로 나타났다. 이에 대해 전문가들은 "2030이 자신의 역량을 인정해 주는 곳을 찾아간다는 측면에서 (이직은) 긍정적"이라며 "고여 있으면 변화가 없는데, 자신이 발전하면 조직과 사회에도 가치를 제공할 수 있다."라고 말했다. 또한 퇴사를 개인 문제로 치부하는 대신 조직 문제를 짚을 성찰적 자세로 임해야 한다는 조언도 덧붙였다. "젊은이들은 자신의 능력을 인정해 주는 곳으로 옮긴다."라며 "이들이 왜 옮겨 가는지를 고민하고, 급여와 복지수준 등을 조정할 필요가 있다."라는 것이다.

디지털 리터러시 (Digital Literacy)

디지털 리터러시는 다양한 디지털 기술·도구를 이해하고 활용할 수 있는 능력인 동시에 디지털 기술과 미디어에 대해 비판적으로 생각할 수 있는 능력을 의미한다. 현대사회에서 디지털 기술을 이용해 정보를 전달하고 공유하며, 다른 사람들과 소통하는 것은 당연한 일이 되었다. 즉, 디지털 의존도가 높아진 현대사회에서 개인이나 조직이 살아가기 위해 이러한 능력은 필수일 뿐만 아니라 문제 해결, 창의적인 생각, 협력과 같은 다양한 사고 활동에도 필요한 능력인 것이다. 따라서 디지털 리터러시는 개인의 일상생활은 물론, 교육·직업능력개발·사회 참여 같이 사회적 분야에서도 매우 중요하다.

미국의 저술가 폴 길스터(Paul Gilster)가 1997년에 발표한 저서『디지털 리터러시(Digital Literacy)』에서 이 용어를 처음으로 사용했는데, 그는 디지털 리터러시를 '컴퓨터를 활용해 찾은 여러 가지 형태의 정보들을 이해하고 활용할 수 있는 능력'으로 정의했다. 그 이후 미국도서관협회(ALA; American Library Association)는 디지털 리터러시에 대해 '정보통신기술을 활용하여 정보를 검색·평가·창조·상호 교환할 수 있는 인지적·기술적 역량'이라 설명했다.

딥러닝 (Deep Learning)

딥러닝은 인공지능 컴퓨터가 외부 데이터를 스스로 조합하고 분석하여 학습하도록 하는 방법인 머신러닝(Machine Learning) 기술 중 하나로, 컴퓨터가 인간처럼 판단하고 학습한 뒤 이것을 기반으로 사물이나 데이터를 군집화하거나 분류하는 데 사용하는 기술을 의미한다. 딥러닝은 학습 자료의 양이 많을수록, 학습의 단계가 세분화될수록 성능이 좋아진다는 특징을 가지고 있으며, 딥러닝은 뉴스 요약 서비스, 이미지 분석뿐만 아니라 자동 운전, 자율 로봇 등 다양한 분야에서 활용할 수 있어 최근 각광받고 있다.

초기 인공지능은 마치 주입식 교육처럼 규칙을 컴퓨터에 주입하는 지도학습법(supervised learning)을 이용했다. 1990년대 중반 이후부터 인터넷이 등장하면서 방대한 데이터를 수집하고 이를 통해 수많은 빅데이터를 분석할 수 있게 되었는데, 이것은 인공지능 시스템이 스스로 학습하는 이른바 머신러닝이 발전할 수 있는 계기로 이어졌다. 머신러닝은 축적된 데이터를 기반으로 상관관계와 특성을 찾아내고 분석하는 것에 그치는 데 반해 딥러닝은 축적된 데이터를 분석하는 것은 물론, 이 데이터를 통해 학습한 뒤 최적의 결론을 내리는 기술이다. 따라서 컴퓨터가 개발되고 방대한 양의 데이터를 분석할 수 있게 되면서 딥러닝을 구현할 수 있게 되었고, 이 덕분에 딥러닝이 개발되면서 인공지능(AI)이 획기적으로 발전하게 되었다.

메타버스 (Metaverse)

메타버스는 '가상', '초월' 등을 뜻하는 영어 단어 '메타(Meta)'와 우주를 뜻하는 '유니버스(Universe)'를 합친 단어로, 현실세계와 같은 사회·경제·문화 활동이 이뤄지는 3차원의 가상세계를 가리킨다. 메타버스는 가상현실(VR; 컴퓨터 속 가상의 세계에서 사람이 실제와 같은 체험을 할 수 있는 최첨단 기술)보다 한 단계 더 나아가, 게임이나 가상현실을 즐기는 걸 넘어서 아바타를 활용해 실제 현실처럼 사회·문화적 활동까지 가능하다. 1992년 미국 SF 작가 닐 스티븐슨(Neal Stephenson)은 소설『스노 크래시(Snow Crash)』에서 아바타를 통해서만 들어갈 수 있는 가상의 세계라는 메타버스의 개념을 처음으로 대중에게 소개했다. 그러다 2003년 린든 랩(Linden Lab)이 『스노 크래시(Snow Crash)』에 영감을 받아, 3차원 가상현실 기반의 '세컨드 라이프(Second Life)'를 출시하면서 메타버스가 널리 알려졌다. 또 5G가 상용화되면서 가상현실(VR)·증강현실(AR)·혼합현실(MR) 등을 구현할 수 있게 되었고, 코로나19 사태로 비대면·온라인 추세가 확산되면서 메타버스가 더욱 주목받게 되었다.

사이버 불링 (Cyber Bullying)

사이버 불링(Cyber Bullying)은 2000년 미국 뉴햄프셔대학의 아동범죄예방센터에서 처음으로 사용한 용어다. 사이버 불링은 악성댓글이나 메시지, 비하 또는 수치스럽거나 굴욕적인 사진 혹은 합성사진 그리고 동영상을 올리거나 문자(메시지) 폭탄, 허위 사실 유포 등 상대방에게 수치심이나 고통을 유발할 수 있는 모든 행위를 포함한다. 이러한 사이버 불링은 디지털 기기의 다양한 서비스를 통해 이루어지기 때문에 매우 다양한 형식과 방식으로 나타날 수 있는데, 디지털 서비스의 특성상 피해자에게 즉각적으로 전달될 뿐 아니라 시·공간의 제약이 없으며, 한 번 게시된 자료는 매우 빠르게 확산된다는 특징이 있다. 이러한 사이버 불링을 겪은 피해자는 이메일이나 휴대전화, SNS 등을 통해 24시간 내내 무차별적인 폭력에 시달리며, 좌절감이나 불안감, 스트레스, 우울증 등을 겪는다.

에듀테크 (EduTech)

에듀테크는 디지털 시대의 돌입과 코로나19의 유행 등으로 대부분의 교육이 온라인으로 이루어짐에 따라 급격히 성장하고 있는 산업 중 하나다. 미국을 중심으로 성장하던 에듀테크 시장은 아시아와 유럽 지역을 포함해 전 세계적으로 확장되고 있다. 에듀테크(EduTech)는 '에드테크(Ed-Tech)'라고도 불리며, '교육(Education)'과 '기술(Technology)'을 합친 용어로 교육을 정보통신기술(ICT)에 결합한 산업을 말한다. 즉, 소프트웨어(SW)·미디어·3D·가상현실(VR)·증강현실(AR) 등을 교육에 활용해 학생들이 보다 더 효과적·효율적인 학습할 수 있는 차세대 교육을 의미한다. 또한 에듀테크를 교육기관이나 교사들 역시 활용할 수 있는데, 학생들의 학습 진도를 추적하고 분석할 수 있는 에듀테크의 데이터 분석 기능을 통해 교육과정 및 학습 방법을 개선할 수 있다.

임금피크제 (성과연급제)

임금피크제는 노동자가 일정한 연령에 도달한 뒤 고용보장이나 정년연장을 조건으로 임금을 감축하는 제도이다. 고령화 추세 속에서 기존 연공급 임금체계로는 임금이 노동생산성을 따라잡지 못할 것이므로 기업의 부담 경감과 고용 안정을 위해 정년 보장과 임금 삭감을 맞교환하자는 취지로 2000년대 들어 도입이 시작됐다. 처음에는 공공기관을 중심으로 일부 사업장에서만 적용되다가 2013년 「고용상 연령차별 금지 및 고령자 고용 촉진에 관한 법률」(약칭: 고령자고용법) 개정으로 노동자의 정년이 60세 이상으로 늘면서 산업계 전반에 확산됐다. 2022년 합리적인 이유 없이 연령만을 이유로 직원의 임금을 삭감하는 임금피크제는 「고령자고용법」을 위반한 것이므로 무효라는 대법원의 판결로 임금피크제를 통해 인건비를 절감해온 기업들에 비상이 걸렸다. 향후 유사한 소송이 줄을 이을 가능성이 크기 때문이다. 아울러 대법원이 임금피크제를 적용할 수 있는 합리적 기준을 처음으로 제시함에 따라 노사 간의 재논의 및 협상이 불가피해 보이며, 그 과정에서 갈등이 빚어질 것으로 예상된다.

중위연령

특정 시점에서 전체 인구를 연령순으로 나열하여 단순히 균등하게 이등분한 나이를 말한다. 즉, 연령순으로 줄을 세웠을 때 한가운데에 있는 사람의 나이가 중위연령이 된다. 인구의 고령화를 가늠하는 지표 중 하나로 활용된다. 일반적으로 중위연령이 약 25세 이하인 경우 '어린 인구(Young Population)', 약 30세 이상이면 '나이 든 인구(Aging Population)'라고 한다.

통계청의 인구총조사를 기초로 한 '2020~2050년 장래인구추계 시도편'에 따르면 현재의 저출산 상황이 크게 나아지지 않은 채 '최악의 시나리오'로 갈 경우 30년 뒤 서울 인구는 지금보다 4분의 1가량 줄어들며, 2040년에는 세종을 제외한 전국 모든 시도의 인구가 감소하고, 2050년에는 중위연령이 57.9세에 이를 정도로 고령화가 심화되는 것으로 나타났다.

챗GPT (Chat GPT; Generative Pretrained Transformer)

챗GPT는 인공지능(AI) 챗봇으로, 세계 최대 소프트업체 마이크로소프트사가 투자한 오픈 AI(Open AI)에서 개발하였다. 2022년 11월 출시 이후 2개월여 만에 월간 활성 이용자(MAU)가 1억 명을 넘어서면서, 챗GPT는 그야말로 열풍을 일으키고 있다. 현재 구글의 검색 기능이 주제어를 입력하면 관련 정보가 나열되어 이용자가 선택해야 하는 것과 달리 챗GPT는 스스로 언어를 생성하고 추론하는 능력을 지녀 이용자가 필요로 하는 정보를 가장 먼저 제공하는데, 1천 750억 개의 매개변수를 활용해 사람들이 평소 사용하는 언어와 유사한 형태를 보여 준다. 간단한 주제어 몇 개만으로 단 몇 초 만에 글을 만들어 내고 시도 지을 뿐만 아니라, 다양한 분야의 논문이나 과제를 높은 수준으로 작성할 수도 있다. 이에 따라 세계 최대 검색 엔진 업체 구글이 인공지능(AI) 챗봇 바드(Bard) 출시를 공식 선언하면서 앞서 등장한 챗GPT와 치열한 경쟁을 예고하고 있다.

공무원 4대 금지 의무

「국가공무원법」 제7장 '복무' 규정에 따른 공무원 4대 금지는 다음과 같다.

- 직장 이탈 금지

  공무원은 소속 상관의 허가 또는 정당한 이유 없이 직장을 이탈하지 못하며, 수사기관이 현행범이 아닌 공무원을 구속하고자 할 때 사전에 그 소속기관의 장에게 통보해야 한다. 아울러 직장뿐 아니라 출장지에서도 허위출장, 출장을 빙자한 개인용무, 사우나 등도 금지 사항에 속한다. 이 금지 행위를 위반한 경우에는 조사를 통해 징계조치된다.

- 영리 업무 및 겸직 금지

  공무원은 공무 이외의 영리를 목적으로 하는 업무에 종사하지 못하며 소속기관장의 허가 없이 다른 직무를 겸할 수 없다. 「국가공무원법」 제64조 그리고 「지방공무원법」 제56조에 의거해서도, 공무 이외의 영리를 목적으로 하는 업무에 종사하지 못하며, 소속기관장의 허가 없이 다른 직무를 겸할 수 없다. '영리를 목적으로 하는 업무'는 대통령령으로 정해져 있다. 유튜브 등의 인터넷 개인방송의 경우 '수익창출 요건'을 달성하면 소속기관장에게 겸직 허가를 받아 계속 활동할 수 있다.

- 정치 운동 금지

  공무원은 국민 전체의 봉사자로서 정당 가입, 특정 정당의 지지나 선거 운동에 참여해서는 안 된다.

- 집단 행위 금지

  공무원은 노동 운동이나 기타 공무 이외의 일을 위한 집단적 행위에 가담해서는 안 된다. 다만, 사실상 노무에 종사하는 공무원은 예외로 한다.

공무원 6대 의무

「국가공무원법」 제7장 '복무' 규정에 따른 공무원 6대 의무는 다음과 같다.

- 성실의 의무

  공무원은 법령을 준수해 직무를 성실히 수행해야 한다. 공무원에게 부과된 가장 기본적인 중요한 의무로 공공의 이익을 도모하고 그 불이익을 방지하기 위해 법령과 양심을 비춰 직무를 성실히 수행해야 한다.

- 복종의 의무

  '공무원은 직무를 수행함에 있어서 소속 상관의 직무상 명령에 복종해야 한다. 다만 이에 대한 의견을 진술할 수 있다.' 공무원 업무의 특성상 명령체계가 정확하고 명확하게 갖춰져야만 업무가 제대로 진행될 수 있다. 그러므로 공무원들은 소속 상관의 직무상 명령에 복종해야 한다. 단, 상사의 지시에 복종하되, 상사의 의견이 옳지 않다고 생각하거나, 더 좋은 방안이 있다면 자신의 의견을 피력하는 유연성도 중요하다.

• 친절 · 공정의 의무

국민 · 주민 전체의 봉사자인 공무원은 업무를 임함에 있어, 친절 · 공정을 늘 숙지해야 한다. 이는 단순한 도덕상의 친절과 공정의 태도를 말하는 것이 아니라 법적 의무로, 위반하면 징계의 원인이 되기도 한다. 민원인에게 최대한 친절히 응대하고, 어느 한쪽에 치우치지 않고 공정하게 업무를 수행해야 한다.

• 비밀 엄수의 의무

재직 중은 물론 퇴직 후에도 직무 중 알게 된 사항에 대해 비밀을 엄격히 지켜야 한다. 자신이 처리한 직무에 관한 비밀뿐 아니라 직무와 관련해 알게 된 비밀도 포함된다.

• 청렴의 의무

직무와 관련해 직접적으로나 간접적으로 사례 · 증여 또는 향응 금지, 직무상 관계를 막론하고 증여하거나 증여받아서는 안 된다. 「부정 청탁 및 금품 등 수수의 금지에 관한 법률」(약칭: 청탁금지법)로 공무원의 청렴의 의무는 점점 더 강조되고 있으며, 교육 · 훈련 등을 통해 청렴도를 향상시키기 위해 노력하고 있다.

• 품위 유지의 의무

공무원은 직무의 내외를 불문하고 품위를 손상하는 행위를 하지 않아야 한다는 것으로, 공무를 수행함에 있어 공무원의 품위 손상은 개인은 물론이고 공직사회에 대한 국민의 신뢰를 실추시킬 우려가 있으므로 업무 수행 중은 물론이고, 이외에도 품위를 손상시킬 수 있는 행동을 하지 않도록 유의해야 한다.

공무원 징계

공무원이 ▲「국가공무원법」 및 이 법에 따른 명령을 위반하였을 경우 ▲직무상의 의무에 위반하거나 직무태만인 경우 ▲직무의 체면 또는 위신을 손상하는 행위를 한 경우에 징계를 받을 수 있다. 공무원에 대한 징계는 파면 · 해임 · 강등 · 정직(停職) · 감봉 · 견책(譴責)으로 나뉜다. 징계처분을 받은 자는 그 처분을 받은 날 또는 그 집행이 끝난 날부터 대통령령 등으로 정하는 기간 동안 승진임용이나 승급이 불가능하다. 다만 징계처분을 받은 후 직무수행의 공적으로 포상 등을 받은 공무원은 대통령령 등으로 정하는 바에 따라 승진임용이나 승급 제한기간을 단축하거나 면제받을 수 있다.

- 파면

  파면은 공무원을 강제로 퇴직시키는 중징계 처분이다. 파면된 공무원은 일정 기간 동안 다시 공직에 임용될 수 없고 연금의 전부 또는 일부를 받지 못할 수 있다.

- 해임

  해임은 공무원을 강제로 퇴직시키는 중징계 처분이다. 해임된 공무원은 3년 동안 공무원으로 임용될 수 없다. 다만 파면과는 달리 해임의 경우에는 연금법상의 불이익은 없다.

- 강등

  강등은 공무원 신분은 보유하나 직급을 1계급 아래로 내리고 3개월간 직무에 종사할 수 없고 그 기간의 보수는 전액 감한다. 다만 계급을 구분하지 않는 공무원과 임기제공무원에 대해서는 강등을 적용하지 않는다.

- 정직(停職)

  정직은 1개월 이상 3개월 이하의 기간 동안 공무원 신분은 보유하나 직무에 종사하지 못하며 보수는 전액을 감한다.

- 감봉

  감봉은 1개월 이상 3개월 이하의 기간 동안 보수의 1/3을 감한다.

- 견책(譴責)

  견책은 공식적인 징계절차를 거쳐 전과(前過)에 대하여 훈계하고 회개하게 하고, 그것을 인사기록에 남긴다.

경징계		중징계			
견책	감봉	정직	강등	해임	파면
훈계	1~3개월간 보수 1/3 삭감	1~3개월간 보수 전액 삭감 및 직무수행 정지	3개월간 보수 전액 삭감 및 직무수행 정지	강제퇴직처분 3년간 공직 임용 불가(연금 제한 없음)	강제퇴직처분 5년간 공직 임용 불가(연금 제한 있음)

N잡러

4차 산업혁명 시대에 돌입하면서, 부업을 통해 새로운 소득을 창출하는 'N잡러'들이 늘고 있는 추세다. 고물가로 인한 경제 악화가 이어지고 있을 뿐만 아니라, 코로나19를 기점으로 고용의 안정성도 더 이상 신뢰할 수 없는 상황이기 때문이다. KB금융기업연구소가 발간한 「2022년 한국 1인 가구 보고서」에 따르면 1인 가구의 42%가 부업을 하는 'N잡러'라고 답했다. N잡의 종류도 전보다 다양해진 것으로 나타났다. 과거 부업은 서비스직, 대리

운전, 사무보조 등에 한정됐지만 최근에는 앱테크, 소셜크리에이터, 플랫폼 노동 등 다양한 분야로 확대되고 있다.

하지만 누구나 자유롭게 N잡에 뛰어들 수 있는 환경은 아니다. 특히, 사기업 근로자가 아닌 공직을 수행하는 공무원은 겸업금지에 더욱 유의해야 한다. 국가 · 지방공무원의 경우, 겸직 금지에 대한 별도의 규정이 존재하기 때문이다. 「국가공무원 복무규정」 제25조(「지방공무원 복무규정」 제10조와 동일)에 의해 ▲공무원의 직무 능률을 떨어뜨릴 경우 ▲공무에 대하여 부당한 영향을 끼칠 경우 ▲국가의 이익과 상반되는 이익을 취득할 경우 ▲정부에 불명예스러운 영향을 끼칠 우려가 있는 경우에 해당하는 영리 업무는 금지된다. 이에 해당하지 않는 업무의 경우 「국가공무원 복무규정」 제26조(「지방공무원 복무규정」 제11조와 동일) 제1항에 의해 소속 기관의 장의 사전 허가를 받는다면 겸직이 가능하다.

김영란법

「부정청탁 및 금품등 수수의 금지에 관한 법률」(약칭: 청탁금지법)은 2015년 3월 3일 국회 본회의에서 통과되어 3월 27일 공포됐다. 2011년 6월 김영란 당시 국민권익위원장이 처음 제안하고 2012년 발의한 법이어서 '김영란법'이라고도 불린다. 이 법은 1년 6개월의 유예 기간을 거쳐 2016년 9월 28일부터 시행됐다. 법안은 당초 공직자의 부정한 금품 수수를 막겠다는 취지로 제안되었지만 입법 과정에서 적용 대상이 언론인, 사립학교 교직원 등으로까지 확대됐다. 한편, 「청탁금지법」에 따르면 금품과 향응을 받은 공직자뿐만 아니라 부정청탁을 한 사람에게도 과태료가 부과된다. 또한 공직자는 배우자가 금품을 받은 사실을 알면 즉시 신고해야 하며, 신고 의무를 어길 시에는 형사처벌 또는 과태료 처분을 받게 된다.

민원 처리 담당자의 4대 의무

「민원 처리에 관한 법률」 제4조에 따르면 민원 처리 담당자는 담당 민원을 신속 · 공정 · 친절 · 적법하게 처리할 4대 의무가 있다. 또한 민원인은 행정기관에 민원을 신청하고 신속 · 공정 · 적법한 응답을 받을 권리가 있다.

※ 2022년 경기교육청 면접에서 민원 처리의 4대 의무에 관련된 질문이 나왔다. 대부분의 공무원 수험생들이 공무원의 의무에 대한 부분만 준비하기 때문에 당황할 수 있는 질문이었다. 조항까지는 준비하지 못하더라도 위의 키워드 정도는 외워 두는 것이 좋다.

제4조(민원 처리 담당자의 의무와 보호)

① 민원을 처리하는 담당자는 담당 민원을 신속·공정·친절·적법하게 처리하여야 한다.

② 행정기관의 장은 민원인 등의 폭언·폭행, 목적이 정당하지 아니한 반복 민원 등으로부터 민원 처리 담당자를 보호하기 위하여 민원 처리 담당자의 신체적·정신적 피해의 예방 및 치료 등 대통령령으로 정하는 필요한 조치를 하여야 한다.

③ 민원 처리 담당자는 행정기관의 장에게 제2항에 따른 조치를 요구할 수 있다.

④ 행정기관의 장은 제3항에 따른 민원 처리 담당자의 요구를 이유로 해당 민원 처리 담당자에게 불이익을 주어서는 아니 된다.

제5조(민원인의 권리와 의무)

① 민원인은 행정기관에 민원을 신청하고 신속·공정·친절·적법한 응답을 받을 권리가 있다.

② 민원인은 민원을 처리하는 담당자의 적법한 민원처리를 위한 요청에 협조하여야 하고, 행정기관에 부당한 요구를 하거나 다른 민원인에 대한 민원 처리를 지연시키는 등 공무를 방해하는 행위를 하여서는 아니 된다.

원스트라이크 아웃 제도

'원스트라이크 아웃(One Strike-Out)' 제도란 공공 부문 채용 비리·금품 수수·부정 청탁을 근절하기 위해 특정 공무원의 비리가 한 번이라도 적발될 경우 직위를 바로 해제하거나 퇴출시키는 제도로, 이는 개인정보 분야에도 적용되어 2023년 1월 1일부터 개인정보를 고의로 유출한 공무원은 적발될 시 파면 또는 해임된다. 이러한 제도가 도입된 계기는 지난 몇 해간 무단으로 열람, 유출된 개인정보가 범죄에 악용되어 큰 사회적 물의를 빚은 사건이 다수 발생하였기 때문으로, 개인정보보호위원회는 공직사회의 경각심을 제고하고자 강력한 징계 처리 지침을 제정하였고 '원스트라이크 아웃 제도'를 도입하였다. 2023년 1월 2일에 발표된 '개인정보 보호 법규 위반 비위 징계 처리 지침'은 앞선 설명과 같이 공직사회의 경각심 제고와 책임성 강화를 위해 개인정보보호위원회가 수립 및 시행한 지침으로 징계 처리의 대상이 되는 행위와 그 사례를 소개하며, 유사시 처리 기준과 처리 방향에 대하여 설명하고 있다.

「공직자의 이해충돌방지법」(약칭: 이해충돌방지법)

2021년 4월 29일, 국회 임시회 본회의에서 공직자가 직무를 수행할 때 자신의 사적 이해 관계로 공정하고 청렴한 직무수행을 저해하는 것을 방지하기 위한 내용을 담은 「이해충돌방지법」이 통과되었다.

「이해충돌방지법」은 2013년 「부정청탁금지법」의 일부로 국회에 제출되었으나, 공직자의 직무 범위 등이 모호하다는 이유 등으로 8년간 표류해 왔다. 그러다 2021년 3월 한국토지주택공사(LH) 직원들의 부동산 투기 사태를 계기로 법안 처리에 속도가 붙은 바 있다. 이해충돌방지법의 적용을 받는 공직자는 입법·사법·행정부와 지방자치단체 공무원, 공공기관 임직원 등 약 200만 명으로, 해당 법안은 공포 후 준비 기간을 거쳐 2022년 5월 19일부터 시행되었다.

한편, '이해충돌'이란 공직자의 사적 이익과 공익을 수호해야 할 책무가 서로 부딪치는 상황을 이르는 말로, 우리나라의 경우 이익충돌 상황을 방지하기 위해 「공직자윤리법」에 '이해충돌 방지 의무'를 명시하고 있다.

- **적용대상**: 국회, 법원, 중앙행정기관, 지자체, 공직유관단체, 공공기관, 교육청, 국·공립학교 등 모든 공공기관, 공무원, 공직유관단체·공공기관 임직원, 국공립학교장·교직원 등 공직자(사립학교 교직원, 언론인은 제외)

- **신고·제출 의무**
  - 사적이해관계자 신고 및 회피·기피 신청
  - 공공기관 직무 관련 부동산 보유·매수 신고
  - 고위공직자 민간부문 업무활동 내역 제출
  - 직무관련자와의 거래 신고
  - 퇴직자 사적 접촉 신고

- **제한·금지 행위**
  - 직무 관련 외부활동의 제한
  - 가족 채용 제한
  - 수의계약 체결 제한
  - 공공기관 물품 등의 사적 사용·수익 금지
  - 직무상 비밀

적극행정 제도

공무원이 공공의 이익을 위해 창의성과 전문성을 바탕으로 적극적으로 업무를 처리하는 행위를 말한다. 반대로 소극행정은 공무원의 부작위 또는 직무태만 등으로 국민의 권익을 침해하거나 국가 재정상 손실을 발생하게 하는 행위이다. 정부는 적극행정을 장려하고 소극행정을 예방, 근절하는 등 국민에게 봉사하는 공직문화를 조성하여 궁극적으로 국가 경쟁력의 강화와 국민 삶의 질 향상에 이바지하기 위해 노력하고 있다.

법률에 의해 보장된 적극행정 지원제도로 공무원이 모호한 규정·법령으로 인해 적극행정을 추진하기 곤란한 경우 소속된 기관에 설치된 적극행정위원회에 직접 의견제시 요청을 할 수 있다. 또한 사전컨설팅을 활용할 경우, 부서장이 자체감사기구의 장에게 의견제시를 요청할 수도 있으며 사안이 중대한 경우에는 소속 기관장이 감사원에 의견을 요청할 수 있다.

적극행정 제도의 가장 큰 효력 중 하나는 면책이다. 고의 또는 중대한 과실이 없는 경우에는 공무원의 적극행정 추진에 따른 문제 발생 시 징계나 문책으로부터 보호받는다. 형사상 고소·고발에 따른 기소 전 수사단계에 있는 경우 법률전문가 지원을 받을 수 있고, 민사소송 수행 시 소송대리인 선임도 가능하다.

또한 우수한 성과를 낸 공무원은 파격적인 인사상 혜택을 받지만, 국민 불편을 야기한 소극행정은 엄정하게 조치한다. 기관별로 반기마다 적극행정 우수 공무원을 선발하고 공적에 상응한 인사상 혜택을 부여한다. 국민신문고 내에 소극행정 신고 센터를 개설하고, 소극행정 시 감사부서에서 즉시 조사하며, 징계사례 공유를 통한 예방교육도 강화하고 있다.

※ 출처: 대한민국 정책브리핑(www.korea.kr)

04   정책 관련 상식

「공공재정 부정청구 금지 및 부정이익 환수 등에 관한 법률」 (약칭: 공공재정환수법)

「공공재정환수법」은 공공재정에 대한 부정청구를 금지하고 부정청구로 얻은 이익의 환수·관리 체계를 확립함으로써, 공공재정 운용의 건전성과 투명성을 제고함을 목적으로 하는 법이다. 「공공재정환수법」에 따르면 누구든지 부정청구 등을 해서는 안 되며, 행정청은 부정청구 등이 발생하였다고 인정될 만한 상당한 근거가 있는 경우에는 공공재정지급금의 전부 또는 일부의 지급을 중단할 수 있다. 여기서 '공공재정'은 공공기관이 조성·취득하거나 관리·처분·사용하는 금품 등을 말하며, '공공재정지급금'은 법령 또는 자치법규에 따라 공공재정에서 제공되는 보조금·보상금·출연금이나 그 밖에 상당한 반대급부를 받지 않고 제공되는 금품 등으로서 대통령령으로 정하는 것을 말한다. 그리고 '부정청구'는 다음 중 어느 하나에 해당하는 행위로 공공재정에 손해를 입히거나 이익을 얻는 일체의 행위를 말한다. ▲거짓이나 그 밖의 부정한 방법으로 공공재정지급금을 청구할 자격이 없는데도 공공재정지급금을 청구하는 행위 ▲거짓이나 그 밖의 부정한 방법으로 받아야 할 공공재정지급금보다 과다하게 공공재정지급금을 청구하는 행위 ▲법령 · 자치법규나 기준에서 정한 절차에 따르지 않고, 정해진 목적이나 용도와 달리 공공재정지급금을 사용하는 행위 ▲그 밖에 공공재정지급금이 잘못 지급된 경우다.

「교원의 지위 향상 및 교육활동 보호를 위한 특별법」 (약칭: 교원지위법)

「교원지위법」은 교원에 대한 예우 및 처우를 개선하고 신분보장을 교육활동에 대한 강화해 교원의 지위를 향상시키고 교육 발전을 도모하는 것을 목적으로 하는 법이다. 핵심내용을 살펴보면, ▲교원에 대한 예우 ▲교원의 보수 우대 ▲교원의 불체포특권 ▲학교 안전사고로부터의 보호 ▲교원의 신분 보장 ▲교육활동 보호 ▲교육감이나 교육부 장관과의 교섭 · 협의권 등에 관한 사항이 규정되어 있다.

「기초학력 보장법」

「기초학력 보장법」은 모든 학생의 기초학력을 보장하여 능력에 따라 교육을 받을 수 있도록 그 기반을 조성하는 것을 목적으로 한다. 이 법에서 말하는 기초학력이란 「초 · 중등교육법」 제2조에 따른 학생이 학교 교육과정을 통하여 갖추어야 하는 최소한의 성취기준을 뜻한다. 이 법에서 학교의 장이 기초학력을 갖추지 못하였다고 판단하여 선정한 학습지원 대상 학생까지 포함하고 있지만 「장애인 등에 대한 특수교육법」(약칭: 특수교육법) 제15조에 따라 학습장애를 지닌 특수교육대상자는 제외한다. 국가와 지방자치단체는 학생의 기초학력 보장을 위한 시책을 마련해야 하며, 학교의 학급당 학생 수를 적정 수준으로 유지해야 한다. 또 기초학력 보장에 관한 시책의 추진에 필요한 재원을 확보해야 하며, 학교의 장은 교육에 관한 각종 시책을 시행함에 있어서 기초학력 보장을 위해 노력해야 한다.

만 나이 통일법

2023년 6월 28일부터 '만 나이 통일법'이라고 불리는 「행정기본법」 및 「민법」의 일부 개정 법률이 본격 시행된다. 그동안 만 나이, 연 나이, 세는 나이(한국식 나이)가 혼재했던 대한민국의 나이 체계가 만 나이로 통일될 것이다. 그간 태어난 해를 1살로 삼고 새해 첫날에 한 살씩 더하는 '세는 나이(한국식 나이)'는 우리나라 법령 체계와도 맞지 않고, 일반적으로

만 나이를 사용하고 있는 외국과도 큰 차이를 보여 왔다. 이에 대해 정부는 계약서, 법령, 조례 등에서 사용하는 나이를 만 나이로 통일하면 나이를 둘러싼 혼선이 줄어들 거라 전망하고 있다. 다만 실생활 속에서 변화를 직접 체감하기는 어려워 보인다. 「청소년 보호법」과 「식품위생법」, 「병역법」, 「초 · 중등교육법」 등은 여전히 '연 나이'를 적용하기 때문이다. 연 나이란 생일과 무관하게 현재 연도에서 출생 연도를 뺀 나이를 말하는데, 실생활 속 나이 적용이 민감한 술 · 담배를 구입할 수 있는 성인 나이 기준과 군 입대 연령 표기 등은 기존과 같을 예정이다.

나이 서열 문화가 오랫동안 이어졌던 만큼, 시행 후 부작용을 우려하는 목소리도 나오고 있다. '만 나이 통일법'이 시행되더라도 초등학교 입학 나이는 기존처럼 「초 · 중등 교육법」에 따라 만 6세가 된 날이 속하는 해의 다음 해 3월 1일에 입학하게 될 예정인데, 학교 현장에서는 같은 학급이더라도 나이가 달라지거나 한 학년 선후배 사이에 나이가 같아질 수 있어 혼선이 예상되는 상황이다. 이러한 우려에 대해 법제처에서는 "처음엔 어색하게 느껴질 수 있으나, 친구끼리 호칭을 다르게 쓸 필요는 없다. 만 나이 사용이 익숙해지면 한두 살 차이를 엄격하게 따지는 한국의 서열 문화도 점점 사라질 것으로 기대한다."라고 답했다.

민식이법

'민식이법'은 2019년 9월 충남 아산의 한 스쿨존에서 횡단보도를 건너던 김민식 군(당시 9세)이 사망한 사고를 계기로 발의됐으며, 2019년 12월 10일 국회를 통과해 2020년 3월 25일부터 시행됐다. 이 법안은 어린이보호구역 내 신호등과 과속단속카메라 설치 의무화 등을 담고 있는 「도로교통법」 개정안과 어린이보호구역 내 안전운전 의무 부주의로 사망이나 상해사고를 일으킨 가해자를 가중처벌하는 내용의 「특정범죄 가중처벌 등에 관한 법률」(약칭: 특정범죄가중법) 개정안 등 2건으로 이뤄져 있다.

스쿨존에서 안전운전 위반으로 만 12세 미만 어린이를 사망하게 하면 무기 또는 3년 이상의 징역에 처하는 게 골자다. 다치게 하면 1년 이상 15년 이하의 징역이나 500만 원 이상 3,000만 원 이하의 벌금을 부과할 수 있다.

「산업안전보건법」

산업안전 · 보건에 관한 기준을 확립하여 산업재해를 예방하고 쾌적한 작업환경을 조성해 근로자의 안전과 보건을 유지 · 증진함을 목적으로 하는 법률이다. 즉, 정부는 산업안전 · 보건에 관한 제반 사항을 성실히 이행하고, 사업주는 산업재해를 예방하기 위한 기준을 준수하고 사업장의 안전 · 보건에 관한 정보를 근로자에게 제공한다. 또 사업주는 적절한 작업환경을 만들어 근로자의 생명보전과 안전을 지켜야 하며, 국가의 산업재해 예방시책에 따라야 한다. 마지막으로 근로자는 산업재해 예방을 위한 기준을 준수하며 국가와 사업주의 산업재해의 방지에 관한 조치를 따른다.

세림이법

'세림이법'은 2013년 3월 충북 청주시 산남동에서 김세림 양(당시 3세)이 자신이 다니는 어린이집 통학차량에 치여 목숨을 잃은 사건 이후 개정된 「도로교통법」으로, 2015년 1월 29일부터 시행되고 있는 법안이다. 다만 학원과 체육시설에서 운영하는 15인승 이하 어린이 통학버스는 2년간 유예기간을 두어 2017년 1월 29일부터 적용됐다. 「도로교통법」 제52~53조가 세림이법에 해당한다.

이 법안의 주요 내용은 어린이 통학차량은 일정한 요건을 갖추고 반드시 관할 경찰서에 신고해야 하며, 어린이나 유아를 태울 때는 승·하차를 돕는 성인 보호자 탑승을 의무화하고 보호자의 안전 확인 의무가 담겨 있다. 즉, 운전자 외에 성인 보호자 한 명이 동승해 어린이의 승·하차 안전을 확인해야 하며, 운전자는 승차한 어린이가 안전띠를 맸는지 확인한 뒤 출발해야 한다. 또 어린이통학버스를 운전하는 사람은 어린이통학버스 운행을 마친 후 어린이나 영유아가 모두 하차하였는지를 확인하여야 한다.

「소년법」

「소년법」은 반사회성이 있는 소년에 대해 '그 환경의 조정과 성행의 교정에 관한 보호처분을 행하고, 형사처분에 관한 특별조치를 행함으로써 소년의 건전한 육성을 기함'을 목적으로 하여 제정된 법률이다. 1958년 7월 24일 제정됐으며, 심신의 발육이 미숙한 소년이 반사회성이 있는 경우에는 그에 대한 보호를 하고, 설사 그가 형사처분의 대상이 된다고 하여 성인과 같은 조처를 하는 것은 바람직하지 않다는 데 취지를 두고 있다. 대상은 19세 미만의 소년으로서 가정법원 소년부 또는 지방법원 소년부에서 보호사건을 관할하게 하되, 14~19세 미만은 범죄소년, 10~14세 미만은 촉법소년, 10세 미만은 범법소년으로 나누고 있다.

영기준예산제도

영기준예산제도란 모든 사업에 대해서 0을 기준으로 평가하여 그 사업의 진행 여부를 결정하는 제도를 말한다. 즉 기존의 관행을 따르지 않고 정부의 모든 사업 활동에 대하여 영(0) 기준을 적용한 뒤, 과거의 실적이나 효과 등을 체계적으로 분석하여 그에 따라 실행예산을 예산을 편성한다. 계획과 예산을 일치시켜 합리적인 운영을 가능하게 하며, 우선순위에 따라서 예산이 편성되므로 예산의 낭비를 막을 수 있다. 우선순위에 따라 합리적으로 재정을 운영할 수 있기 때문에 재정 운영의 탄력성을 확보할 수 있다. 그러나 계획과 예산 편성 과정에서 새로운 업무 부담이 생길 수 있고, 잘못된 의사결정으로 비용 및 인원절감에 실패할 우려도 있다.

「전세사기피해자 지원 및 주거안정에 관한 특별법」

2023년 4월 27일, 정부가 전세사기 피해자 지원을 위한 한시 특별법을 발표했다. 「전세사기피해자 지원 및 주거안정에 관한 특별법」은 법 공포 이후 즉시 시행되며 적용 기간은 시행 후 2년간 유효하다. 다만, 「전세사기피해자 지원 및 주거안정에 관한 특별법」의 대상이 되기 위해서는 6가지 요건을 모두 충족해야 한다. 요건은 ▲대항력을 갖추고 확정일자를 받은 임차인 ▲임차주택에 대한 경·공매(집행권원 포함)가 진행 ▲면적·보증금 등을 고려한 서민 임차주택(세부요건 하위법령 위임) ▲수사 개시 등 전세사기 의도가 있다고 판단될 경우 ▲다수의 피해자가 발생할 우려 ▲보증금의 상당액이 미반환될 우려다.

이 법에 따른 전세사기 피해자로 인정되면 피해자가 매수를 원하는지, 거주만 원하는지에 따라 다른 지원책이 제공된다. 전세사기 피해자가 거주 중인 주택이 경·공매될 경우, 전세사기 피해자에게 우선매수할 수 있는 권한을 부여한다. 우선매수 신고 시 최고가 낙찰액과 같은 가격으로 낙찰 가능하며, 원한다면 임차인이 한국토지주택공사(LH)에 우선매수권 양도도 가능하다. 거주만 원하는 전세사기 피해자는 현행 매입임대 공급조건과 동일하게 적용해 임대료는 시세 대비 30~50%이며 최대 20년까지 거주할 수 있다. 또한 한국토지주택공사가 전세사기 피해자의 우선매수권을 매입해 공공임대로 제공한다.

또 정부는 재난, 재해 등 위기상황 발생 시 지원하는 긴급복지 지원제도를 전세사기 피해자 가구에도 적용해 1인 가구 기준으로 ▲생계비(월 62만 원) ▲의료비(300만 원 이내) ▲주거비(월 40만 원·대도시) 등을 지원한다. 생계가 바빠 피해지원을 신청하기 어렵거나 몰라서 활용하지 못하는 일이 발생하지 않도록 지방자치단체나 피해지원센터가 직접 찾아가는 서비스도 확대한다.

주민참여예산제도

주민참여예산제도란 지방자치단체의 독점적 권한이었던 예산 편성권을 지역 주민들이 함께 행사하는 것을 말한다. 지역 주민 스스로가 지방 공공재의 공급에 대한 판단을 해 납세자 주권의 실현하고, 지방 재정 운영의 건전성과 투명성을 높일 수 있다. 또한 지역 주민이 정책 결정 과정이나 행정에 직접 참여하기 때문에 지역 주민 참여를 활성화할 수 있다. 주민참여예산제도는 2003년 광주광역시 북구에서 제도를 도입했고, 이듬해 2004년에 울산광역시 동구에서 제도를 도입해 운영한 바 있다. 2005년도 「지방재정법」의 개정을 통해서 본격적으로 주민참여예산제도가 제도화되었고 2011년 9월부터 의무화됐다. 주민참여예산제도는 예산 편성 과정에 대한 시민의 직접적인 참여로 권력의 분권화를 가져올 뿐만 아니라, 주민의 다양한 의견 청취와 수렴 과정을 통해 직접 민주주의를 실현할 수 있다.

「중대재해 처벌 등에 관한 법률」 (약칭: 중대재해처벌법)

「중대재해 처벌 등에 관한 법률」(약칭: 중대재해처벌법)은 2021년 제정한 법률로, 안전·보건 조치의무를 위반하여 인명피해를 발생하게 한 사업주, 경영책임자, 공무원 및 법인의 처벌 등을 규정하였다. 이 법안은 「산업안전보건법」보다 처벌 수위를 높여 법인뿐 아니라 사업주에게까지 책임을 물을 수 있다. 이 법에서 중대재해란 '중대산업재해'와 '중대시민재해'로 나뉘는데, 이 중 중대산업재해는 사망자가 1명 이상 발생하였거나 6개월 이상 치료가 필요한 부상자가 2명 이상 발생한 산업재해에 대해 처벌하고, 상시 근로자가 5명 이상인 사업장에 대해 적용한다.

촉법소년 기준 하향안

2022년 10월 26일 법무부는 '소년범죄 종합대책' 브리핑을 열고 촉법소년 기준을 현행 만 14세 미만에서 만 13세 미만으로 낮추는 내용의 「소년법」·「형법」 개정안을 추진하겠다고 밝혔다. 촉법소년(觸法少年)이란 '법이 닿기엔 어린 나이'라는 의미로 법대로 처벌하기엔 아직 어려서 다른 방법으로 훈육·교화하는 대상을 가리킨다. 현재 우리나라 「소년법」에서는 '형벌 법령에 저촉되는 행위를 한 만 10세 이상 14세 미만 청소년'으로 규정하고 이들의 사건을 '소년형사사건'과 '소년보호사건'으로 나누어 특별취급해 왔다. 처벌 또한 형사처벌이 아닌 사회봉사나 소년원 송치 등의 보호처분 등으로 대신했다. 그러나 이번에 추진되는 법 개정이 이뤄지면 만 13세는 촉법소년에서 제외된다. 촉법소년 연령을 낮춰 형사처벌 대상을 더 많은 청소년으로 확대하겠다는 의미이다.

법무부는 촉법소년 연령 하향 추진에 대해 소년범죄로부터 국민을 보호할 필요가 있다면서 촉법소년에 의한 범죄가 지난 2017년 7,897건에서 2021년 1만 2,502건으로 대폭 증가했으며, 특히 소년강력범죄 중 성범죄 비율은 2020년 86.2%로 나타났다고 설명했다. 또한 소년의 신체적 성숙도와 사회환경 변화를 고려했을 때 촉법소년의 연령 하향이 필요하며 전체 보호처분을 받은 촉법소년 중 13세가 차지하는 비중이 약 70%라는 점도 추진 근거로 밝혔다.

우리 인생의 가장 큰 영광은
결코 넘어지지 않는 데 있는 것이 아니라
넘어질 때마다 일어서는 데 있다.

- 넬슨 만델라 -

좋은 책을 만드는 길, 독자님과 함께하겠습니다.

2024 SD에듀 면접관이 공개하는 지방직 공무원(교육행정직) 면접 합격의 공식

개정1판1쇄 발행	2024년 06월 20일 (인쇄 2024년 04월 04일)
초 판 발 행	2023년 08월 10일 (인쇄 2023년 06월 12일)
발 행 인	박영일
책 임 편 집	이해욱
편 저	SD 적성검사연구소
편 집 진 행	박종옥 · 이병윤
표지디자인	조혜령
편집디자인	김예슬 · 곽은슬
발 행 처	(주)시대고시기획
출 판 등 록	제10-1521호
주 소	서울시 마포구 큰우물로 75 [도화동 538 성지 B/D] 9F
전 화	1600-3600
팩 스	02-701-8823
홈 페 이 지	www.sdedu.co.kr

I S B N	979-11-383-7022-6 (13350)
정 가	21,000원

공무원 수험생이라면 주목!

9급 공무원

2024년 대비 SD에듀가 준비한

과목별 *기출이 답이다* 시리즈!

국어
국가직 · 지방직 · 법원직 등 공무원 채용 대비

영어
국가직 · 지방직 · 법원직 등 공무원 채용 대비

한국사
국가직 · 지방직 · 법원직 등 공무원 채용 대비

행정학개론
국가직 · 지방직 · 국회직 등 공무원 채용 대비

행정법총론
국가직 · 지방직 · 국회직 등 공무원 채용 대비

교육학개론
국가직 · 지방직 등 공무원 채용 대비

합격의 길! 공무원 합격은 역시 기출이 답이다!

※ 도서의 이미지는 변동될 수 있습니다.

나는 이렇게
합격했다

당신의 합격 스토리를 들려주세요
추첨을 통해 선물을 드립니다

베스트 리뷰
갤럭시탭 / 버즈 2

상/하반기 추천 리뷰
상품권 / 스벅커피

인터뷰 참여
백화점 상품권

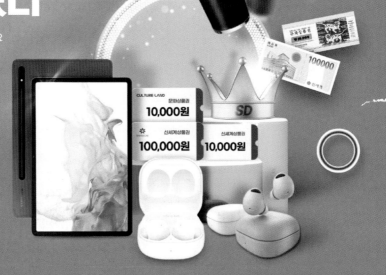

이벤트 참여방법

합격수기

SD에듀와 함께한
도서 or 강의 **선택** ▷ 나만의 합격 노하우
정성껏 **작성** ▷ 상반기/하반기
추첨을 통해 **선물 증정**

인터뷰

SD에듀와 함께한
강의 **선택** ▷ 합격증명서 or
자격증 사본 **첨부**,
간단한 **소개 작성** ▷ 인터뷰 완료 후
백화점 상품권 증정

이벤트 참여방법
다음 합격의 주인공은 바로 여러분입니다!

QR코드 스캔하고 ▷ ▷ ▷
이벤트 참여하여 푸짐한 경품받자!

합격의 공식